JN060441

ニューエイジ・ミュージック・ディスクガイド

New Age Music Disc Guide

DU BOOKS

まえがき
ニューエイジ・ミュージックの
「再興」により広がったリスニング・ライフ

　長きに渡って見過ごされ、あるいは虐げられてさえもいた「ニューエイジ・ミュージック」「ヒーリング・ミュージック」と呼ばれる音楽たち。実は今、これらが世界的に復権を果たし、実験音楽からアンビエント、環境音楽、クラブ・シーン、インターネット・カルチャーまでも巻き込んだ巨大なムーブメントへと発展しているという事実をご存知だろうか？

　本書で紹介する音楽はゼロ年代の中盤より海外の一部のコレクターたちによって「再発見」され始めていた。テン年代になると新たな価値観がインターネットの地下世界を中心に芽生え、新しい解釈やサウンド・デザイン、ヴィジュアル・イメージを取り入れた新世代の作家たちが台頭し始めることとなった。
　いまだ前例のないこのムーブメントは「ニューエイジ・リバイバル」として大きな注目を浴びる。70年代から80年代当時にリリースされたこれらのレコードのオリジナルは世界各地で次々と売買され、かつてレコードショップの隅に埋もれていた作品がいまや数万の値を付けているという例も少なくない。
　さらには、アンビエント期の細野晴臣氏はもちろんのこと、営団（現：東京メトロ）地下鉄南北線の発車サイン音をデザインした作曲家の吉村弘氏や、緊急地震速報の「エリアメール」の警報音を作った小久保隆氏などによって作られた日本のアンビエントや環境音楽までもがリバイバル以降の世界のリスナーたちの関心の対象となり、こうした日本のニューエイジ・ミュージックを収録して19年に発表された画期的なオムニバス・アルバム「Kankyo Ongaku」はグラミー賞2020にもノミネートされた。

　「ニューエイジ・リバイバル」は、80年代後半の音楽マニアたちが着目したレアグルーヴのような概念からさらに飛躍し、もはや完全に見放されていたニューエイジ・ミュージックへとフォーカスしたのである。本書は、これらのムーブメントを紐解くヒントとなる一冊を目指した。

　今まず最初に、93年生まれのニューエイジ・リバイバル世代である私が本書の監修・編集をすることになったのは、大学生の頃から通い詰めていたMeditationsというレコード・

ショップの存在が大きい。

　Dracula Lewis、The Space Lady、Brood Ma、普通に暮らしていてはまず出会うことのない、名前さえ聞いたことのないような数多くの作品とこの店で出会った。当時、USを中心としたアンダーグラウンドの音楽シーンで、アンビエントやドローンなどの実験的な音楽をカセットでリリースするというムーブメントが巻き起こっていたが、それらのカセット・テープも扱っていたMeditationsでの購買に自分の全精力を費やした……。そして、何の因果か、大学3年のときにはスタッフとして働き始めることとなり、そこから入荷やレビュー執筆業務のために膨大な量の先鋭的な実験音楽や辺境の音楽に触れ、それらを売ることを生業にしながら、実際に現行や再発のニューエイジ音源の国内流通にも携わってきた。

　ミニコミ『New Age Music Disc Guide』を17年に知人のColstrainsさんと共に発刊したことも、それまで出会ってきたニューエイジ音楽の存在が私の中で大きくなってきていることを気づかせてくれた。私自身が鬱や睡眠障害を持っているということも大きいかもしれない。精神や健康面の疲弊から逃れるようにニューエイジ音楽へと聴き入った部分も少なくないように感じている。私にとってニューエイジ音楽というのは、実際には苦闘しながらも、自分が本当に目指していきたい方向を向き続ける上で重要な柱だ。

　さて、本書では、ニューエイジや環境音楽に少しでも関心のある人、パラパラ本をめくってみて1枚でも好きなアルバムが見つかった人たちのために様々な視点からのレビューとコラムを用意している。

　レビューはニューエイジ音楽の始祖、ヤソスの75年のデビュー作を起点に各国の知られざるニューエイジ作品を紹介した1章の「世界」および2章の「日本」、テン年代以降に際立った音楽的変化が始まり、地下シーンを中心としてムーブメントを巻き起こした作家群を記録した3章の「テン年代」、ヤソスやスティーブン・ハルパーンといったニューエイジ・ミュージック先駆者以前に点在していた雛形的存在を取り上げた4章の「ルーツ」、ブックオフやハードオフの片隅に埋もれ、完全に忘れ去られていたヒーリング音楽や実用系のアンビエント作品の中から知られざる傑作を取り上げた、柴崎祐二氏発案の5章「俗流アンビエント」、07年から19年にかけて名ブ

ログ「森と記録の音楽」を運営し、世界各地のオブスキュア
な音楽の数々をいち早く再評価してきた藤井友行氏セレク
ションによる6章の「森とニューエイジ」、筆者セレクトによ
る漫画や小説、アニメなどの2次元イメージ・アルバムやサ
ントラの中からニューエイジ／アンビエント的アプローチの
レコードを紹介した7章「アニメ・サントラ／イメージ・ア
ルバム」という編成で計600枚の作品をレビューしている。

　これからニューエイジを聴いてみたいという人に向けて、
定番の作品を大きく、各章の冒頭に配置しているので、まず
はそこにある作品から聴いてみてほしい。その中にはニュー
エイジ・ミュージックのリバイバル文脈の中で重要な役割を
担った作品が数多く含まれている。

　コラムは、岡田拓郎氏を聞き手に、日本のアンビエントや
環境音楽のパイオニアとしての細野晴臣氏に迫った貴重なイ
ンタビュー、スペンサー・ドラン（Visible Cloaks）と日本の環
境音楽の先駆者、尾島由郎氏のインタビュー、バレアリック
やコズミックに至るまで、日本のクラブ・ミュージック・シー
ンで価値観のアップデートに務めてきたChee Shimizu氏と
Dubby氏の対談、〈EM Records〉の江村幸紀氏による「ニュー
エイジ・ミュージック」の始まりの考察、『INDUSTRIAL
MUSIC FOR INDUSTRIAL PEOPLE!!!』の著者である持田保氏
による「ニューエイジ思想」の歴史考察、『ゲーム音楽ディス
クガイド』の著者のひとりでもある糸田屯氏によるゲーム音
楽と環境音楽の関係へと切り込んだ作家紹介、数々の著作が
ある周辺文化研究家のばるぼら氏による「ニューエイジ用語
事典」などなど、どれも読みごたえ抜群だ。

　本書では、「ニューエイジ思想」の始まりから「ニューエイ
ジ音楽」の始まり、知られざる自主制作盤までをも横断し、
世界で類のないディスクガイドとして仕上がったのではない
かと思う。楽しんでお読みいただければ幸いです。

門脇綱生

目次

環境音楽のキーパーソン・細野晴臣インタビュー

「細野さん、ニューエイジ（ミュージック）って何ですか？」

聞き手：岡田拓郎（ex.森は生きている）

Light in the Atticからリリースされた『Kankyo Ongaku: Japanese Ambient, Environmental & New Age Music 1980-1990』[1]。そして、『Even A Tree Can Shed Tears: Japanese Folk & Rock 1969-1973』[2]。このまったく音楽性の異なる2枚のコンピレーションに収録されている、稀有なミュージシャンが細野晴臣である。

テン年代以降、80年代の日本のアンビエントや環境音楽が世界的にも大きく注目され、マニアックなニューエイジ作品も再発されるようになった。さらにこうして「再発見」された音楽から影響を受けた新時代の作家たちが「新しい」ニューエイジ音楽を発表している。これら一連のニューエイジ・ミュージック再評価について、70年代後半からニューエイジ的ともいえるアプローチを続ける細野さん自身はどう思っているのだろうか？　そして、これまであまり語られてこなかった環境音楽、アンビエントを作られていた時代の細野さんについても語っていただこうというのが本稿の趣旨である。

なお、インタビューの収録は2020年3月9日。新型コロナウイルスが世界中で蔓延し続け解決策が見えない中、日本でもライヴやイベントの中止、小中高等学校の臨時休校、美術館などの文化施設の長期休館など、世の中に不穏な風の吹く中でおこなわれた。

人が聴いてなくても
自然が聴いてくれればいい

岡田：今日は、たいへんなときに取材を受けてくださり、ありがとうございます。今、ニューエイジ・ミュージックが再注目されていますが、細野さんの長いキャリアの中で、環境音楽やアンビエントを作られていた時代のお話というのは、ぼくが調べた限り、あまり語られてこなかったように思います。

細野：誰も訊いてこないから（笑）。

岡田：そうなんですね（笑）。ここ数年で、あらためて環境音楽、アンビエントミュージックに対する再評価が進んでいることについて細野さん自身はどう受け止めていますか？

細野：最初にびっくりしたのは、Vampire Weekendが『花に水』（84）[3]の"TALKING あなたについてのおしゃべりあれこれ"のサンプリングを打診してきて、軽くいいよって言ったら、その出来がすごくよくってね。あ、これって使えるんだなって思って。もともと無印良品のために作った長さも気にしないダラダラとした曲だったから、そういう音楽をいまだに聴いてくれている人がいるんだと知って、びっくりだね。

岡田：あの音楽自体は純粋にBGMとして作った音楽

なんですか？

細野：そうですね。あの頃は、秋山道男さんとか、周りにコピーライターのような人が多くて、そういう仕事ばかりやっていた。『花に水』っていうタイトルも彼らがつけたんです。

岡田：細野さんも"終わりのないおしゃべり（THE ENDLESS TALKING）"（『エンドレス・トーキング』（85）収録[4]）でもう一度、"TALKING"のモチーフを使われてますが、当時、無印のBGMとして作ったものに手ごたえを感じて、手を加えていこうとしたんでしょうか？

細野：『コインシデンタル・ミュージック』（85）[5]では、そういった無印系の音楽やCMのために制作した音楽を集めてみたりもした。でも、『エンドレス・トーキング』はまた別の切り口があって。イタリアにメンフィスミラノっていうデザイナーチームがいて、彼らがジェノヴァにある小高い山の上にインスタレーションを並べるからそこに音楽をつけてくれと依頼してきた。だったらエンドレス・テープでずっと流しておけばいいのかと思って、それで『エンドレス・トーキング』っていう名前になったんです。

岡田：『エンドレス・トーキング』は音楽を音楽として聴かせるというよりは、空間として音楽が空気的に作用しているものを狙って作ったということで

しょうか。

細野：会場が自然の中にある山みたいなところですから、登っていくうちにインスタレーションとして、変わった動物みたいなオブジェがいっぱい置いてあって。そこから流れる音楽を聴きながら登っていくっていうような作品だった。実際ぼくもジェノヴァに行ってその山を登ったんですよ。そしたら誰も人がいなくて（笑）。でも、猫が音楽を聴いているのを見て、これはいいなと。猫とか鳥が聴いていてくれてればいいやって思って。それで音楽は人が聴くものという前提から脱した感じもあるね。人が聴いてなくても自然が聴いてくれればいいっていう。

岡田：ロック、ポップスから音楽家としてのキャリアをスタートした細野さんの作品の中で、ビート、メロディ、リズムといったポップスの要素がまったくない音楽が初めて聴けたのが横尾忠則さんと作った『コチンの月』(78)【6】だと思うのですが、あのアルバムはどういった経緯で作られたのでしょうか？

細野：横尾さんのワナにハマったというか（笑）。横尾さんとか、色んなアーティストと一緒にインド旅行に1か月くらい行ったら、なんか横尾さんがボソボソと「録音しなきゃ……」とか言ってるんですよね。実は横尾さんは仕事を抱えてその旅行に参加していて、それがアルバムを1枚作るっていうものだった。そして、それを知らない間にぼくがやっていたっていう（笑）。だから横尾さんがプロデューサーだと思ってなんでもいいからやってみようかなっていう感じだった。

岡田：では、最初からアンビエント的な音作りを志向したというわけではなく、自然にああいう形になっていったということでしょうか？

細野：そうですね。だから自分の中ではいい出来とは思っていなかった。めちゃくちゃだなと（笑）。ところが、後になってアメリカ人があれがいいって言いだしたり、横尾さんが日本で床屋に行ったときにあの曲が流れていたりして、横尾さんもぼくもああ、あれいいんだって。だから2人とも後付けで人からいいんだよと言われただけでね。

岡田：『はらいそ』(78)【7】と『フィルハーモニー』(82)【8】というポップスに傾倒した2枚のアルバムの間に

発表された『コチンの月』は大変異質なアルバムだと思いますが、当時から非ポップス的／実験的な音楽に注目していたのでしょうか？

細野：あまり意識して聴いてはいなかったね。何をやるにしてもポップスのフィルターを通して聴いていたからね。YMOもそうでしたけど。ジョン・ケージとか聴くときとかも、やっぱりプリペアド・ピアノみたいなスタイルがすごい刺激があったりね。ポップスに聴こえるから。全部そういうふうに聴いていたので。

岡田：ポップス的なメロディやビートを持たない楽曲では、音楽を言語的に組み立てるのは難しくなってくると思います。『ナーガ』(95)【9】や『メディスン・コンピレーション』(93)【10】ではそういった抽象度の高い表現に傾倒されていましたが、それは意識的なものだったんでしょうか？

細野：そもそも80年代というまだロックの時代に、

1

2

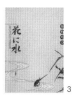

3

4

最初は横尾さんからブライアン・イーノのオブスキュア・レーベルを紹介されて、そこのシリーズを全部聴いて、ギャヴィン・ブライアーズが好きだったりとか、ハロルド・バッドがよかったりとか。もちろんイーノの「アンビエント」シリーズも聴いて、これは帰って部屋で聴くものだと思って。スタジオではテクノをやり続け、うちへ帰ってきてからそれをずっと流していた。まぁ癒されてたっていうかな。それだけ聴いてたから身に沁みちゃったと思うんだよね。そのころぼくはテレビを見なくなっちゃって、テレビの上に変なサーモグラフィみたいなのを被せて、映画『マトリックス』みたいな光のドットだけでテレビを見てたんだ。それでイーノをかけて。心境の変化はそこら辺から来ていた。でも自分で実際に音楽としてやってみるのは90年代で。

細野さんのアンビエント作品の特徴とは？

細野：そもそもアンビエントとハウスっていうのがあって、最初は全然違うものだった。それを、ロンドンのクラブでDJが同時にかけた。片一方はビートがあるから、実はビートのないものと相性がよかったっていう。同じことをぼくもやっていたんですよ。とあるイベントで清水靖晃くんと一緒にターンテーブルをステージに持っていって、2人でDJっぽくやったわけですよ。そのときにグレゴリオ聖歌とハウスみたいなものを同時にかけた。それがなかなかおもしろくて。その後にアンビエントハウスっていうものがあるって知ったんです。だから、そういうことを同時多発的にみんなが自然にやりだした時代だった。『Ambient House』(90)【11】っていうコンピレーション・アルバムがイタリアから出たりしてね。ロンドンやイタリアのそういうのを聴くとこっちもやる気

が出るわけですよ。そうやってどんどんアンビエントハウスに入り込んでいったんですね。そのうちアシッドハウスに入り込んでいったり。やっぱりビートからは離れられなかったね、当分は。

岡田：細野さんの作品には、アトモスフィア的なものの中にも、杭を打つようにグルーヴ的なビートが乗ってくる印象があります。それは楽器プレイヤー的な感性で、ビートやグルーヴが音楽と紐づいていることがかかせなかったということでしょうか？

細野：70年代から色んなグルーヴやビートを追求していたからね。ニューオリンズスタイルとか。だからやっぱりそこからは離れられないというか、離れる気がなかった。それも変わってくるのが90年代辺りからなんですけどね。

岡田：海外のリスナーは細野さんのアンビエントや『Kankyo Ongaku』収録の楽曲を聴く際、どこに日本的なものを感じているのでしょうか？　個人的に、海外のアンビエント作品は、通奏低音的なドローン音を常に鳴らしながら、彩るような電子音や生楽器を装飾的に用いて発展させていくものが多いと思います。一方で細野さんや吉村弘さんといった比較的音数が少ない人たちは、無音になる瞬間、「間」みたいなものを意識していたのかなと思います。

細野：たぶん、芸術家の人は意識しているんだろうけど、ぼくは全然（笑）。でも間は好きだから。80年代の中頃からレコーディングシステムがデジタルになるんですね。『S・F・X』(84)【12】を作っていたときに、無音になる瞬間がすごく強く印象に残ったの。デジタルだとヒスノイズがないんで。その静けさにすごく気を取られた瞬間があったんだね。そこから無音っていうのを意識するようになったと思う。

岡田：『Kankyo Ongaku』に収録されているアンビエント作品には、高田みどりさんや清水靖晃さんなど、もともとプレイヤーとして活動していた人が作ったものと、よりデザイン的に「環境音楽」として作っていたものという、ふたつのパターンがあると思います。前者の方たちとの交流はあったとは思いますが、吉村弘さん芦川聡のような後者の方たちの音楽をどう感じていましたか？

細野：やっぱりハイ・アートだなと。自分はそうい

5　　　　　　6　　　　　　7　　　　　　8

うことをやっていても相変わらずポップスのミュージシャンだっていう気持ちは強かった。

岡田：『メディスン・コンピレーション』で細野さんはララージと共演されていますが、ニューエイジ音楽の巨匠である彼から精神的、または音楽的に影響を受けた部分はありましたか？

細野：まず、印象としてはララージは白人系じゃなくて、どこの国の人か分からない感じがあるわけね。インドとかアフリカが入っていたりして。存在そのものが動物っぽい人なんだよね。スタジオでも休憩時間にいろんな動物のしぐさをしてくれたのね。その印象がすごく強い。本当にこの人は天性の動物感覚の人なんだと思った。

岡田：細野さんのアンビエント作品の特徴として、電子音と伝統的な民族音楽の楽器が並列して使われているという点が上げられると思います。テクノロジー的に最先端の楽器とプリミティヴな楽器を混ぜることには意識的に取り組んでいたのでしょうか？

細野：それまではくはデスクトッノピデノノを作っていたんだね。でも、それじゃやっぱり物足りないところがあるんです。それで、どんどん生の楽器を入れるようになっていって。そういう意味ではその頃は過渡期だったと思うんだけど、結局、中心にあるのは電子的なものだったりビートだったりした。けど、今は違うんだよね。当時はMIDIとか使ってたの。シンクロするためにね。最近の人は使ってないけど、今はもうぼくもだんだん離れていって、あるいはシンセサイザーが中心じゃなくなっている。当時は頼ってたんだよね。色んな音源が出始めてて面白かったけど、今は全部生で構築したいっていう気持ちが強い。

音のよさとそれを並べてく
デザインだけの時代

岡田：近年のインタビューで、今のアメリカのメインストリームのポップスの音響技術、録音技術に感銘を受けたと言っていましたが、そうしたムードとも今の細野さんの気持ちは違うのでしょうか？

細野：今は物凄い変化が激しい時期で、特にコロナウイルスのせいでグローバリズムが崩壊しつつある。

数年前まではそういうグローバルな音楽を聴いていないって思っていたけれど、自分がそっちに行くかどうかはすごく迷っていた。ある種のバーチャルな空間の心地よさって、映画もそうなんだけど見続けたり、聴き続けたりすると飽きちゃう。それで、この先はどうなるんだろうって。先が見えない。だからポップミュージックにおいて究極の形が完成しちゃったんだなと思います。

今は音楽の良し悪しなんか問われないですよ。音のよさとそれを並べてデザインだけっていうか、あとは声の力っていうかな。それだけでできているんで。これから先そういうシステムはどこへ向かっていくんだろうってね。ところが今、すごい風が吹いているわけだ。今その真っただ中だから先がどうなるか分からないけれど何かが変わっていく最中なんだろうって思うね。

岡田：ぼくもこの先の音楽がまったく見えないなという感覚が強くあります。前世紀の末にもこれから音楽がどうなっていくんだろうという時期があったと思いますが、そのタイミングで出てきたのがエレクトロニカだったと思います。細野さんはそういった音楽的な時代の転換点をいくつも経験してきたと思うんですけど、テン年代は、音楽をアップデートするためにテクノロジー的なものだとか過激な方法論を更新するというよりは、ソングライティングや音響の面で1ミリでもいいからこれまで続いてきた音楽の歴史を前に進めようってみんながずっとやってきたと思います。それをもっと派手な人たちがやり始めたのがこの2、3年という印象があって、そうなると2020年代の音楽像がまったく描けなくって……。

細野：その感じは分かるね。ぼくの場合、子供の頃からロカビリー、ロックンロール……すごいひとたちがいっぱい出てきてね。プレスリー、ビートルズ、ビーチ・ボーイズっていうふうにどんどん音楽が面白くなっていくわけね。60年代の末から様相が変わってきてディランが出てきたり、サイケデリックになったり。歴史的に見て、10年ごとにそういった色が変わっていったと思うんだよね。ゼロ年代はエレクトロニカという究極の形があって、デスクトップの中で音を停止させて0.1ミリくらいの精度で編集して作っていくっていうような時代になって。どんどん密度が深くなっていった。エレクトロニカはいつのまにか廃れたけどね。

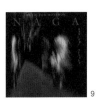

9

10

11

12

岡田：今はメジャーなポップスにおいて、そういったエレクトロニカの手法が取り入れられるようになりましたね。

細野：そうなんだよ！　なんかすごいスターが出てきちゃったり。

岡田：ある意味エレクトロニカって自分の部屋から世界に太刀打ちできるものを作れるんだっていう興奮があったと思います。

細野：うん。もうマスメディアを通さないでパーソナルに音楽を発信することが可能になったから。それ以前にもインターネットができたときもすごかったけど、今までと違う音楽の聴かれ方ができてきたわけだね。そんな中で、エレクトロニカみたいな旬の音楽が、北から南下していって、南米まで行って。でもね、そのブームが終わる頃に気がついたことがあって、例えばアイスランドってバブルだった時代があったんだよね。そこからビョークとかムームとかが登場してくる。でもそのバブルが弾けてから静かになっちゃった。音楽はやっぱり経済とすごく密接に関係しているんだなと。

岡田：2020年代、細野さんがこれからやってみたいサウンドのイメージはありますか？

細野：サウンドとはちょっと違う話ですが、ここ10年くらいブギーやったり、40年代のアメリカ音楽の神髄を再現したいという強い憧れがあってやってたんですけど、必然的にそれはカヴァーになるわけでね。ある意味ではシュミレーショニズムに近いわけだけど、そういった神髄を繋いでいきたいって気持ちがあって。でも、今はカヴァーをやることにとても困難を感じてきてる。というのも、ブギーをやってて『NO SMOKING』っていう映画の中で、音楽を使おうとすると異常に著作権料がかかってくるわけだ。なんかそれで力を削がれてしまって。でも、映像をまた作りたいし、まだまだ40年代の音楽もやり足りてないんで、さあどうしようかなと。

岡田：ぼくは、時代の節目に、ある種カウンター的にアンビエントやニューエイジ、スピリチュアル・ジャズが出てきたように、2020年代はアーティストたちにとって再び非論理的なもので何かできることを模索していく時代になるかと思っているんです。

細野：その通りだと思う。かたやグローバルがあったけど、一方で作家的な人が増えている。映画とかもそうだけど、非常に個人的に作っていくタイプの人が多くなってきた。それもすごくいいものをね。音楽もそう。そういう人たちの出番がこれからあるんだろうなと思う。節目といえば2011年もそうだったけど、結局あれは局地的なものだったんだね。東京が真っ暗になって何かが変わっていくんだろうと思ったけど、またもとに戻っちゃった。でも今回は日本だけじゃなく、世界中にそういう風が吹いている。それでは否応なく変わっていかなきゃやっていけないでしょう。経済的にもね。何が変わるのかどう変わるのかはこれからなんですけど、今真っただ中なんで誰も分からないでしょ。もとに戻ろうとする力もあるだろうけど、それだって時間がかかるだろうし。

岡田：そういった中で、新しいアプローチをしている音源のデモを作ったりはされてますか？

細野：まだですね。ぼくはまだだけどみんな引きこもってやってるんだろうな。ぼくの場合は3.11の頃そんな感じだったんですよね。『HoSoNoVa』【13】は震災の前に作ってミックスも終わってたんだけど、これは出ないなと思っていた。結局4月に出たんだけど。でも、その当時、自分自身が音楽をあまり聴かなくなっちゃって。放射能が吹き荒れているときですから。車の中で音楽をかけるときでもカルロス・ガルデルとか物悲しい曲ばっかり聴いてね。それも自分の中での変化だった。でも、今はまだ変わっていく最中で、表に出せないんですよ。まだ内側で変わっている段階。自分の中で何ができるかはまだ分からない。

ますます肥大化するニューエイジ

細野：最近、ニューエイジの最初の姿について友達に話していたんだよね。ニューエイジは、もとはヒッピームーブメントがあって意識革命があってその後に芽生えてきたものなんですよね。でもヒッピームーブメントと決定的に違うのはそこにニューサイエンスが入ってきたこと。一番有名なのがブノワ・マンデルブロという学者が導入したフラクタルっていう考え方だったり。フランスでもポストモダンが出てきて、もとになるカントとかデカルトを批判する形でジャック・デリダみたいな哲学が出てきて、その興奮を日本の若い人が受け継いだんだね。それが中沢新一だったり浅田彰だったり。そこらへんは知的な興奮のるつぼだったんだよ。それにすごく影響されてニューエイジとはそういうものだとぼくは思っていたわけ。当時ぼくは〈ノンスタンダード〉っていうレーベルをやってたんだけど、数学でノンスタンダードアナリシスっていう、つまり標準じゃない、それまで傍流だったとんでもない理論っていうかね、そういうものが急に中心に来ちゃったっていう。

13

ニューエイジの本質っていうのはそういうものだった。でも、いつの間にかアンビエントとか、エレクトロニカとかと同じで、思想としてのニューエイジも綺麗に整理されて使いやすくなっちゃった。だからそういったニューエイジにも嫌いな部分がいっぱいある。

岡田：それでいうと、ニューエイジ音楽のジャンルとして、俗流アンビエントっていうのが最近ありまして。本来カウンター的な音楽だったニューエイジが結局、商品として売り出されてしまうという構造があると思います。

細野：俗流（笑）。そうだよね。面白いものだったのが、コンビニ化していくというか、平均的なものが聴きやすいし、分かりやすいし。ニューエイジっていうのはますます肥大化していって、新興宗教っぽくなってる。最近のアメリカ映画を見ると、『アンダー・ザ・シルバーレイク』っていう、意識の高い若者たちがカルト集団に取り込まれていくっていう話があったり。でもそのカルトがつまんないカルトなんだよね（笑）。

岡田：最近聞いた話で、今のジャズメンたちがみんなある種楽理っぽいところから離れて、音楽的にもアメリカのジャズの歴史に距離を置いて、東洋的、あるいは音楽のニューエイジ的なところに向かっているそうです。今までジャズメンというフィジカルで戦ってきた人たちが、これまでの道理とは違う音楽像を見いだしていかないと自分たちが保てないということを言っている。

細野：ジャズの人はそうだろうね。

岡田：ニューエイジのリヴァイバルとは別次元でリアルタイムのジャズメンがそうした方向に向かっているのは興味深いです。

細野：そうか。みんな40年代のこと忘れてるんだな……。

岡田：興味深そうな発言ですね！

細野：いやいや（笑）。あの頃の発見っていうのは宝の山みたいなものなんだよ。戦中戦後を含めて。音源が残ってなかったのね。変なアーティストがいっぱいいてね。アーティストっていうか、アレンジャーであり作曲家の白人たちなんだけど、とてもへんてこりんな音楽をいっぱい作っていた。一番有名なのはレイモンド・スコットなんだけど、もっと現代音楽に近い音楽がいっぱいあって、それがジャズの体裁を保っているの。それも頭でっかちじゃなくて、とても面白い。

岡田：デューク・エリントンもそういったところが

ありますね。

細野：そうなんだよ。エリントンもその片鱗があって大好きなの。プレイに偏らないというかね。あの人そんなに弾かないからね。

岡田："キャラバン"とかすごい曲だと思います。細野さんもカヴァーしていますよね。

細野：してますね。彼のビッグバンドもいいけど、ピアノのソロアルバムが素晴らしくて。弾き過ぎないというか。そこら辺をもう一回聴いて欲しいなと思いますね。

岡田：50年代のロックンロール、ポップスの体裁が生まれるギリギリ前が、みんな好き勝手やって面白い発見があったんだろうなと思います。

細野：いやあ面白い時代ですよ。まあ今も何かが生まれる時間を過ごしているのかもしれないですね。

細野晴臣（ほその・はるおみ）
1947年東京生まれ。音楽家。1969年「エイプリル・フール」でデビュー。1970年「はっぴいえんど」結成。73年ソロ活動を開始、同時に「ティン・パン・アレー」としても活動。78年「イエロー・マジック・オーケストラ（YMO）」を結成、歌謡界での楽曲提供を手がけプロデューサー、レーベル主宰者としても活動。YMO散開後は、ワールド・ミュージック、アンビエント、エレクトロニカを探求、作曲／プロデュース／映画音楽など多岐にわたり活動。

岡田拓郎（おかだ・たくろう）
1991年生まれ。東京都福生市育ち。音楽家。2012年にバンド「森は生きている」を結成。2枚のアルバムを残し2015年に解散。ソロ名義では2018年にSteve Hiettのカヴァー曲を含む『The Beach EP』を、2020年に『Morning Sun』、ドローン作家duennとの共同名義で2020年『都市計画』などをリリース。菊地健雄監督作品、映画『ディアーディアー』をはじめ、映画音楽も制作。

ニューエイジ・ミュージック・リバイバルの源泉
——尾島由郎とスペンサー・ドラン（Visible Cloaks）が明かす、その光と闇

インタビュー・翻訳：枚栂木一徳　写真：上田雅大

60 年代後半、カリフォルニアを中心としたニューエイジ運動の影響下でその姿を現した"ニューエイジ・ミュージック"。80年代に加速した消費主義の中で、気軽に"癒し"の効用を得られるコンテンツとして定着し得たニューエイジは一方で、その曖昧な姿形ゆえに人々から訝しまれ、不遇な扱いを受けてきた。その影の歴史から解放され、今復権を果たしたニューエイジとその周縁の音楽は、この先どこへ向かうのか？　環境音楽シーンの当事者である尾島由郎、そしてニューエイジ・リバイバルにも関わりの深い Visible Cloaks のスペンサー・ドラン、共に親交の深い2人に、ニューエイジがたどってきた軌跡と現在について話をうかがった。

アメリカのニューエイジ・ミュージック

今回のインタビューでは「ニューエイジ・ミュージック・リバイバルの『源泉』」と称して、テン年代以降のニューエイジ・ミュージック・シーンの興隆を起点として、ニューエイジが持っていた本来の思想や、日米それぞれで発展していった歴史をさかのぼりながら、その実態を包括的に捉え直してみたいと思います。まずスペンサーさんにお聞きしたいのですが、アメリカでニューエイジ・リバイバルが起こった経緯について教えていただけますか。

スペンサー：これまでニューエイジ・ミュージック

にとって大きな妨げとなっていたのは、いわゆるスピリチュアル方面での欧米のニューエイジ運動と関連しながら根付いていった文化的な因習でした。ここ15年の間にアメリカを中心に起きたニューエイジ・ミュージックの再評価は、音楽そのものの価値をこの古い因習から切り離すか、もしくはあえてニューエイジのキッチュな美的感覚を押し出すような、アイロニックな工夫をとることで大きくなっていったんです。たしかゼロ年代の中頃に、自分を含んだレコードコレクター界隈の間で最初のリバイバルの動きが起き始めて、その後少しずつ、私が関わっていたアメリカのアンダーグラウンドのノイズシーンの中でも知られていきました。アメリカでのニューエ

イジ・ミュージック・リバイバルのきっかけを作り、おそらく最初のシーンの立役者となった人物は、ロサンゼルスのアンソニー・ピアソンというレコードディーラーで、アンソニーがレコードバイヤーとして雇ったダグラス・マクゴアンという男が、後に〈Light in the Attic〉からリリースされたコンピレーション・アルバム『I Am the Center (Private Issue New Age Music In America, 1950-1990)』のディレクションを手がけました。彼らこそ、いま「聖典」として知られているような最初期のニューエイジのレコードを初めて選び出してきたんです。またちょうど同じ時期に、アメリカのアンダーグラウンドのアヴァンギャルド・シーンにも、これらの音楽を追っている何人かの人物がいて、例えば〈Root Strata〉というレーベル界隈で、「Crystal Vibrations」というブログを運営していたアーティストのグレッグ・デイヴィスやザック・レノ、中西部のノイズシーンでWolf Eyesという名義で活動するジョン・オルセン（彼はマクゴウェンからレコードを買っていたようです）などがそうでした。今ユースカルチャーとして広まったニューエイジ・ミュージック・リバイバルはまず彼らから端を発して、そこから世界へと広がっていったんです。

昨今のニューエイジ・リバイバルに対して、どのような印象を持っていますか？批判や肯定的な意見を含め、率直なお話を聞かせてください。

スペンサー：音楽的に重なり合う部分はありますが、Visible Cloaksがニューエイジの領域で言及されることには、実は大きなフラストレーションを抱いています。自分たちの音楽作品に関しては、できるだけアンビエント・ミュージックというジャンルの外側に位置づけられるような創意工夫を凝らしていますから。私が興味のあるものは、よりアクティブな姿勢の聴き方を聴き手に促すような音楽であって、いわゆる従来のアンビエント・ミュージックに見られるような、静的で一定方向に定まった性質のものではありません。ある程度は、両方の観点から自分の作品が聴かれるのはよいことだと思っていますが。あと、北カリフォルニアで生まれ育った当事者として、オリジナルのニューエイジ運動が生まれ起こった当時の文化的なバックグラウンド、特に極端に個人主義的な価値観から派生した「自己」の捉え方や、それが帰結したアメリカの保守社会などに対しては、かなり意識的に、注意を払って見てきたと思います。ニューエイジ運動自体は、アメリカの外側にある伝統的な精神文化やスピリチュアリティを、資本主義による商品化システムに取り込んで、それらを積極的に推進しながら肥大化させていきました。同様に、ニューエイジ・ミュージックに便乗したアメリカの音楽家たちの多くも、アメリカではまだ知られていなかった海外の伝統的な音楽を用いて、商業的な成功を収めた点において、彼らは有能なセールスマンと何ら変わりはなかったと思います。

オリジナルのニューエイジ・ミュージックが積極的に推進した商業主義的な側面は、現在のリバイバルにも引き継がれていると思いますか。

スペンサー：アンビエント・ミュージックは今、ニューエイジが80年代の後半に誘発した多くの問題を孕んでいます。音楽がアートとしてではなく、パーソナルなムードを統制する道具として、あるいは感情をマネージメントする効用ツールとしてリフレームされているんです。Spotifyに代表されるサブスクリプションサービスのプラットフォームでは、それぞれの音楽が持っている意図やコンテクストは完全に抜き取られて、プレイリストという、実用性に特化したフォーマット上で消費され続けます。音楽家の作家性や、あるいは時系列に沿って作品群を理解したりする、いわゆるアートとしての鑑賞行為とは真逆といえるでしょう。こういう現代的な、機能に特化した音楽の聴き方やアプローチは、オリジナルのニューエイジ・ミュージックが生み出した産物ともいえますが、そうしたネガティブな側面のために、実際のサウンドやその美観は見過ごされてきたんでしょうね。

日本のニューエイジ・ミュージック

日本でニューエイジ・ミュージックが音楽ジャンルの用語として定着し、積極的に用いられ始めたのは80年代以降なので、尾島さんが環境音楽の制作を始めた時期とクロスしていたと思います。ニューエイジという言葉がシーンに現れ始めた頃のことを覚えていらっしゃいますか。

尾島：日本のニューエイジ・ミュージックの歴史に沿って振り返ってみると、僕が初めてその言葉を聞いたのは83年でした。この年は国内では音楽的に色々なことが起きていて、例えばYMOが「散開」（解散）した年で、テクノやニューウェイヴといった新しい音楽の潮流がひとつの頂点を迎えていました。その中には環境音楽も含まれていて、芦川聡さんがハロルド・バッドの来日公演を、オープンしたばかりの六本木Axisギャラリーで招聘したり、西武百貨店が竹芝桟橋の鈴江倉庫で開催したファッション・エキジビション「Pier and Loft」に吉村弘さんが出演するなど、環境音楽ブームもひとつのピークを迎えていた時期でもありました。それでその年の11月に〈アルファ・レコード〉から、〈Windham Hill〉のジョージ・ウィンストンの『Autumn』と、ウィリアム・アッカーマンの『Passage』の日本盤が発売されるんです。実は僕はそのリリースのレセプションパーティーにたまたま参加していました。当時僕はYohji Yamamotoのコレクションの選曲を手伝っていて、Yohjiの事務所の方が僕を誘ってくれたんです。関係者だけを集めた豪華なパーティーで、レーベル主催者のウィリアム・アッカーマンらが来日してプライベートなお

披露目のライブをやったんです。会場は三田にある三井倶楽部っていう会員制の由緒ある場所で、そのルネサンス様式の建物の庭園で、西海岸から来たミュージシャンたちが演奏するっていうミスマッチな感じが印象的でした。当時の〈アルファ・レコード〉といえばそれこそ飛ぶ鳥を落とす勢いだったから、大々的なプロモーションの仕掛けとしては納得できるんですけれどもね。その時に招待者に配られたサンプルレコードに添えられたプレスリリースに、ニューエイジ・ミュージックって言葉が書かれていて、そこで初めてその言葉を知ったのを覚えています。ニューエイジ思想については70年代のヒッピー文化の流れで、すでに国内にも情報は入っていたと思いますが、音楽界隈の中ではおそらくまだ現れていなかったワードでした。なので、ニューエイジ・ミュージックが本格的に日本で浸透したのは、〈Windham Hill〉の日本デビューと同時だったと思うんですね。ちなみにそのパーティーの後、広尾にある吉村弘さんの家に寄って、一緒にそのレコードを聴いたんですが、「これはわりとコマーシャルな音楽ですね」って吉村さんが呟いて、2人でガクンとしたのを覚えています笑。

もともと〈Windham Hill〉は70年代後半からアコースティックなインストゥルメンタル音楽作品をリリースしていたレーベルなんですが、80年代に入ってからは世界的にヒットして、日本の音楽産業の中でもニューエイジ・ミュージック＝〈Windham Hill〉的なイメージが定着していったように思います。00年に入って、〈ソニー・ミュージック〉から「Image」、〈東芝EMI〉から「Feel」という、今も続いているヒーリング・ミュージックのコンピレーション・シリーズが出るんですが、これも〈Windham Hill〉の流れを受け継いで出たもので、ラインナップの豪華な字面もあって、実際にすごく売れていました。銀座の山野楽器とかの店頭コーナーでは連日そうしたCDの販売をやっていて、CDが売れていた時代だからいつも賑わっていましたね。あとは87年にグラミー賞にニューエイジ・ミュージック部門ができて、88年に喜多郎がノミネートされたことも日本でニューエイジ・ミュージックがポピュラーになった理由だと思います。

ニューエイジ・ミュージックが日本でブーム化したのは、何か大きな要因があったのでしょうか。

尾島：〈Windham Hill〉から始まった日本でよく聴かれたニューエイジ・ミュージックは、総じて「癒し」を与えてくれるような音楽ですが、80年代後期以降のバブルの崩壊や震災といった、海外にはなかった社会の大きな出来事の影響とリンクしながら、一般の人々に受容されていった傾向があると思います。心理的、経済的に傷を負った心に、安らぎや元気を与える音楽、あるいはそれを克服するために自己改革を生み出すような音楽。そういった動機や目的を持って、ニューエイジ・ミュージックはジャンルと

して変質しながら、音楽にそれほど明るくない人たちをもマーケットの対象として広まっていったんじゃないですかね。例えばクラシックやジャズのようにすでにジャンルとして確立している音楽ってきちんとファンがいるし、なかなか歴史や文脈を逸脱して売るっていうのは成功しにくいですね。ただ、どこか曖昧なところから始まったニューエイジ・ミュージックは、普段CDを買わないようなゾーンに結果を出しやすかった。そもそも90年代は音楽ソフトのセールスが芳しかった時代ですから、レコード会社じゃないようなところも参入して、出版物と絡めたりしながら色んな売り方がされていました。最近では標準化されたプロダクツがグローバルに流通されることが主流になりましたが、当時の日本は国内の市場に適応するために独自のローカライズを施して売られることが多かったように思います。そのためそこから色んな亜流が派生し、誤解や曲解も生まれていったと思うんですね。

ご自身の音楽が系統としては近い文脈に位置づけられるということも鑑みて、尾島さん個人としてはニューエイジ・ミュージックにどのような印象を持たれていましたか。

尾島：やっぱりこういった即物的な売り方、売られ方をしている音楽からは距離を置こうとしていましたね。アートとして始まったアンビエント・ミュージックが、いつのまにか世間の流行の中で「癒しの音楽」として十把一絡げにされて入れ替わってしまったようでしたから。
音楽って薬のようにすぐ効果が現れるような単純なものではないんです。いち作り手として、そこにある絶対的な力を信じながらも、個々の人の記憶とかとの相乗効果で生まれてくる部分を解明しつつトライしていくのが音楽家の仕事だと思っています。スパイラル（ワコールアートセンター）の環境音楽を作ってから、実際に色々な方面から仕事の声をかけてもらいましたが、求められるものが違ったり、食い違いがあったりして成立しない件もたくさんあって。相手の望むようなリクエストには応えられないケースも多々ありました。僕自身はニューエイジのシーンとの関わりはありませんでしたが、世間的に見れば、ニューエイジ・ミュージックをやっているのと同じようなミュージシャンだと、ずっと思われていたんじゃないでしょうかね（笑）。

そうした過去のニューエイジの歴史を踏まえ、今世界で起きているリバイバルの話に移りたいと思います。日本の環境音楽やアンビエントの再興は、どのようにして起こったと思いますか。

尾島：スペンサーも言ってますが、アメリカのニューエイジ・ミュージックが当時の文化的な因習から切り離されて、音楽性という観点から再び焦点を当てられて見つかったように、日本のアンビエントや

ニューエイジ・ミュージックもその視点から注目されていったんじゃないでしょうか。

『Kankyo Ongaku』のコンピレーションに関していうと、あのアルバムでは、時代のコンテクストが一旦削ぎ落とされて、音の審美眼のみでチョイスされた結果、ひとつの全体の系が浮かび上がっていった。海外の視点から選ばれたという潔さもあって、結果的に何か、それぞれの作者の個から離れた、匿名の音楽になり得ているような気がします。例えば、あのアルバムに収録されているアーティストって、もっぱら静かな音楽を作っていた人ばかりじゃなくて、たまたまある企画で作られたような楽曲も入っていますよね。そういった個々のアーティストの楽曲の出自や背景は、ライナーノーツで詳しく解説されていますが、いわゆる記録物やカタログといった資料的な価値を超えた、音楽そのものの審美性や自由さがアルバムの中から表現されていると思う。僕自身も、自分の音楽があのパーツの一部としてまとめられたことに、とても居心地のよさを覚えているし、何より当事者には発見できないような新しい視点に気づくことができたんですよ。あの頃の売り方やパッケージングの仕方は当時の思惑であって、音楽自体はとてもピュアなものだったんだって。スペンサーのアンビエントスタイルのミックスを聴くと、普通は自分が昔けっそこに付随して、当時の記憶や気配が思い起こされてノスタルジックな感覚になってしまいがちなんですが、彼はそういうのを一切感じさせない音の配置をしてくれて、今の時代だと自分の音がこんな風に響くのかって新鮮な驚きがあったんですね。それらも踏まえて、音を音として聴くことができる、いわゆるDJ的なディープリスニングの視点と感性を持った若い人たちへの信頼感は大きいし、彼らがすごく細かい差異やレベルまで聴いてセレクトしていることは素直に嬉しいです。今ニューエイジ・ミュージックに関心を持っている人たちの視点は、背景を知り過ぎてしまったような自分にはない一定の距離感を持っているからこそ面白いし、今後自分が新しい音楽を作るときのエネルギーになりますね。

ニューエイジのグローバリゼーション

今回の話にも繋がってくるんですが、以前インタビューで、ニューエイジ・ミュージックとも関わりの深いジョン・ハッセルの最近の新しい考えに対して、スペンサーさんがいくらか批判的な意見を述べているのを読みました。異なった文化をエキゾティシズムを駆り立てるような形で配合させるというアイデアは、現代の視点から見てかなり問題があると。彼が提唱した「第4世界」もそうですが、そこにはニューエイジ・ミュージックが一般的に批判されがちな、西欧中心主義から生まれた文化的グローバリゼーションの問題が潜んでいるようにも思えました。ジョン・ハッセルの「第4世界」というアイデアに対してはどう考えられますか。

スペンサー：複数のエッセンスを融合させるという、ジョン・ハッセルのハイブリッド的なスタイル自体は、これまで歴史の中で培われてきた音楽文化の形態とさほど異なるわけではありません。例えば中世のヨーロッパを振り返ってみれば、吟遊詩人や宮廷に仕えたミンストレルがいて、彼らは交易路から伝わった楽器や民族音楽といった他文化の影響を下地にすることで、北アフリカや中東、インドの音楽をすでに自分たちのヨーロッパの音楽に取り入れていました。スイスのHespèrion XXや、ドイツのStudio der frühen Musikといったグループやアンサンブルは、このことを上手く体現したよい例だと思います。また60年代のマリやギニアの音楽家たちは、輸入されたキューバのルンバのレコードを聴いてアメリカのエレキギターの演奏方法を学び、それを彼らのローカルのマンディング音楽と一緒に消化していました。ハッセルが他と異なるのは、そういう音楽文化に元々あったハイブリディティを、テクノロジーの力を借りて加速させ、あえて無機質な形に作り上げていくという方法にありました。彼は電子回路の流れに可能性を見出し、デジタルの世界と、原始的世界が交わるような中間地点を探求していました。インターネットというメディアの誕生は、彼が80年代のレコードで思い描いていたような非物理的な文化空間を実現させましたが、ハッセルがそれを事前に予言していたというよりは、インターネットより前のマスメディアの中ですでに萌芽しつつあったその新しい刺激に、彼が波長を合わせていただけともいえるでしょう。

ジョン・ハッセルの音楽性に影響を与えたアーティストのひとりに、作曲家のカールハインツ・シュトックハウゼンがいます。シュトックハウゼンも、ハッセルの「第4世界」につながる「グローバル・ビレッジ」というアイデアを提唱していて、もともとメディア学者のマーシャル・マクルーハンが用いていたこの用語を独自に解釈して発展させました。

スペンサー：シュトックハウゼンの「グローバル・ビレッジ」の核たるアイデアは、すべての人間にはグローバルな世界を理解する生来の感覚があって、地球上のあらゆる人間性を経験できる能力を持つことが可能だという、彼自身の信念です。私自身もこれまでに様々な民族音楽の録音物を聴いて、よくこんなことを考えていました。これらの音楽から自分が何を体験できるのか、また自分自身のものではない彼らの表現をなぜ感じることができるのか、そして音楽を聴く体験を通して、自分自身の拠りどころとなるような見方を考えなければならないと。例えば以前、台湾の民族音楽が、スコットランドのゲール語の賛美歌と同じ歌声のパターンをしているのを発見したとき、このユニバーサルなつながりは何なのだろうかと不思議に思いました。しかし、こういう飛躍した考えはアートの文脈でいえば、ある種の人々の共感力を培うので特に問題ありませんが、ベ

クトルがずれてしまうと外側の世界に対する帝国主義的な見方につながり、誤った理解に陥る可能性があるのは確かでしょう。政治的／歴史的な文脈からいえば、このふたつの国は実際には何の関係もないでしょうから。分野は異なりますが、作曲家のコーネリアス・カーデューは、シュトックハウゼンのこのヨーロッパ主義的な考えをこう批判しています。「シュトックハウゼンのようなセールスマンたちは、人々にこうしたコズミックな発想へ浸らせることで、現実世界を取り囲む痛ましい矛盾から目を背けられるように信じ込ませたのだ」と。この発言は74年のものですが、10年後に起こったニューエイジ・ミュージックに対する批判と受け取ってもよいでしょう。自分たちの世代の多くが今、グローバリゼーションという巨大な存在を脅威に感じているでしょうし、もはや逃れることができないほどの大きなスケールで、その影を地球上に落としていると思います。ヨーロッパや、特にアメリカ文化の一義的な美観や、過度の消費主義によって、ローカルな文化や古い生活様式は排除されつつあります。これは、私たちの世代にとって、もう避けることのできない現実ですし、もしかしたらもう手遅れのレベルかもしれません。だからこそ、そういった状況の中から、私たちは何か新しい方法を見つけなければいけないのです。Visible Cloaksの作品で一貫していることは、この現実への対立でも、安易な理解でもありません。自己と、そして文化的外部である他者の間に横たわっている差異を見つけ、そこから意味を見出していくことなんです。

では最後に、あなたの作品についてお聞きしたいのですが、17年にリリースされたEPの『Lex』では、"Fusion of Many"（多の融合）というライナーノーツの説明にもあるように、音声言語やシステム上のアプローチを通して、プルーラル（複数）の形の近未来の姿を描こうとしているように思えました。ある意味で、あれはニューエイジのかつての思想を現代的にデコンストラクトした作品だと思ったんですが、いかがでしょうか。

スペンサー：『Lex』はニューエイジの思想と重なる部分もありますし、ビジュアルやサウンド面でサイケデリックなところはありますが、目指したのはスピリチュアルな領域ではなく、想像的な言語や、近未来の政治の姿と関係しています。ですから、ニューエイジ自体とはあまりつながりがあるとはいえません。
『Lex』のコンセプトは文学上のスペキュレイティブ・フィクションに近くて、理論的な近未来の世界を使って、今現在の私たちの現実世界の陥穽を考察して、同時にそこからポスト・ヒューマン的な状況を描くことにありました。アイデアとしては、あらゆる言語の境界が溶け合った未来を想像するために。エスペラントやソレソ語といった、いわゆる「国際補助語」と呼ばれる人工言語には、コミュニケーションの普遍化と合理性を追求して、人間性の統一を目指すような理念がありますが、そうした考えに影響を受けながら、複数の言語要素から成る「インターランゲージ」を、自分の作品内で作り出したかったんです。また制作時の16、17年頃は、ヨーロッパやイギリス、そして自分たちと直接関係のあるアメリカで、明らかに国家主義的な政治の動きが強まり始めた時期でした。こうした状況下でポスト・ヒューマン的な近未来を理論的に構築することは、現実世界から離脱する方法を考えることでもありました。80、90年代の地政学はまだ進歩主義的な発想で、人間が持っている可能性を開拓しようとするユートピア史観的な段階でしたが、そこで起きてしまった闘争は今明らかになっていますよね。

尾島由郎（おじま・よしお）
環境音楽のシーンの黎明期から携わる作曲家／音楽プロデューサー／マルチメディアプロデューサー。代表作はスパイラル（ワコールアートセンター）のための環境音楽集『Une Collection des Chainons I & II』（2019年に〈WRWTFWW〉からリイシュー）、ピアニストの柴野さつきとのコラボレーションアルバム『Caresse』）など。また、2017年に〈17853 Records〉よりリイシューされた吉村弘『Pier&Loft』（1983年、〈複製技術工房〉）など、プロデュース作も数多い。
80年代より、「スパイラル」（ワコールアートセンター）や「リビングデザインセンター OZONE」（新宿パークタワー）、「東京オペラシティ ガレリア」、「キャナルシティ博多」などの集客施設の環境音楽を多数制作し、サウンドデザインやサウンドシステムの開発にも関わる。

スペンサー・ドラン（Spencer Doran）
アメリカ・ポートランド在住の音楽家／プロデューサー。ソロプロジェクトとして Visible Cloaks をスタートし、その後 Ryan Carlile と共にデュオで活動を続けている。代表作に『Reassemblage』『Lex』、尾島由郎と柴野さつきとの共作『FRKWYS Vol. 15: serenitatem』など。音楽コレクターとしても知られ、日本の環境音楽やイタリアのアンビエントにフォーカスしたミックスをオンライン上で公開し、流行リバイバルの端緒のひとつともなった。監修を務めたコンピレーション作品『Kankyo Ongaku: Japanese Environmental, Ambient & New Age Music 1980-1990』は、2019年度のグラミー賞にノミネートされ、大きな話題に。また Maxwell August Croy と共にレーベルの〈Empire of Signs〉を主宰し、これまでに吉村弘、INOYAMALAND、菅谷昌弘といった日本人音楽家の再発を手がけている。

杤梻木一徳（とがのき・かずのり）
1993年生まれ。ライター／翻訳家。ウェブメディア『MASSAGE』などで活動。

世界のニューエイジ

（1975 ～ 2009）

1975（Unity Records）

Iasos
Inter-Dimensional Music

ギリシャ生まれ、幼少期にはすでにアメリカに移住していた Iasos は、商業化する以前の、自覚を持ったニューエイジ音楽を語る際に欠かせない存在だ。まず彼の音楽への動機には重要な高次存在「ヴィスタ」の存在がある。Iasos はヴィスタが与えた地球上の存在で、ヴィスタはインスピレーションを送り、Iasos はそれを音楽として具体的な形にする。この「パラダイス・ミュージック」を人々と共有しようと思った Iasos は、ヒッピー・カルチャーただなかのサンフランシスコに渡るが合わないものを感じ、カリフォルニア・サウサリートにたどり着く。ここで最も影響を受けた友人である哲学者、Alan Watts に出会う。早くから Iasos を「ニューエイジのクラシックになる」と評していたがアルバムの完成を見ず73年に他界。大手からは敬遠された本作をリリースしたのは、〈Windham Hill〉に先駆けて早期からニューエイジ作品を扱っていた〈Unity〉である。本作は天上から降り注ぐかのようなアルペジオ、シンセによる豊潤な和音の洪水、自然音等、80s以降商業化されたニューエイジとは一線を画する。05年には〈EM〉から再発され話題となったが、今となってはニューエイジ復刻の流れの一端といえる。　　　　　　　　　　　　　　　　　　（ダ）

1975（Unity Records）

Steven Halpern
Spectrum Suite / Christening For Listening
（A Soundtrack For Every Body）

カリフォルニアの鍵盤奏者、Steven Halpern の1stにして、ニューエイジ・ミュージックの始祖こと Iasos のデビュー作『Inter-Dimensional Music』とも並ぶ古典的作品として知られる傑作。元々は併記の表題にて自主プレスされたものであるが、翌年にタイトルとジャケットを変更して再発し、その後も仕様を変更しながら再プレスされ続けた。初期のプレスでは、Iasos もフルートで参加した楽曲が収録されており、入手困難なオリジナルのプレスでは、（元々がジャズ畑であったからか）Sun Ra ばりのコズミック・ジャズ・ファンク"Something〜"（B3）が聴けるのだが、こちらも Iasos 参加の楽曲と同様に後のプレスではオミット。前半はイーノの『Music for Airports』のような穏やかな音世界が広がり、幻想的なフェンダー・ローズの音色が時間の流れを忘れさせてくれる。後半になると東洋思想さえも渦を巻き始め、民族音楽のようになるのが面白い。再発盤で Iasos 参加のトラックが差し替えられているのはこの辺が原因なのかもしれない。（やり過ぎた？）透明感がある極上のニューエイジ・クラシック。万華鏡のようなジャケットもとっても素敵。19年末にオリジナルのプレス仕様で再発されている。　　　　　　　　　　　　　　　　　　（青）

V.A.

I Am the Center: Private Issue New Age Music In America 1950-1990

2013（Light In The Attic）

ニューエイジ・リバイバルの大きな起点のひとつであり、あまりにも重要なニューエイジ・ミュージック・コンピレーションである。ジャケットは伝説的ヴィジュアル・アーティストの Gilbert Williams が手がけている。若手作家によるニューエイジ音楽が増える中、本作は、名門〈Light In The Attic〉によって、アメリカで育まれていた第1期のニューエイジ黄金時代を捉えた編集盤として制作された意欲的な作品だ。Pitchfork では 8.3点、「BEST NEW REISSUE」のスコアを獲得している。「プライベート・イシュー・ニューエイジ」（PINA）の着想のもと、ニューエイジの始祖、Iasos をはじめ、NY の生ける伝説、Laraaji、そして、JD Emmanuel、Peter Davison といった大御所の他、70 〜 80年代を中心に活躍した名作家、知られざる作家たちを収録している。さらには1曲目が、精神的／実存的な取り組みである「ワーク」を提唱した Gurdjieff というのが面白い。ニューエイジ思想を幅広く捉え、音楽もサイケなフルートの音色からクラウトな立体的反復、静寂の瞑想ドローンと多様なアンビエント色があふれる作り。アートワークも80年代往年の作家を起用という徹底ぶりである。　　（門）

V.A.

Midday Moon
- Ambient And Experimental Music From Australia And New Zealand 1980-1995

2018（Bedroom Suck Records）

地球儀を回して南半球、オーストラリアとニュージーランドにて 80年から 95年にかけて制作されたアンビエントや実験音楽、アウトサイダー・ミュージックの数々を収録した史料的にも大変貴重なコンピレーション・アルバム。クラバーや先鋭的なリスナーたちにも大変人気のポッドキャストである「Sanpo Disco」のレジデント DJ としても知られる Rowan Mason によるキュレーションのもと、もはや誰にも名の知れぬ小さなレーベルやマニアックな自主制作盤、映画のサントラ、アーティストの個人アーカイブスといった、オブスキュア過ぎる音源の数々をコンパイル。〈Left Ear〉監修のオーストラリア、ニュージーランド産アヴァン・ミュージック編集盤『Antipodean Anomalies』にも収録された Free Radicals や Helen Ripley-Marshall をはじめ、豪州産アンビエントの中でも高い人気を誇る John Elder、音楽学者で楽器デザイナーの Ros Bandt など、知る人ぞ知る作家やグループの数々が収められた。フィルレコからシンセやギターのアンビエント、カリンバや竹笛といった様々なエレメントで織り成す、夢見心地のサウンドが大集結した。まさにアンビエント・ミュージックの秘境、心して聴くべし。

（門）

1986（The Bear On The Moon Records）

Gigi Masin
Wind

オランダ・アムステルダムの名門発掘レーベル〈Music
From Memory〉による一大編集作業で世界にその名を知ら
しめることになったイタリア・ヴェネツィアの作曲家、
Gigi Masinの86年金字塔的デビュー作。同レーベルからの
編集盤は10年代のニューエイジ再興における火種のひと
つとなった。同氏は、80年代から活動し、再評価が進ん
だ17年には来日公演も敢行。当時は宣伝もされず、氏の
コンサート会場などで細々と売られる程度であり、残りの
LPは破棄されてしまったという悲運な作品。そのために
コレクター市場では時折、度を超えた高額取引が展開され
た（15年の奇跡的な復刻は、オリジナルの価値を損じるも
のではなく、今なお世界中の好事家たちが原盤の魔力に取
り憑かれている）。哀愁を塗り込めたトランペットに物憂
げなピアノ、リヴァーヴの滴るギター、それらを温かく支
える湿ったシンセの柔らかな残響。すべてが予定調和のよ
うに奇跡的なバランス感覚で成り立った異次元級の1枚。
針が最後の溝をなぞる瞬間が口惜しい、全ニューエイジ・
ファンにとっての永遠の名盤。なお、美しく印象的なジャ
ケットは、彼が愛するブラジルの詩人による詩を、メソポ
タミア筆記体で彼自身の手でデザインしたもの。　　（門）

2014（Rvng Intl.）

K. Leimer
A Period Of Review

ニューウェイヴからポストパンク、アンビエントまでも横
断した実験的ユニット、Savantの首謀者でもあり、そのカ
タログが大英図書館にて保管されている米シンセ奏者の
Kerry Leimer。近年の再評価のきっかけとなった本作は、
75〜83年の未発表音源の編集盤である。クラウト・ロッ
クからダダイズムに至るまで、多感であった青年時代に受
けた影響を底流に自主音源の制作を開始した。同時代のブ
ライアン・イーノの作品にも触発されて徐々に透き通った
アンビエントが形成されていったという。本作に収録され
ているのは、彼が本格的な作品を発表する以前の最初期の
音源が中心。〈RVNG〉による名仕事ともいえるこの編集盤
のリリース以降、彼の作品の再発は盛んになった。2、3
分のアンビエントの小品が中心で、どれもが穏やかな光を
放つシンセやピアノ、ザラついた音質によって、厳粛な美
しさと憂いに満ちている。ほとんどライブをせず孤独にレ
コーディングを重ねていたらしいが、陰鬱とした印象はな
く、自身の美学に基づき真摯に創作し続けていたことが伝
わってくる。パンク後の焼け野原に開いた儚げな世界観は、
Young Marble Giantsら と も 共 振 す る。Uku Kuutや Finis
Africaeのファンにもレコメンド。　　　　　　　　（カ）

Laraaji
Om Namah Shivaya

OM NAMAHA SHIVAYA

LARAAJI

OM NAMAHA SHIVAYA　LARAAJI

1984（Not On Label）

細野晴臣『MEDICINE COMPILATION from the Quiet Lodge』収録 "AMBIENT MEDITATION ＃3" での共演でも知られ、昨今のニューエイジ・リバイヴァルの象徴のひとつともなり、最近では来日公演も叶った再評価の著しい Laraaji。ワシントン・スクエア公園で演奏していたところをブライアン・イーノに発見され、イーノ・プロデュースの「アンビエント」シリーズの第3作目で、当時のイーノの志向性とも関係する重要なリリース、『Day of Radiance』(80) に抜擢された。彼はニューエイジでも頻出の楽器、ツィターの奏者だが、ムビラ、ピアノなども演奏するマルチ奏者で、その一面が見えるのが本作。84年にわが子の誕生に際し、個人的に録音されたもので、数多くの Laraaji の音源を発掘している〈Leaving Records〉からのリリース（『Be Still and Glow』とのバンドル盤も出している）。チープなドラムマシン、カシオトーンと自身の味のある歌声による、喜びに満ちあふれた宅録スピリチュアル・ソウル。Pharoah Sanders ファンにもオススメできる作品。サイケ・バンド、Blues Control との『FRKWYS Vol. 8』や、Sun Araw との『Professional Sunflow』といった世代を超えた共演も要チェック。

（ダ）

SOFTWARE
Digital-Dance

1988（Innovative Communication）

Klaus Schulze によるレーベルから主にリリースされていた、Peter Mergener と Michael Weisser によるドイツのシンセ・デュオ。このユニットの埋もれていた作品が再発見され、George Clanton の〈100% Electronica〉からリイシューされるまでには、偶然めいたストーリーがある。2008年、Stones Throw の面々とヨーロッパ・ツアーに来ていた Dâm-Funk が、ドイツのレコード屋でたまたま発見した本作に収録された "Island-Sunrise" に魅せられ、James Pants とのミックステープ CD-R 『Chart-Toppers』のラスト・トラックで取り上げた。それと平行して、音楽家で IC レーベルのファンでもあった Ryan M Todd は、2011年1月に "Island-Sunrise" の動画を YouTube にアップロードしている。「知る人ぞ知る」この曲が、2月の終わり頃にはヴェイパーウェイヴのファンが殺到し40万再生を超え、さらに George Clanton がこの動画をランダムなレコメンド機能により知ったという。人気曲 "Island-Sunrise" の出来は突出しているが、他の曲も Klaus Schulze の曲をキャッチーにまとめた感じでよい。〈100% Electronica〉では Software の全カタログに加え、同じく IC レーベルの G.E.N.E. の全カタログも配信していてよい仕事。

（ダ）

5

Beverly Glenn-Copeland
Keyboard Fantasies

86年に〈Atlast Records〉よりカセット作品として自主リリースされた3rdアルバム。カナダの発掘レーベル〈Invisible City Editions〉よりジャケを新装して再発され、〈Music From Memory〉周辺に沸くニューエイジ・ファンの度肝を抜いたトランス・ジェンダーの作家、Beverly Glenn-Copeland。44年に米国のフィラデルフィアで生まれ、人生の大部分をカナダで過ごしたという。同国のシンガーソングライター、Bruce Cockburnの作品にもヴォーカルで数度参加、また、セサミ・ストリートを含む子供向けテレビ番組の音楽を長年作曲してきた人物でもある。本作では、湖や森に囲まれているというオンタリオ州ハンツビルにある自宅周辺の自然環境からインスパイアされた感情をYamaha DX7とRoland TR-707と自身の歌のみを用いて描写した。これらの電子楽器は彼にとって「本質的には、オーケストラのように感じられた」という。名機DX7のシミュレートするサウンドも耽美だが、最大の魅力はそのどこまでも甘い歌声。ジャズ〜カントリー、フォークなどを横断したエスノ・ポップスの金字塔にして、アンビエントとしても、歌モノとしても余りある完成度。瞬く間に幼少期のノスタルジアへと還ってしまいそう。　　　　　　　　　　　　　（門）

Virginia Astley
From Gardens Where We Feel Secure

坂本龍一プロデュースの86年作品『Hope in a Darkened Heart』が非常に有名。イングランドにて、TV音楽制作でも知られる作曲家のEdwin Astleyとその妻、Hazel Balbirnieのもとに双子の姉妹のひとりとして生を受け、80〜90年代にかけて英国で活動していたシンガーソングライター。彼女の姉、KarenはThe WhoのPete Townshendと68年に結婚、また、兄のJon Astleyも70年にEric Claptonのテープ・オペレーターとなり、リマスターやプロデュースなどの仕事をおこなっている。彼女は6歳の頃からピアノを、14歳の頃からフルートを演奏しはじめ、ギルドホール音楽演劇学校でも学んだ。本作は、自身のレーベル〈Happy Valley〉より発表し、〈Rough Trade〉配給となった初のソロ・アルバムで、ピークにはなんとUKインディー・チャートの4位まで登り詰めた。そして、日本でも広く流通した1作である。全曲ピアノを中心に据えた牧歌的なインストゥルメンタル。彼女の故郷であるオックスフォードシャーで採集された環境素材、小鳥や動物の声、教会の鐘や水車の音などによる素朴な音の連なりが織り成していく澄んだ響きは、彼女の暮らした田園風景の美しさをそのままに共有した。　　（門）

Ariel Karma
Le Temps des Moissons

1975（Astral Muse）

70年代から活動するフランスのニューエイジ／アンビエントの巨匠、Ariel Kalma。フィールド・レコーディングやドローン、残響を効かせた管楽器が飛び交う78年の『Osmose』は、彼の代表作ともいえる傑作。オリジナルの仏LP盤はRichard Tintiとのスプリットとして出されており、曲中の環境音はこのRichard氏が録音した模様。この名盤のリイシューをきっかけに、近年では再評価が進み、ドローン／エクスペリメンタル音楽家のSarah Davachiとの『Intemporel』（19）や、Robert Aiki Aubrey Loweとの『We Know Each Other』（15）など世代を超えた共作もリリースされることとなった。本作はBaden Powellなどの管楽器奏者としてのサイドマン時代を経て、〈INA-GRM〉スタジオ在籍時代に録音された自主制作盤。ドローンや瞑想などインド音楽および思想や、アメリカン・ミニマリストからの影響を受けた、当時のみずみずしい初作品集。ハルモニウム・オルガン・ドローンに、マルチ奏者でもある自身のサックスが残響、変調して乗る曲など、Deuterのデビュー作とも通じる、サイケデリックの残り香がある。そんな境界の作品としても楽しめる柔らかくもざらざらした電子ラーガ作。（ダ）

Pauline Anna Strom
Trans-Millenia Music

2017（RVNG）

ニューエイジの始祖たるIasosをはじめとし、サンフランシスコ・テープ・ミュージック・センターでTerry Rileyに師事したJoanna Brouk、現在も放送を続けるStephen Hillの伝説的ラジオ『Hearts Of Space』など、ニューエイジ・ムーブメントで最も重要な役割を果たしたサンフランシスコという土地で、ひっそりと活動していた盲目のキーボーディスト。NYの前衛ダンス・シーンを牽引する〈RVNG Intl〉の熱烈なラブコールにより、彼女が82～88年にかけて世に送り出した3枚のLPと、それぞれ独立したテーマを持つ、ほぼ入手不可能な4つのカセットの音源が日の目を見ることになった。YAMAHAのDX7とCS1x、Prophet10、E-mu Emulatorで紡ぎ出された、天上と宇宙の狭間に漂う彼女の音楽は、"Mashroom Trip"や"Freebasing"といういかにもな曲であっても、完全ドラッグフリーの状態で制作されている。酩酊感のあるトリップではなく、水平線の遥か向こうまで吸い込まれるような透明感。不運により機材とレコードを手放さざるを得なかったStromは現在、非宗派的司祭の資格を持ち、レイキ・ヒーリングや電話越しのヒーリングをおこなうカウンセラーとして活動しているが、音楽活動の再開にも前向きであるようだ。（今）

1986（Mu-Psych）

The Ghostwriters
Remote Dreaming

ブックラ・ミュージック・イーゼルという奇妙奇天烈なシ
ンセサイザーを思いのままに操り、40年以上にわたりフィ
ラデルフィアの即興＆前衛音楽シーンの最前線に在り続け
た孤高の作家、Charles Cohen（1945-2017）。その彼がJeff
Cainという音楽家と組んだユニット、The Ghostwritersが
ニューエイジ専門のレーベル〈Mu-Psych〉から86年に発表
したカセット作品。音楽制作において即興演奏、あるいは
ジャム・セッションが自分にとってベストな形式であると
語る氏は、録音作品の少なさからその音楽性について広く
語られることも少なかったが、MORPHOSISが主催する名
門実験系レーベル〈MORPHINE〉から13〜15年にかけて
リリースされた再発および新録作品をきっかけとして、よ
うやく正当な評価を得るに至っている。見た目からじゃ
じゃ馬感あふれるシンセサイザーを隅々まで知りつくし、
極めてトリッキーなサウンドを意のままに操る達人が奏で
る極上のアンビエント。ぼんやりと滲むような凡百の
ニューエイジとは一線を画す、輪郭が明確ながらもふわふ
わと漂う雲のようなサウンド。オリジナルは入手困難を極
めるため、ニューエイジの深海において最も再発が望まれ
ている1枚である。　　　　　　　　　　　　　　　（今）

1975（Thistlefield）

Ernest Hood
NEIGHBORHOODS

Pitchforkの「The 50 Best Ambient Albums of All Time」にも選出。B.B.
KingやDizzy Gillespieの作品にも参加するマルチ奏者、Bill Hoodの
兄弟で、ポートランドを拠点にジャズ・ギタリストとして活動し
ていたものの20代後半に病のために有望だったキャリアを断念し
たErnest Hoodの75年自主盤。50年代に過ごした幼少期のノスタル
ジックな記憶を呼び起こすように、アメリカの街並みを切り取っ
たフィールド・レコーディング素材やツイター、シンセサイザー
のメロディがあどけなく絡み合い、RimarinbaやWooにも通じる箱
庭空想的音楽世界を生み出した。　　　　　　　　　　　　（門）

1975（Haku Inc.）

Haku
Na Mele A Ka Haku（Music Of Haku）

トラックのすべてをシンセサイザーで作った最初のハワイ音楽と
もいわれる傑作。日系ハワイアンの音楽家／劇作家、Frank Tavares
による自主盤。前衛パフォーマンス・アートなどのムーブメント
が興隆していた当時のハワイの先鋭的な文化とも同期。70年、ま
た72年に制作された劇伴曲をはじめ、70年代初頭から中頃の音源
が収録された。使用楽器はシンセサイザーのみであるが、そこに
人声やフィルレコ素材などを織り交ぜ、ハワイ民謡と自らの創作
による劇作品を折り込み、ハワイ語、英語、日本語、フィリピン
語のチャンプルーとしてハワイの地で再構成している。　　（門）

1975（Virgin）

Mike Oldfield
Ommadawn

宅録少年がひとりで作り上げた『Tubular Bells』は、今もなお色褪せることなく新鮮に響き続けている。『Ommadawn』はそんな Mike Oldfield の3作目。75年作。ガットギターの音と多重に重ねられたボイスから始まり、幻想的なブラス・サウンド、さらに彼特有の淀みないギター・メイキングが高揚感を与え、リコーダーなどの管楽器の暖かい音がギリシャ神話の一節のような牧歌的世界を繰り広げる。ちなみに Mike の兄である Terry Oldfield もフルートで参加しており、彼も現在に至るまでアンビエント色の強い作品をリリースしている。 （の）

1976（Kuckuck）

Deuter（George Deuter）
Celebration

ニューエイジ・ミュージック混迷期より活動していて、典型的なニューエイジ・サウンドを作り続けているドイツにおけるその手の重鎮。初期はクラウト・ロック的な暗さを持った実験的な作風であったが、前作『Aum』からは東洋志向的なサウンドへ傾倒していき、本作『にいトゥト一斉に向けて、一切の青気を振り払ったかのような澄みきったサウンドへと変貌している。エレキとアコースティック楽器の組み合わせによる自然讃美なインストで、特にフルートの音をフィーチャーしているのが Deuter の今後の作品群でも見られる特徴のひとつだ。 （ブ）

1976（PDU）

Elektriktus
Electronic Mind Waves

フリーインプロの聖地的レーベル〈Ictus〉を主宰するイタリア即興音楽界を代表する打楽器奏者の Andrea Centazzo を中心に結成されたエレクトロニック・ユニット、Elektriktus が76年に発表した唯一の作品。Conrad Schnitzler、Deuter や Cosmic Jokers 等のクラウト・ロックの要素と、ミニマル・エレクトロニック、コスミッシェ・ムジーク（宇宙音楽）〜アンビエント・サウンドスケープ的要素、そして Richard Pinhas や Seesselberg、Heldon といったヨーロッパの先鋭的な電子実験音楽の影響下に豊かな小宇宙を紡ぎ上げた知られざる傑作。 （門）

1976（Les Disques Motors）

Jean-Michel Jarre
Oxygène

フランスを代表するシンセサイザー奏者である Jean-Michel Jarre の「Oxygène」シリーズの1作目。76年作。Jarre はパリ国立音楽学校を卒業後、Pierre Schaeffer が58年に創立した電子音楽／音響の研究機関「フランス音楽研究グループ」（GRM）の参加を経て、電子音楽へのアプローチを深めた。この名盤で彼はインドやアフリカといった民族音楽のミニマリズム的展開をシンセサイザーを用いて引用することで、スペーシーなブラスの上に音の粒が彗星のごとくきらめき、まるでレコードの中に宇宙の営みが凝縮されているかのような芳醇な空間を作り出している。 （の）

1976（Nova）

La Düsseldorf
La Düsseldorf

NEU!解散後にKlaus Dingerが弟のThomasらと結成したバンド。NEU!のパワフルな部分を受け持っていたイメージのKlausだが、その爽快な明るさが発揮されるのは次作のVIVA!であり、本作はジャケ写のように俯瞰した都市の夜景を素描したような比較的静かな音で、彼の繊細な一面が垣間見える。NEU!におけるKlausの役割を再考したくもなる。ジェット・サウンドに追従する浮遊感あるアパッチ・ビートや点描のようなシンセによって高揚感はふくらみ、この誇らしげに見せられた希望に満ちた景色に、僕らは生命の美しさと強さを感じる。　　　　　　　　　　（ブ）

1976（Burchette Brothers）

Master Wilburn Burchette
Transcendental Music for Meditation

70年代に数枚のアルバムを残し、メールオーダー販売にてかなりの成功をしつつ、突然自分の録音に関するすべてを焼却してしまったカリフォルニアの自主制作系サイケ／ニューエイジ神秘主義者。オカルトや神秘主義思想を独学で学んだ彼は、非言語コミュニケーションとしての自分の音楽を「Impro」と呼び、自作ギターによりそれを演奏した。シンセとギターによるサイケ世界はLoren MazzacaneやSandy Bullのそれを思い出させ、サイケデリックとニューエイジをつなぐものとしても興味深い存在。〈Numero〉により発掘され、全リリース配信中。　　　　　　　　　　　　　　　　（ダ）

1976（Virgin）

Tangerine Dream
Stratosfear

故Edgar Froese主宰の大御所シンセ・バンドで、現在もメンバーの変遷を経て活動中。初期3部作ではPink Floydを引き伸ばしたようなサイケ〜ドローンを展開。70年代中期にはおなじみのシーケンス・パターンによるベルリン・スクールの様式を確立、76年にはそれらの実験作をコンパクトに昇華した本作『Stratosfear』をリリース。明確な曲のスタイルに収めつつ、実験的作風も残ったバランスのよい作品だ。避けられがちな80年代以降、『Tyger』、『Optical Race』等の時代張った作品も、シンセウェイヴを通過した現代なら興味深く聴けるだろう。　　　　　　　　　　　（ダ）

1976（Lyra）

Wara
Paya

ボリビア初のプログレ・バンドとして知られるWaraであるが、2nd以降はプログレというより、フォルクローレにプログレの要素を少し加えた作風となり、3rdの本作も古典を基盤にしつつ使用楽器や構成に挑戦が見られる。民間伝承とは時代に合わせて形を変えていくもので、むしろそういう意味ではフォルクローレの王道ともいえるが、やはり古典の演奏とは異なる彼らの音は唯一無二である。フォルクローレの合奏の生録を曲間に環境音のように挟み風景を描写し、徐々に電気楽器を交えたニューエイジ・プログレ・サウンドを浮かび上がらせる。　　　　　　　　　　（ブ）

1977 (Isadora)

Ashra
New Age Of Earth

Manuel Göttsching の中でも特に評価が高い、ジャーマン・アンビエントの金字塔とされるアルバム。Ashra 名義でのデビュー作だが、オリジナル仏盤は Tempel 表記、〈Virgin〉盤では Ashra になっており、ひとつのターニング・ポイントを感じさせる。ミニマル・アンビエント "Sunrain" はひとつの完成形で、これだけでも価値は高いが、ニューエイジ目線としては "Ocean of Tenderness" も外せない。シーケンス感は希薄で、代わりに陽光のようなシンセとギターが降り注ぐ。またバレアリック／トロピカル志向ともいえる91年作『Tropical Heat』は密かにお勧めの作品。　　　　　　　（ダ）

1977 (sky)

Cluster
Sowiesoso

Cluster の4番目のアルバム。3rd までの実験音楽／ジャーマン・ロック路線から大きく変わり牧歌アンビエントな作風となっているが、ここにはイーノとの出会いが大きく影響していると思われる。シンセが妙にビヨビヨしている "Dem Wanderer"、キーボードのメロを前景に配置しながら後方で絶叫や間抜けな喚声を交えたへんてこトライバルセッションを繰り広げる "Umleitung"、ラストの妙に不穏な "In Ewigkeit"（このムードに着地させるのがすごい）など茶目っ気と野蛮さとインテリジェンスが同居したアルバムになっており聴くたびに発見がある。　　　　　　　（関）

1977 (EMI)

Los Jaivas
Cancion Del Sur

最初期にはジャーマン・アングラばりの混沌ロックなバンドであったが、〈IRT〉からのメジャーデビュー作では一転ビューティフルなフォルクローレ・ロックを披露。以降はフォルクローレ色の強い作品をリリースするが、本作になるとロック色はかなり控えめとなり、フォルクローレの楽器の音の響きを大切に、かつ様式にとらわれない音楽を模索し始めている。ロック等の踊るための音楽ではない、座して響きに聴き入る新しい音楽。ニューエイジ混迷期らしいひとつの在り方だが、彼らなりのバックグラウンドが結果的に個性的な音楽をもたらした。　　　　　　　（ブ）

1977 (Sky Records)

Michael Rother
Flammende Herzen

元 Neu! のギタリストである Michael Rother は、パンク志向の Klaus Dinger との音楽的な軋轢が顕著になり、ソロでもっと温和なサウンドを追求していくことになる。そのひとつの結実が Cluster とのプロジェクト、Harmonia（ブライアン・イーノとも合流する）での75年避暑リゾート作『De luxe』だが、一連のソロ作も重要。初ソロの本作は、Can の Jaki Liebezeit もドラムで参加した、〈Sky Records〉らしい爽快な青空系作品。生暖かくふわりとしたギターが気持ちいい。Jaki Liebezeit の空気のような軽やかなドラムと Conny Plank のスタジオ・ワークもいい仕事をしている。　　　　　　　（ダ）

1977 (Pythagoron)

Pythagoron
Pythagoron

突如新聞に「あなたを高める音楽です」という広告で発売された本作は、WoodStockにも関わるメンバーも在籍していたNYの瞑想系メディア集団USCOが長年かけてグツグツ開発した音を封入したもの。一聴するとチープドローンだが、音と脳波が良い塩梅に共鳴し、聴き終わる頃には誰もが気持ちのほぐれを実感するらしいから、聴くエレキバンといえる効能と優秀さだ。今ならまだ合法だから、急いで買ってという商売魂も光る名盤。なお、07年に〈Creel Pone〉、17年に〈Wah Wah Records〉が再発済み。　　　　　（ド）

1977 (Shandar)

Ragner Grippe
Sand

La Monte YoungやSteve Reich、Terry Rileyもその名を連ねている世界ミニマル音楽宝庫的名レーベル〈Shandar〉から発表。〈Dais Records〉からも再発された1st。もともとクラシック畑でチェロ奏者をしていたが、Pierre Schaefferによって設立されたフランス電子音楽研究所〈INA-GRM〉で新たに音楽を学び、Luc Ferrariとの交友から、実験音楽スタジオ〈l'Atelier de la Libération Musicale〉（ALM）を創設。オルガンやハーモニカ、ベル、マラカスといったおもちゃのような楽隊たちのチャカポコとした愛らしい響きが抜群の浮遊感を発揮している。　　　　　　　　　　　　　　　　　　　（門）

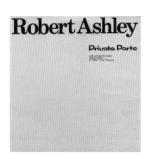

1977 (Lovely Music, Ltd.)

Robert Ashley
Private Parts

実験音楽から大衆音楽まで幅広く活動した作曲家、Robert Ashley。本作は音量控えめなピアノ、シンセ、タブラの即興演奏に本人が詩を朗読していくだけのアルバムである。落ち着いた声の語りは絶妙で、これだけを永遠に聴いていたくなる。柔らかな陽だまりの中を歩いてるような、あるいは空中をプカプカ浮かんでるような感覚。Neil Youngが手がけた映画『Dead Man』のサントラにもこの作品の遺伝子が受け継がれているような気がする。ポエトリー・リーディング・ニューエイジ大傑作。19年に〈Lovely Music〉からヴァイナル・リイシューされた。　　　　　　　　　　　　　（青）

1977 (Finnadar Records)

Suzanne Ciani
Seven Waves

コカコーラ等有名企業のCMやゲーム、映画への音楽提供、グラミー賞5回ノミネート等で知られるシンセサイザーの世界的パイオニアの77年作。実験的な作品も数多い彼女だが、本作はポップなメロディが基調にあり聴く人を選ばない。彼女の生涯の相棒であるBuchla series 200やSynclavierといった名機が、波や海、風を情感豊かに表現している。なるべく雑音が入らない環境で、透き通るアナログ・シンセの美の世界を堪能してほしい。〈RVNG〉からKaitlyn Aurelia Smithと共作を出すなど、近年の再評価も盛んで、今後のリリースにも期待したい。　　　　　　　　　　　　　（カ）

1977（Egg）

Tim Blake
Crystal Machine

Gong や Hawkwind といったバンドでシンセサイザーを担当してい
たことでもおなじみのミュージシャン、Tim Blake のソロ 1 作目に
して彼の代表作である。フランスの〈Egg〉レーベルから発表した
77 年作。Seasalter Free というフェスティバルと Le Palace 劇場でのラ
イブ演奏を収録したものであり、すべてのシンセサイザーとエフェ
クトは Tim Blake の手によって即興で、奏でられている。サウンド
としては Tangerine Dream を思わせるドリーミーなものから、極端
にスペーシーなエフェクトを駆使したものまで、非常に〈Egg〉らし
い内容となった。 （今）

1978（Gold Records）

Bruno Spoerri
Voice of Taurus

65 年から電子音楽の制作を開始、映画音楽〜テレビ CM 音楽に携
わっていたスイスのミュージシャンで、リリコンを愛用した Bruno
Spoerri の 78 年作。Brainticket の Joel Vandroogenbroeck や CAN の Irmin
Schmidt との共作などクラウト・ロック好きにも知られる人物だ。
Wendy Carlos や Pierre Schaeffer に影響を受けたと思しき屈折したサ
ウンドで、実験とジャズの要素を混淆させながら、珍妙なポップ
ネスを紡いでいる。コスミッシェ・ムジーク（宇宙音楽）直系のサ
イケなアンビエンスが酩酊感たっぷりに漂う極上のサイファイ・
ディスコ／プロト・テクノ。 （門）

1978（EMI）

Congreso
Misa De Los Andes

チリの古典ロック・バンド、Congreso の中でも異色の作。サンティ
アゴの大司教の要請で作られた本作は、彼らを主軸にしながらも
聖歌隊など多くのキリスト教系演奏者を加えて南米ならではの
Xian 系ミュージックとなっているのだが、聴き進めると Congreso
ならではのクセの強さが滲み出ていて面白い。もともとフォルク
ローレ色の強い土臭いロックを演奏していた彼らの音に、胡散臭
いまでに綺麗ぶった女性ヴォーカルや聖歌隊のコーラス、不釣り
合いなストリングスがミスマッチながらも聴きやすさを加えてお
り、結果ニューエイジの亜種と化している。 （ブ）

1978（Chicago 2000）

Dominique Guiot
L'Univers De La Mer

フランスの作曲家／マルチ奏者の Dominique Guiot によるアルバム。
高田みどり等の再発で有名なスイスの名レーベル〈WRWTFWW〉
からリイシューされたことで話題に。70 年代に仏〈INA-GRM〉に在
籍したこともあるライブラリー／サントラ方面で活躍した作曲家
による 1st。コンパクトかつ様々な曲調を持つアルバムで、一部を
除きすべて自身の演奏。クラブ系宇宙コンピ『SPACE ODDITIES
VOL.2』にも収録のシンセ・ファンク "Les Pingouins S'Amusent"、90
年代の PC ゲーム的 "Les Émigrants De La Mer" 等、コスミックで少し
不穏な音世界。自身演奏のギターがいい。 （ダ）

1978（Celeste）

Dorothy Carter
Waillee Waillee

ハンマード・ダルシマー、ハーディ・ガーディ、チターなどの古
楽器を操るアメリカのフォーク系シンガーソングライターによる
オブスキュアな1枚。スティール・チェロ（本作でも使用されている）
で知られる音響彫刻家のRobert Rutmanとのコラボや、90年代に
Miranda Sex GardenのKatherine Blakeと設立した女性オンリーの中世
古楽グループ、Mediæval Bæbesで知られる。本作は主にダルシマー
を使用した古楽風フォーク・アンサンブルで、ドローン的なス
ティール・チェロの音も聴ける。ニューエイジ好きから、サイケ・
フォーク好き、トラッド好きにもリーチする名作。　　　　（ダ）

1978（Innovative Communication）

Robert Schröder
Harmonic Ascendant

Klaus Schulze主宰の〈Innovative Communication〉が抱えていたニュー
エイジ作家のひとりで、80年代初頭から活動するニューエイジの
パイオニア。そして現在も新作を発表し続けている精力的な作家
でもある。79年のデビュー作『Harmonic Ascendant』はTangrine
Dream的なシーケンスの効いたベルリン・スクール的だが、表題曲
"Harmonic Ascendant"は生楽器との融合で、室内楽をシンセで彩っ
たようないい曲。作品によってはプログレ寄りの展開も見せるが、
巨大なアンテナのジャケ写もカッコイイ『Galaxie Cygnus-A』（82）も
シンプルでお勧め。　　　　（ダ）

1978（Lyra）

Sol Simiente Sur
Sol Simiente Sur

ボリビアにおいてはWaraが切り開いた、フォルクローレにロック
の要素を持ち込み電気楽器も交える、というスタイルに追従した
と思われる当バンド。新しいジャンルが外国から持ち込まれるた
びにとりあえずフォルクローレと融合させてみるスタイルが80年
代以降はよく見られるボリビアであるが（Nirvanaのようなグラン
ジのバンドが間奏でケーナを吹いたり！）、この時代はまだ古典を
プレイするアーティストがほとんどだった。本作は特にエレキ・
ベースの導入によりその反復音で聴き手を陶酔させて、チャラン
ゴ等の響きを際立たせている。　　　　（ブ）

1978（East-West Art Studio）

Tseng Ta-Yu
Offerings To The Stars - A Zither Performance

サンフランシスコのTseng Ta-Yuなる中国系（？）の人物によって78
年に発表された自主盤。幼少期に中国で聴いた寺院の鐘の音や太
鼓の音の思い出、中国の伝統である書や詩、絵画の創作などから
培われた精神性、美意識をもとに、中国版の箏であるチェンや古
琴などを駆使して作り上げた傑作。本作は、電子音楽的な音響処
理や多重録音を用いることなく制作された。インドや中国、西洋
の音楽の要素を混淆させつつ、自身の音楽を本質的には「夜の音楽」
と位置づけており、生楽器のプリミティヴな響きに乗せて、夢見
心地の調べを紡ぎ上げている。　　　　（門）

1979（Innovative Communication）

Baffo Banfi
Ma, Dolce Vita

イタリアン・プログレ・バンドの Biglietto Per L'Inferno のキーボード奏者として活動した後はソロ作家となり、78年作『Galaxy My Dear』（後に〈Wah Wah〉がリイシュー）をリリース。その後 Klaus Schulze の〈Innovative Communication〉に移り、2枚の作品を残す。長年の沈黙の後、15年に急にひょっこり新譜を出している。79年2ndの本作は、Tangerine Dream 的ベルリン・スタイルながらも、独特の明るさのテクノ・ポップ曲 "Quelle Dolce Estate Sul Pianeta Venere" や、ジャジーな小曲 "Astralunato" のようなスタイルの違いを感じる曲がいい。　　　　　　　　　　　　　　　（ダ）

1979（Windham Hill）

Bill Quist
Piano Solos Of Erik Satie

ニューエイジ音楽／環境音楽へと至る流れの源流は、エリック・サティにおける主張性の少ない "Musique d'ameublement"（家具の音楽）、または "Gymnopedies" 等における、シンプルかつメロディアスな主題のピアノ音楽にあるのではないかと私は考えている。また音楽に限らずに、エリック・サティの影響が80年代の日本文化の一端を担ったのではないだろうか。最も有名なニューエイジ音楽レーベル〈Windham Hill〉においても、Bill Quist によるエリック・サティ作品集が発表された。華やかさが主流だった80年代だからこそ生まれた、文化の影にある静寂と情緒性の一端に本作がある。(C)

1979（F.L.V.M.）

Didier Bocquet
Voyage Cerebral

Didier Bocquet は70～80年代にかけて活動したフランスのシンセサイザー音楽家。アマチュア音楽家とマスタリング／製造を仲介する〈F.L.V.M.〉というサービスからのリリース（レーベルとは似て非なるとのこと）で、近年〈Wah Wah〉から再発された。基本的にはKlaus Schulze をはじめとしたベルリン・スクールに影響を受けているが、それだけにとどまらないところがあり、むしろその逸脱部分が面白い。"Interface" での生々しい電子音、三途の川を思わせるミステリアスな冥界的シンセ曲 "Voyage Terre" などはそのひとつ。後にシンセ歌モノ作品も出している。　　　　　　　（ダ）

1979（Stargate）

Emerald Web
Dragon Wings and Wizard Tales

78年から90年にかけて活動したマイアミの Bob Stohl & Kat Epple 夫妻によるデュオ。アメリカの天文学者／SF作家の Carl Sagan の映画にサウンドトラックを提供、86年には名作『Catspaw』でグラミー賞を受賞。シンセサイザーを主体とする「電子宇宙音楽」とアコースティック楽器のブレンドでユニークな音世界を創造してきた。異国情緒抜群のフルートや奥さんの可憐な歌声、ソフトなタッチで奏でるリリコンが小宇宙を描き出す。精神世界へと問いかける、9曲目の "The Powerstone" では、King Crimson の初期、特に "Moonchild" の雰囲気を想起させる。　　　　　　　　　　　　（門）

1979（Cramps Records）

Francesco Messina
Prati Bagnati Del Monte Analogo

Franco Battiato プロデュースによるイタリアン・カルト・アンビエ
ントの大傑作。同じく Battiato によるプロデュースの Giusto Pio
『Motore Immobile』と は 対 に な る 1 枚。電 子 音 楽 家 の Francesco
Messina と、作曲家／ライターの Raul Lovisoni による共作。Messina
によるキーボードの瞑想アンビエンス "Prati Bagnati Del Monte
Analogo" で心を奪われ、続く Lovisoni のハープによるたおやかな響
きで深淵を描き出す "Hula Om" で極上庭園に世界を移し、最後の
Organum + Pandit Pran Nath な趣きたっぷりのヴォーカル・ドローン
大曲 "Amon Ra" で静かに悶絶できる。　　　　　　　　　　（門）

1979（Cramps Records）

Giusto Pio
Motore immobile

イタリア・トリノの放送オーケストラである RAI 国立交響楽団で
もヴァイオリニストとして活躍した名演奏家の Giusto Pio が、数々
のプログレや現代音楽作品シリーズで知られる名門〈Cramps〉に残
した 79 年作。ポップス〜実験音楽の枠を超えたイタリア歌謡界の
大御所、Franco Battiato によるプロデュース。持続する単音をベー
スとしたドローン・ミニマルに、時折絡みつくヴァイオリンや楽
器的な歌唱、それらの揺るぎない調和には絶妙な緊張感さえもひ
た走る。まさに瞑想音楽の奥の境地といえよう。実験音楽大国イ
タリアのミニマリスト・ムーブメントを記録した象徴的なドキュ
メントのひとつ。　　　　　　　　　　　　　　　　　　（門）

1979（Sky Records）

Günter Schickert
Überfällig

ロング・ディレイを用いた AR のエコー・ギターよりも、ショート
ディレイによる Ashra のそれに似た奏法を追求し続けているギタリ
ストの 2nd。1st は 74 年作で Ashra よりも早く、しかしこういうの
は真似されたとかではなくシンクロニシティというものなのでしょ
う。Ashra よりもコード感も音色も暗くシリアスなもので、結果ど
の楽曲もモノトーンなものが多い。シンセは使われておらず、音
の暗さからも〈Sky Records〉の中では異色の作品か。本作では水の
音など環境音も用いて風景の視覚的イメージを想起させつつエ
コー・ギターで催眠状態へ導く。　　　　　　　　　　　（ブ）

1979（Imbroglio）

Pepe Maina
Scerizza

「イタリアの Mike Oldfield」の異名を持ち、プログレ好きにも大変人
気なミラノ出身の音楽家、Pepe Maina（ペペ・マイナ）の 79 年自主
制作盤。オリジナル盤はマーケット・プレイスでも高額取引され
ていたが、19 年に同国の〈Archeo Recordings〉から正規再発。シンセ
サイザーやエレクトリック・ベースといった電化楽器の中に、バ
グパイプやツァンポーニャ、ツィター、フルート、ヴィブラフォン、
中世古楽器サルテリオなどのエスニックな生演奏も散りばめたイ
タリアン・オーガニック・ニューエイジ傑作。ややプログレ風味
で泥臭いのもかえって◎。　　　　　　　　　　　　　　（門）

1979（Rana Press）

Randall McClellan
Music of Rana

大学の先生でもあるMcClellanは、初期こそNWWリスト掲載の
Orchid Spangiaforaが出入りしていたのも納得の痺れ覚醒系電子音楽
作家だったが、その後北インド音楽に関心が移行。78年〜82年の
研究成果を披露する書籍『The Healing Force of Music』は、8万2千年
前から語り出す歴史的壮大さとココロとカラダに効く音楽の緻密
な理論化で、Jonathan Goldman等のお墨付き。その実践である本作
は、当時の「Yoga Journal」も絶賛する公式ヨガ・ミュージックなのに、
長らく入手困難だったが、14年に〈Sun Ark〉が再発済み。　　（ド）

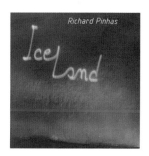

1979（Polydor）

Richard Pinhas
Iceland

74年結成、King Crimsonに多大な影響を受けたRichard Pinhasを中
心に結成されたフランスのプログレッシヴ・ロック・バンド、
Heldon。今作はそのRichardのソロ名義の1stアルバム。79年作。
Heldonはアンビエントやインダストリアル・ミュージックを基調
とした長尺のインストゥルメンタルが特徴だったが、今作でもそ
の作風は健在。アナログ・シンセとギターが幻想的に絡まり、た
ゆたう様子は繊細であると同時にダイナミック。なおかつ雄大な
厳しい自然をも感じさせる格式高いサウンド・メイキングは、聴
く者に満ち足りた高揚感を与えるだろう。　　　　　　　　（の）

1979（Melosmusik）

Siegfried Schwab
Meditation

SexedelicやEmbryoに参加した経歴でクラウト・ロックのファンか
らも認知されているギタリスト、通称シギ・シュワブであるが、
その長いキャリアにおいてそれは一部に過ぎず、幅広いジャンル
でその手腕を披露しており、どちらかというとジャズ・フュージョ
ン系での活躍が目立つ。そんな彼が『Meditation』と題しリリースし
た連作の内の1枚目が本作。前述の通り様々な音楽をプレイする彼
がニューエイジに挑んだ作品だ。明るい音色のエレキギターをメ
インにしたインストで、いい意味でBGMにもなる軽く聴き流せる
サウンド。Vol.2も同様の作風で名盤。　　　　　　　　　（ブ）

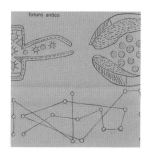

1980（Self-Released）

Futuro Antico
Futuro Antico

ブルキナファソ出身のギタリスト／作曲家のGabin Dabiréに加え、
伊地下シーンを代表する重鎮音楽家、Riccardo Sinigaglia、Walter
Maioliの2人が参加した伊のグループ、Futuro Anticoの1stアルバム。
〈Black Sweat〉より再発もなされている。Maioliが率いたAkutuala同様、
古代音楽風味＆トランシーな色彩も継承しつつ、さらにメディテー
ティヴな仕上がりに。タンブーラの旋律の中で、ピアノとシンセ
が暗黒の小宇宙を映し出し、フルートが妖艶に揺れ動く様を、躍
動するカリンバとボンゴがなぞらえつつ鼓舞する、越境的ラーガ
／ニューエイジ。　　　　　　　　　　　　　　　　　　　（門）

1980 (Windham Hill)

George Winston
Autumn

「秋」をテーマとし、ピアノのみで綴られる、最も有名なニューエイジ音楽であり、珠玉の作品。冒頭曲 "Colors/Dance" を聴くたびに、幼少期の記憶が蘇る。George Winston はこの作品後も、四季をテーマとしたアルバムを発表。ポピュラーなタイトルであるがゆえに、現在の新しいリスナーが好き好んで、このアルバムを手に取ることは少ないのかもしれない。しかし、Henning Schmiedt のようなポスト・クラシカルが好きであるならば、80年代の感覚とは異なる新しい聴き方で、この作品のような〈Windham Hill〉のアルバムを再評価できるのではないだろうか。　　　　　　　　　（C）

1980 (Coloursound Library)

Joel Vandroogenbroeck
Meditations Volume 1

70年代初期から活動し、Amon Düül II や Can、Tangerine Dream から影響を受けたスイスのクラウト・ロック・バンド、Brainticket のメンバーである Joel Vandroogenbroeck が 81年に発表。Joel は 80年から 82年にかけてバンド活動を休止させていたのだが、その間にアンビエント色の強い作品を立て続けにリリースしている。今作もその時期の作品のひとつであり、全体的に柔らかくもエッジの効いたドローン・サウンドが響き渡る。そして時折ギターやピアノが音楽的な奥行きを与え、自身の内部を見つめ直す際の潤滑油として機能してくれるだろう。　　　　　　　　　　　　　（の）

1980 (Unity Records)

Laura Allan with Paul Horn
Reflections

Laura Alllan の 78年のデビュー作は、エレピの入った流麗な AOR 作品という趣きで、自身によるツィターやダルシマー、カリンバの演奏も入りつつも、SSW の作品という感じであった（もちろんこれも名盤ではあるが）。ジャズ・フルート奏者で、ニューエイジ・ミュージックのパイオニアでもある Paul Horn を迎えた 80年作『Reflections』は、がらりと趣向が変わった、というよりスピリチュアルに振りきった作品だ。ロック編成を捨て、ツィターやヴォーカルをメインにしたシンプルな編成が織り成す響きは美しく、Alice Coltrane の諸作を彷彿とさせる。　　　　　　　　　　　　　（ダ）

1980 (Philo)

Laurie Spiegel
The Expanding Universe

電子音楽のパイオニアであり、ソフトウェアの開発者でもあったアメリカの電子音楽家、Laurie Spiegel。彼女は主に 80年代の Apple や Amiga、Atari 向けのアルゴリズミックな作曲ソフト「Music Mouse」の製作者として知られる（ソフトの更新は近年まで続けていた）。本作は Groove というモジュラーシンセ用システムを使って制作された 80年代で、未発表音源など追加した再発盤が発掘レーベル〈Unseen Worlds〉から出ている。"Patchwork" のようなミニマル調から、表題曲のようなアンビエントを予感させるドローン曲まで収録した電子音楽の歴史的重要作。　　　　　　　　（ダ）

1980（No Label）

Machitun De Chile
Machitun De Chile

73年に起きた軍事クーデター「チリの9.11」では多くの左翼系市民が虐殺され、生き延びるためにアルゼンチン等への亡命を余儀なくされたが、当バンドのようにヨーロッパ方面へ亡命した者もいたそうだ。「9.11」で殺されたシンガーソングライター、ビクトルハラのカヴァー曲で幕を開ける本作は、祖国への思いを馳せて南米フォルクローレを基調とした音楽で、プログレやフュージョンをかすかに取り込み独自のサウンドへ昇華している。カリンバを軸とした曲ではいよいよ無国籍な響きを聴かせる。内ジャケの絵があまりに美しいので是非LPを手にし、音と共に鑑賞してほしい。　　　　（ブ）

1980（Mistlur）

Thomas Almqvist
The Journey

70年代から活動するスウェーデンのギタリスト。1stアルバム『Nyanser』（フォーク・ファンには有名な、同国シンガーのTuridが参加）を経た2ndの本作は、本人によるギター以外のマルチな演奏も聴ける、フュージョン／ソロ・ギターを基調にしたアルバム。"Nocturnal Visions"に代表されるソロギター曲は、〈ECM〉〜〈Windham Hill〉的なしっとり感がある。他にもハープと自身のフルートが美しい"Water Fall"、ストリングスを使った重厚かつスペイシーなインスト"Mountain of Mexico"など聴きどころは多い。本作は未再発だがストリーミングで聴くことが可能。　　　（ダ）

1980（Trance）

Trance
Here And Now

ドイツの知られざる音楽家、Jürgen Petersen（Adrian Marcator名義としてもニューエイジ〜イージー・リスニング作品を残している）による自主リリース80年作。本作は曲名からいかにもな東洋志向を感じさせつつ、Tangerine Dream的なベルリン派の影響がかなりある。ゲッチング＋シュルツェライクなギター入り"Moksha"、アルバム内ではストレートにヒーリング・シンセ曲な"Tantra"がシタールも入ってきて面白い。他にもカセット・リリースがいくつかあるが、〈Growing Bin〉からリリースの『Tapes』にいくつか収録されているので聴いてみるといいだろう。　　　（ダ）

1981（Folkways Records）

Craig Kupka
Clouds: Music for Relaxation

カリフォルニア大学ロサンゼルス校で作曲とハープシコード、ピアノ、トロンボーンを学んだロサンゼルス出身の作曲家、Craig Kupka。72年からは、カリフォルニア州立大学ロサンゼルス校／ロングビーチ校で、ダンス・クラスの伴奏者、また同クラスの音楽教員を務めた経歴も持つ。中盤でLoren Connors風の哀愁フォーク・ギターが爪弾かれる様は、まるでくたびれた枯葉を眺めているような気分にもなる。五感までも透き通らせる澄んだ響きが得体の知れない没入感を育む、恐ろしい1枚。オリジナルは入手困難だが、07年のCD-R再発盤は国内流通もしている。　　　（門）

1981 （North Star Productions）

J.D. Emmanuel
Rain Forest Music

J.D. Emmanuelはアメリカの電子音楽家。80年代にアルバムを3枚出して引退したがゼロ年代に復活し、次々と新作をリリースしている。81年にカセットで発表された本作は記念すべきデビューアルバム。Steve ReichやTerry Rileyに影響を受けたミニマル・ミュージックに、雨の降る森でフィールド・レコーディングされた音がミックスされている。映画『お茶漬けの味』のような素朴な味わいで何度聴いても飽きない。後半は海をイメージした柔らかなニューエイジでこちらも素晴らしい。音楽市場を無視するかのような無邪気さがまぶしい。世捨て人感有り。　　　　　　　　（青）

1981 （CRETS）

Jean Hoyoux
Planetes

音療法治療センターの略称である自主レーベル〈CRETS〉からセラピー等の医療目的で出された本作。Jean Le Fennec名義の69年作『PHANTASTIC』で発揮していた可愛くて奇妙なコズミック・サイケが丁寧にアク抜きされて、消化よく栄養分高めな宇宙観を堪能できる内容になっている。それもそのはず、本人は、星の動きによる株価予想でおなじみのCeBESIAの講師や国立人類宇宙科学研究所の創設者を兼ねる占星術のプロ。隠れ名盤だったが、14年の〈Creel Pone〉の再発、〈Ultra Eczeme〉オーナーの絶賛を経て、18年に〈Cortizona〉が再発済み。　　　　　　　　　　　（ド）

1981 （Editions EG）

Jon Hassell
Dream Theory In Malaya

50年代の人類学者、Kilton Stewartによるセノイ族についてのレポートは、見た夢を村人で議論し合い、その内容をもとに次の夢を操作するという旨のもので70年代アメリカのニューエイジ・ブームで脚光を浴びた。後に夢見についての報告は実態より誇張されているとの批判がなされ、実際は夢をそれほど自在に操れないとの見方も強くある。そんな夢見をコンセプトにした本作は東洋的モチーフを表層的にトレースすることなく現代音楽～アンビエント～民族音楽を見事に統合、ジョン・ハッセルのくぐもったトランペットの音色によって霧がかった第4世界が立ち現れる。　　（関）

1981 （Unity Records）

Malcolm Cecil
Radiance

Stevie Wonderの共同制作者としてグラミー賞（録音技師）の受賞経験もあるイギリスのジャズ・ベーシスト、Malcolm Cecilの81年作。非常に輝かしい経歴を持つ彼はTONTOという世界最大のアナログ・シンセサイザー・オーケストラ・システムの開発者としても知られており、その名前を冠した〈T.O.N.T.O.〉というレーベルからはTONTOを利用して制作されたSteve HillageやGil Scott-Heronなどの作品がリリースされている。潤沢な資金を投じて制作されたシンセサイザーの音色の多様さや独自性において比類する作品は、後にも先にも存在しないだろう。　　　　　　　　（今）

1981（Continuum Montage）

Michael Stearns
Planetary Unfolding

Ron Fricke（タイムラプスによる言語を使わない映像美作品を撮る監督）の『Chronos』などの作品のサントラを担当したことで知られる、アメリカの劇伴／アンビエント作家。70年代のシンセ、Serge モジュレーターの初期デザインチームだった（同じくアンビエント作家でもある）Kevin Brahenyの協力を受け、カスタマイズした自身の Serge を使って制作した本作を81年にリリース。瞑想の講義のために曲を描いていた経験も生きた、優しくもきらびやかな音の洪水。90年代以降長らく廃盤だったが、09年から自身のレーベルより配信されている。　　　　　　　　　　　　　　　　　　　　（ダ）

1981（Self-Released）

Robert Turman
Flux

気合の入ったループノイズが光るNONことBoyd RiceのよきパートナーだったRobert Turmanは、ポリコレ文脈での再低評価やR.A.P.E（Revolt Against Penis Envy）宣言のKansas Bowlingによる再解釈など音楽以外で目立つBoydを傍目に、レコード屋での存在感を発揮中。中でも本作は、温度も湿度も高めの熱帯気候音質とカリンバ音による極上湿潤なとろけるアンビエントで、中国整体からアジアンマッサージ店まで幅広くフロア対応可能な好内容。当時イケイケだった〈Spectrum Spools〉が「こんな作品もあるっす」くらいの謙虚さで12年に再発済み。　　　　　　　　　　　　　　　　　（ド）

1981（Sky Records）

Roedelius
Wenn der Süd wind weht

ドイツのクラウト・ロックを語る上で外せないバンド、Cluster。Dieter Moebius と Hans-Joachim Roedelius の2人で形成されたこのユニットはクラウト・ロックの先駆者として今もなお語り継がれている。今作はそのRoedeliusのソロ7作目の作品である。波間のようなベース音と少しサステインの入った暖かな音色。これらが密接に絡み合って構成されるサウンドは非常に心地よい。ちなみにRoadeliusはテン年代に自身を慕うアーティストとQlusterを結成、御年85の現在も精力的に活動しており、1年に1作という驚異的なペースでリリースを続けている。　　　　　　　　　　　　　（の）

1981（Not On Label）

Suzanne Menzel
Goodbyes and Beginnings

デンマークのキーボーディストにして、同国のニューエイジ・ミュージックのパイオニア、Klaus Schønningがプロデュースした女性シンガーの自主制作盤にして唯一作。かなりマニアックなレア盤を中心に再発をおこなっているNYのレーベル〈Frederiksberg Records〉から18年に再発され話題を呼んだ。Anne Briggsを想起させる素朴で飾らない、しかし力強い芯を持つフォークと、Schønningによる珍妙でチープなリズムマシン、そしてへろへろのシンセが重ねられた、後少しのバランスでダメになってしまったかもしれない、奇跡のカルト的作品。　　　　　　　　　　　　　（今）

世界のニューエイジ（1975〜2009）

21

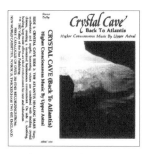

1981（Valley of the Sun）

Upper Astral
Crystal Cave（Back To Atlantis）

81〜95年にかけて、王道のニューエイジから歴史ガイドのBGM
まで様々な作品をリリースした〈Valley of the Sun〉からの82年作。
Upper Astralの3人、David Storrs、David Naegele、Robert Slapはレー
ベル運営の中心人物であり、マスタリングも手がけている。タイ
トルとジャケットこそ陳腐だが、キラキラしたガラスの反響音か
ら始まり、ハープが滑らかに爪弾かれる流麗なサウンドは完璧の
一言。独立系ニューエイジ・レーベルの例に漏れずオリジナルの
音源は消滅してしまっており、ブートが出回るほど入手困難になっ
ている。再発が待たれる1枚。　　　　　　　　　　　　　（今）

1982（Guimbarda）

Babia
Oriente - Occidente

悠久の歴史を誇る地中海の土着の文化とインダストリアルから
ニューエイジ、ミニマル、民族音楽までもが溶け合い、異形の霊
性音楽ムーブメントを育んだ「マドリッド音響派」。このシーンを
牽引したLuis DelgadoやEduardo Paniagua、Juan Alberto Artecheといっ
た80〜90年代スペインの気鋭作家が集った1枚。「西洋=東洋」を
意味する表題通り、世界各地のフォークロアをハイブリッドに仕
立ててみせた。見事な洗練の境地から届けられるそのサウンドは
今聴いても斬新に聴こえる。無国籍な民族音楽の傑作。　（門）

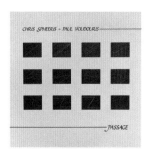

1982（Epiphany Records）

Chris Spheeris & Paul Voudouris
Passage

ギリシア系アメリカ人ニューエイジ作家のChris Spheerisと、同国の
シンガーソングライター、Paul Voudourisによるデュオが82年に発
表した初期ニューエイジにおける金字塔的大傑作。もともとは、
バイオフィードバック療法をおこなっていたとある会社から嘱託
され、神経障害の患者のための「瞑想」のアルバムとして制作され
た作品。大規模に準備をおこないながらも僅か1日でスタジオ録音、
オーバーダブも一切用いられていない。一発録りかと思うほどに
シンプルな作りだが、アルバムのコンセプト通り、濃密な没入感
の中、幻想的な風景が浮かび上がる。　　　　　　　　　（門）

1982（Kuckuck）

Deuter（George Deuter）
Cicada

コンスタントにリリースし続けられた作品群から本作をピック
アップ。Deuterの特徴であるフルートが複数重ねられ、思わず目
を薄めてうっとりと聴き入りたくなる……そんな中、昔取った杵
柄か、本作では初期クラウト・ロック・サウンドの頃を想起させ
るようなミニマル・サウンドや暗めなシンセの音もところどころ
浮上する。特にB面後半でのガムランを思わせる鉄琴や鐘を用い
たミニマル・サウンドにイマジナティヴなフルートが絡んでゆく
くだりはただただ音に身を委ねたくなるほど気持ちがいい。この
音はLP版の抜けの良い音質で堪能してほしい。　　　　　（ブ）

1982（Macro Stereo）

Flüght
Flüght

キーボード奏者の Sergio de Labra とギタリストの Victor Ruiz の2名によって結成。80年代に2枚のLPのみを残したメキシコ発のプログレ・デュオ、Flüght。本作は、82年に彼らの知られざる自主レーベル〈Macro Stereo〉より発表したかなりマニアックなファースト・アルバム。アート・ロックやシンフォニックなプログレ色の強まった Tangerine Dream もしくは Mike Oldfield といったところで、Roland SH-7、Korg Sigma、Moog Opus 3 などのシンセとピアノ、ギターが叙情的に絡んだコズミック・ニューエイジを繰り広げる。無名の作品ながら完成度高し。 （門）

1982（Milky-Music）

G.B. Beckers
Walkman

ドイツの画家／ミュージシャンの Günther Beckers が自身の展覧会のために制作した82年作。500枚のみ制作され、18年の本作の再発まで、ほとんどはアート・コレクターが所有している状態だった。常に新しいアイデアや技術の可能性を模索していた彼は、当時の最新技術である、3Dオーディオ録音技術の Kunstkopf（立体音響用の録音機材「ダミーヘッド」）を本作に用いている。アコギ、ギター・シンセ、リズム・ボックス、そして、言葉のない女性ヴォーカルを中心とした最小限のバリエーションで紡ぎ上げる澄んだ響きは、純朴で、透徹な美意識に貫かれている。 （門）

1982（Jugoton）

Igor Savin
Childhood

作曲家／アレンジャーとしても活躍、TVやラジオ、映画の音楽も手がけたユーゴスラビアのシンセ奏者、Igor Savin による82年の知られざる傑作。オリジナルは旧ユーゴ最大級のレーベル、〈Jugoton〉から発表された。『Oxygene』と『Equinoxe』時代の Jean-Michel Jarre、および Vangelis の『Beaubourg』と『La Fete Sauvage』から影響を受けつつバルカン音楽の要素を取り入れている。スモッグのような靄がかったアンビエンスを携えつつ、スペーシーで綿菓子のような感触の1枚。45rpmで再生すると、そのグルーヴは Carl Craig の"The Climax"とまったく同じパターンになる。 （門）

1982（Not On Label）

José Ignacio Valdés
Misterios Cosmográficos

まったくもって情報のない謎の作曲家／パフォーマー／アレンジャーの José Ignacio Valdés なる人物によって、82年に制作されたチリ産自主リリース・カセット。18年に、世界各地のカルト・エクスペリメンタルを掘り起こすイタリアの要注目レーベル〈Orbeatize〉から史上初の再発がなされた。しかし、まだまだこんな音源が埋もれていたとは……恐るべし南米チリ！モダン・クラシカル風の愛らしいシンセのメロディーや波の音のサンプル音などによる宇宙的なサウンドにうっとり。辺境アンビエント／コズミック・ニューエイジの隠れた傑作。 （門）

Peter Davison
Glide

〈Light In the Attic〉よりリリースされ、ニューエイジ・リバイバル
を巻き起こした最重要編集盤作品ともいえるコンピレーション『I
Am the Center』にも楽曲が収録されている作曲家 Peter Davison の82
年作。歴史チャンネルのBGMからディズニーのテレビ番組、ヨガ
用のリラクゼーション・ミュージックに至るまで多種多様な音楽
を制作している。特に瞑想やリラックスを目的としている彼の音
楽は世界中から高く評価され、世界的なヨガ企業であるGaiamの
DVDすべてに音楽制作で関わっているという。気持ちよく伸びて
消えゆく音像は極上。　　　　　　　　　　　　　　　　　（今）

1982（Avocado Records）

Sven Grünberg
Hingus

Sven Grünbergは、エストニア産プログレ・バンド、Messの一員で
あり、同国の音楽を専門に再発するレーベル〈Frotee〉から16年に
リリースされた編集盤『Anima 1977-2001』でも知られる電子音楽家
／ニューエイジ作家。海外では「Melody」や「Melodia」などの名前で
も知られるソ連最大にして唯一のレーベル〈Мелодия〉から81年
に発表した1st。アジア風の管弦楽法やオーケストラ用のパーカッ
ション、教会のオルガン、Selmer ClaviolineやARP Omniといった多
彩なシンセを大胆に駆使し、ディープなアンビエンスを弾き出し
た傑作。　　　　　　　　　　　　　　　　　　　　　　（門）

1982（Мелодия）

André Geraissati
Entre Duas Palavras

Egberto Gismonti の自主レーベル〈Carmo〉へと残された大傑作。
Andre Luiz Geraissatiはサンパウロ出身のギター奏者。Ulisses Rocha
も参加したラテン・ジャズのギター・トリオ、Grupo d'Almaの一員
としても活動、Gismontiのツアーにも同行した人物である。本作に
は、GismontiやMarco Boscoも参加。アコースティック・ギターの
響きがトンデモなく美味。〈ECM〉作品とラテンの融合を思わせる
神々しい色調。身体の隅々まで静穏な感情を行き渡らせる音響的
滋養の中で、南米のフォークロアとアヴァンギャルド、スピリチュ
アリティが溶け合う様は圧巻。　　　　　　　　　　　　（門）

1983（Carmo）

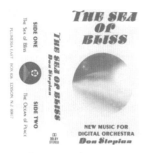

Don Slepian
Sea of Bliss

コンピューター・エンジニアからアンビエント作家へと転身した
ペンシルバニアの伝説的アーティストにして、卓越した電子ピア
ノ作品や、繊細かつ複雑なその作風でも知られるDon Slepianが80
年に発表したカセット作品。同氏は、ニューエイジ音楽の重要作
家で、「Rolling Stone」誌にも「このジャンルの主要タレント」と絶賛
されている。ベル研究所のHal Alles設計によるAllesデジタル・シ
ンセサイザーを駆使し、現世を超克した美しさすら描き出す。透
明なクリスタルの園をさまよい歩くような、みずみずしく広がる
ニューエイジ・サウンドにはうっとり。　　　　　　　　（門）

1983（Fortuna Records）

1983 (Muse / Art Records)

Larry Chernicoff
Gallery of Air

Don Cherry に学んだ経歴を持つという NY 出身のヴィブラフォン奏者／ピアニスト、Larry Chernicoff が83年に発表した1stアルバム。本人は意識せずに作ったそうだが、ジョン・ハッセルの「第4世界」が真っ先に頭をよぎる。シンセやサックスによって創出されるミステリアスな音像、そして、インド音楽やガムラン、ミニマリズム、ドイツでフリージャズを演奏していたときの自身の体験といった様々な要素が重なり合い、特定の時代に属さない神秘的な音楽へと昇華している。ここぞといったタイミングで炸裂するヴィブラフォンの音色も聴きどころ。　　　　　　　　　　　（門）

1983 (Windham Hill)

Mark Isham
Vapor Drawings

Mark Isham は『ミスト』の劇伴などで有名な、80年代から活動する映画音楽の巨匠で、グラミー賞も受賞している。また、管楽器奏者でもある。『Vapor Drawings』は〈Windham Hill〉からの83年作で、ソロとしては初の作品 (サイドマンとしての活動があり、Pharoah Sanders や Dave Liebman 等のジャズマンと共演経験がある)。アルバム名に Vapor と入っていて予言的だが、内容は ECM 系の音に近い。彼自身が演奏するトランペットやピアノの浮遊感がそう感じさせるのだろう。実際〈ECM〉から『We Begin』(87) をリリースしている。　（ダ）

1983 (Move)

Ros Bandt And Live Improvised Music Events
Soft And Fragile

18年に〈Bedroom Suck〉から発表された編集盤で、80～95年までの豪州とニュージーランド産のアンビエントに着目した話題作『Midday Moon』にも収録され、各地のマニアたちの間で密かに注目を集めている音楽学者／楽器デザイナー、Ros Bandt の 2nd。硝子の壺や瓶を吊り下げた Flagong という自作楽器と粘土製の焼き物打楽器を用いた作品である。お化け屋敷にでも迷い込んだような清涼感がヒンヤリする中、心の深部へと迫る響きが淡々と連なる。チベット密教に接近して以降の Eliane Radigue にも迫る音響ドローン／アンビエント。　　　　　　　　　　　　　　（門）

1983 (Rising Sun Records)

Teja Bell Group
Summer Suite

米ニューエイジ・レーベルの老舗〈Narada〉が、欧州のニューエイジ音楽の統合、発掘のために〈Rising Sun〉という、アコースティック楽器とシンセサイザーの融合を標榜するレーベルを発足する。本作は上記レーベル3作目のリリースとなる。リーダーの Teja Bell は音楽家であり禅の僧侶で、マーシャル・アーツ (アジア圏格闘技) の師範という文武両道の経歴を持つ。それは音楽にも影響し、ここで展開されるシンセ音はアタックまでが異常なほどに遅く、倍音がないのっぺりした音響で、「動く禅」ともいわれる合気道の動作を思わせる。　　　　　　　　　　　　　　　（e）

1983（Cliché Musica）

Telectu
Belzebu

70年代後半から活動しているポルトガルのロック・バンド、GNR
の初期メンバーであり、マルチ奏者としても活動してきたVitor
Ruaと、作曲家／キーボーディスト／音楽ライターのJorge Lima
Barretoの2名による同国のデュオで、80年代初期から03年までに
わたって、多数の録音を残してきたTelectuの2nd。ちょっとばかり
地味だが、Drexciyaを思い起こさせる水性のシンセやアブストラク
トなリズムを底流に、耽美に揺れるコズミック・ミニマル・アン
ビエント傑作。〈Holuzam〉から出た再発盤がイマイチ話題にならな
かったのが惜しいところか。　　　　　　　　　　　　　　（門）

1984（Hummingbird Records）

David Casper
Crystal Waves

80〜90年代にかけて主にカセットでの自主制作をリリースしてい
た、シカゴ出身の作曲家で、インドや中国の古楽を学び、シター
ル等を演奏するマルチ奏者。〈Humming Bird〉と名付けられた自主
スタジオ兼レーベルで録音された本作は、同スタジオに出入りし
ていた音楽家たちで制作された作品。古琴や木琴、チェロ等がド
ローンに溶け込む夜明けサイドな夜明けの情景"Dawn Poems"、名
前通り「クリスタル」な響きに注力したグラス・ハーモニカ組曲
"Crystal Waves"と、抑制された静謐さが美しい名作。いくつかの作
品はストリーミング等で配信されている。　　　　　　　　（ダ）

1984（Kuckuck）

Eberhard Schoener
Sky Music / Mountain Music

70年代から活動するドイツ出身の作曲家／指揮者／シンセ奏者。
活動初期にいくつかのシンセ作品を残しており、また70年代後半
にはPoliceのStingやAndy Summersと共にややポップな音楽をやっ
ていた。本作はかなり掴みどころがない、抽象的な長尺アンビエ
ント2曲。軽やかなシンセにランダムな電子音が溶け込む。印象に
は残りにくいが、空気のような軽やかさがある。77年作『Trance-
Formation』は声楽隊を使ったゲッチング的ミニマル・ギターとベル
リン派的シーケンスを使ったプログレッシヴな作品で、ミニマル
好きにはこちらのが好みだろう。　　　　　　　　　　　　（ダ）

1984（Мелодия）

Eduard Artemiev
Moods

『惑星ソラリス』や『鏡』など、名監督タルコフスキー諸作の劇伴や
モスクワ・オリンピックのテーマ曲への起用でも知られるソ連電
子音楽の巨匠といえる存在、Eduard Artemiev。本作は、76〜80年
に制作された劇伴とコンサート用の楽曲を収録した84年作で、表
題も自身の考案である。名機EMS Synthi-100を駆使した途轍もな
く壮大なコズミック・ニューエイジ／ミニマル・シンセが繰り広
げられる大傑作。穏やかで瞑想的／宇宙的な彼の音楽は、Iasosや
Deuter、Klaus Schulze等のニューエイジ／クラウト・ロックの作家
とも比較されるが、よりシンフォニックだ。　　　　　　　（門）

1984（Ocora）

Kudsi Erguner & Xavier Bellenger
Conférence Des Roseaux（Ney & Kena）

Pierre Schaefferによって設立された、フランスの国営ラジオによる老舗民族音楽レーベル〈Ocora〉からの、「現在進行系の伝統音楽」シリーズの1枚。Markus Stockhausenとも共演したトルコ人奏者、Kudsi Ergunerによるナーイ（スーフィーがよく使う楽器で、神秘性から尺八とよく比べられる）、フランスの民族学者／音楽家のXavier Bellenger（Jean-Michel Jarreとの共演が知られる）によるケーナの演奏と音響だけの、極度にシンプルかつスピリチュアルな作品。堅そうにも思える内容だが、多少やり過ぎ感のあるリバーヴによる旨味がある。 （ダ）

1984（Ata Tak）

Pyrolator
Wunderland

初期D.A.F.やDer PlanなどのメンバーでもあったPyrolatorこと Kurt Dahlkeが、実験的な過去2作から、グッとポップになった3rdアルバム。自身の立ち上げたレーベル〈Ata tak〉からのリリース。カラフルな音色とハートウォーミングなメロディーで構成された曲群はどれもキャーー！ですらある。動物の声がパーカッション的に頻繁に使われ、アルバム名通り、さながら動物園のような、一種の密林的バレアリックな世界観が展開される。Werner Lambertzの協力でBrontologikというシーケンサーが導入されており、表現の幅が広がったのはそれもありそうだ。 （ダ）

1984（Mood Records）

Ströer Duo
Fluchtweg Madagaskar

名作『Stroer』でも知られるドイツのベーシスト、Hans Peter Stroerと、その兄弟で打楽器奏者のErnst StroerによるStroer Duo。本作は、〈ECM〉にとって黒歴史なアヴァンギャルド＆キテレツ過ぎる作品を残したピアニスト、Wolfgang Daunerが主宰していたジャズ・レーベル〈Mood〉に彼らが残した82年作。クリスマスから大晦日にかけて1週間で録音。ジョン・ハッセルの「第4世界」観から、どこの国ともつかないフカシギな異国情緒、バレアリック／アンビエントなフィーリングまでも纏い、一聴しただけでは捉えきれない独特の世界観を育んだ傑作だ。 （門）

1984（Island Records）

Wally Badarou
Echoes

イギリスのフュージョン・バンド、Level42のサポートメンバーでもある鍵盤奏者のWally Badarouによる84年作。カリプソをニューエイジ、ニューウェーヴに落とし込んだような作風で、トロピカルなアフロビートが流れれば、気分はもう南国。チープな電子音がたまらなく愛らしい。映画『リトルマーメイド』のテーマソング"Under the Sea"と差し替えてもみんな意外と気づかないのでは？（ダメ？）Massive Attackが"Daydreaming"でサンプリングした"Mambo"が収録されてることでも有名なアルバム。ココナッツ・ニューエイジ大傑作。底抜けに楽しい1枚。 （青）

1984 (Polydor)

Zenamon
Zenamon

Jaime Mirtenbaum Zenamon はボリビアのラパスで生まれ、イスラエル、スペイン、ポルトガル、南アメリカで作曲を学んだギタリスト／コンポーザー。本作が初のソロ作品のようだ。室内楽のような品のいい楽曲に、様々な民族楽器とシンセサイザー、牧歌的なギターが混ざり合い、とてもユニークな音世界を作り出している。大地の鼓動のようなシンセと情緒たっぷりの弦楽器が空間に溶け込んでいく "Nandu" が素晴らしい。ジャケットの無機質、機械的なイメージとは裏腹に、実に温かみのある有機的なエチゾチック・ニューエイジに仕上がっている。　　　　　　　　　　　　（青）

1984 (Victor)

V.A.
The Terminator OST

TV バラエティの影響でネタ的に「ダダンダダン」が使われる機会が多いですが、しっかり向き合って聴くと素晴らしく仄暗い雰囲気の良ニューエイジ。"Terminator Arrival" でのチューブラベル、低く唸るシンセブラス、合唱隊サンプルの組み合わせが素晴らしい。バイノーラル録音なのかドラムの響きが非常に立体的に感じられる。アルバム後半はいわゆる80年代産業ロックだが前半6曲だけのために買う価値は十分にある。Brad Fiedel の劇伴では他にも『The Accused』でのシモンズ・タム回しが素晴らしいのでオススメ。(ブギ)

1985 (New Albion)

Daniel Lentz
Missa Umbrarum

西海岸実験音楽の要所、〈Cold Blue Records〉を拠点に活動したアメリカ合衆国ペンシルバニア州出身の実験音楽家、Daniel Lentz。ポスト・ミニマリズムの代表者とされており、数々の音楽／芸術賞を受賞している。85年の本作では、音の揺らぎを際立たせる自作のディレイ・システムを採用した。太古のフォークロアを呼び起こし、芸能山城組の音楽さえも頭をよぎる、傑作ミニマル・ニューエイジ。天界へと駆け上がるメディテーション・チャントの1〜3曲目の流れも圧巻だが、静穏なアンビエンスと音響的滋養に包まれるラストの "Lascaux" で完全にチルアウト。　　　　　　（門）

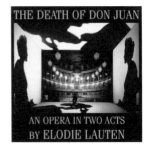

1985 (Cat Collectors)

Elodie Lauten
The Death of Don Juan

フランス出身、NYに渡り La Monte Young をはじめとした音楽家に師事したポスト・ミニマリズム作家。出自がパンク・シーンという経歴を持つ。Arthur Russell との交流があり、いくつかの作品にサポートで参加。本作は自主レーベル（猫のマークがポイント）からリリースされたオペラ仕立ての初期作で、Arthur Russell（ヴォーカル、チェロ）とその作品をサポートしてきたトロンボーン奏者の Peter Zummo が参加。FM音源的なミニマル・シンセや竪琴のリラを改造した楽器 Trine、ハープシコードなどを用いつつ、声楽風の曲もある。暗めのモダン・クラシカル。　　　　　（ダ）

1985（Sky）

Harald Grosskopf
Synthesist

独プログレ・バンド、Wallenstein に在籍していたドラマーで、バンド形態の Ashra も支えた人物。79年作『Correlations』以降のいくつかの作品に参加し、シーケンスと人力ドラムの融合など、いわゆる人力モノの走りをやっていたといえる。本作では、自身のドラムが入る Ashra の延長ともいえる曲が多いが、シンセに注力した曲もある。"Synthesist" など独特の軽やかなポップさがあり、シンセ曲はコズミック・アンビエントで、〈Sky Records〉らしさがある。11年の〈RVNG〉からのリイシュー盤には CFCF、OPN が参加したリミックス集も付属した。　　　　　　　　　　　　　　（ダ）

1985（LLE Label）

Morgan Fisher
Water Music

Morgan Fisher はヒーリング・ミュージックの作家として有名なキーボード奏者／作曲家。85年以降に拠点を日本に移してスタジオを作り、そこで本作を録音した。テーマは「水」である。雪解け、湖、雨上がりなど変化する水の表情をシンセサイザーで表現してみせた傑作。間をいかした透明感あるサウンドにはどこか和のテイストも感じさせる。明鏡止水、あるいは禅における悟りの境地ような世界観。少しずつ思考から余計なものが排除されていき、浄化されていくような感覚。リリース当時は、Veetdharm 名義で発表されたようだ。　　　　　　　　　　　　　　　　（青）

1985（Grabaciones Accidentales）

Música Esporádica
Música Esporádica

スペイン・ニューエイジの巨匠、Suso Saiz の率いた前衛音楽集団であり、「マドリッド音響派」シーンの重要格の Orquesta De Las Nubes のメンバーに、マドリッドの彗星こと「El Cometa De Madrid」シリーズで知られる名作家の Miguel Herrero、そして Steve Reich 作品にも参加する打楽器奏者の Glen Velez による一度限りのコラボレーション。カリンバやコンガ、シンセ、ギターなどの耽美な響きが溶け合う様には息を呑む。多様な文化が行き交ったイベリア半島に息づくフォークロアとニューエイジ、アンビエント、霊性の神秘的融合ともいえる金字塔的大傑作。　　　　　　　　　（門）

1985（Creation）

Vito Ricci
Music From Memory

ニューエイジ・リバイバルの火付け役的レーベル〈Music From Memory〉のお名前の元ネタ。NYダウンタウンの前衛シーンで活躍してきた作家で John Zorn や巻上公一とも共作。79年に活動を開始してすぐにレジェンド格まで登り詰めた。本作は、85年春上演の Matthew Maguire 監督によるパフォーマンス・アート『The Memory Theatre of Gulio Camillo』へと捧げられた。シンセやドラム・マシンなどによる屈折した音場のなかで、アンビエント～ニューウェイヴ、現代音楽、ゲーム・ミュージックまでもが渾然一体となったかのような破壊的音響を育んでいる。　　　　　　　　（門）

世界のニューエイジ（1975～2009）

1986（CBS）

Andreas Vollenweider
Down to the Moon

スイス出身のエレクトリック・ハープ奏者、Andreas Vollenweiderの86年作。グラミー賞にニューエイジ部門が設立された最初の年の受賞作品であり、サウンドの美しさとその演奏のクオリティには折り紙付きの1枚。ドラム、ベース、キーボード、管楽器、ストリングス、ベルという重厚なオーケストラ編成で奏でられる、透明でみずみずしい、一糸乱れぬ完全無欠のフュージョンは、ニューエイジ・ミュージック全盛期を象徴する音像。また、Vollenweiderは積極的平和主義者でもあり、その思想と共に、ニューエイジを代表する存在といえる。　　　　　　　　　　　　（今）

1986（4AD）

Cocteau Twins & Harold Budd
The Moon And The Melodies

幻想的なサウンド・メイキングで知られたドリーム・ポップ・バンド、Cocteau Twinsとブライアン・イーノとの共作等で知られるピアニスト、Harold Buddとのコラボ作品。86年作。Cocteau Twins自身も在籍し、Bauhaus、Pixies等がいたことで有名なレーベル、〈4AD〉よりリリース。ミニマルな展開の中で控えめながら芯のあるHarold Buddのピアノと、Elizabethのウィスパー・ボイス。これらの要素がリバーブ、ディレイといった空間処理を纏うことで儚さや悲しみを孕んだつかの間の幸福感を与え、生の向こうの崇高な天使の存在を示唆しているようだ。　　　　　　（の）

1986（Hearts Of Space）

Constance Demby
Novus Magnificat

ニューエイジのパイオニアとしても知られ、ムーブメントを代表する存在として名の挙がることも多い女性プロデューサーの4作目。同世代アーティストの例に漏れず、幼少期からクラシック音楽の専門的な教育を受けており、また楽器の発明家、画家、彫刻家として、多方面でその才能を花開かせている。タイトルの『Novus Magnificat』はラテン語で「New Magnificat（マニフィカトはキリスト教の聖歌のひとつ）」を意味している。デジタル楽器のオーケストラと増幅された合唱によって奏でられる、天上の世界を超えて、宇宙に捧げられた聖歌。　　　　　　　　　　　　（今）

1986（Grabaciones Accidentales）

Dino Del Monte Nahor
Zimbal, Los Cuatro Elementos

ユダヤ人画家のDino Del Monte Nahorが、BabiaやFinis Africaeのメンバーでもあるマドリッド音響派のJuan Albertoプロデュースの下で制作した86年の作品。台形の箱に張った金属製の弦を、叩いたり弾いたりすることによって演奏する打弦楽器ツィンバロムを全面に押し出していて、その響きはどこか日本の伝統音楽に聴こえるときもあり懐かしいような、寂しいような感情が込み上げてくる。まるで空気が震えているかのような荘厳な雰囲気。地、水、風、火の4元素がテーマの大自然賛美歌。漫画『火の鳥』の世界観に近いものを感じる。　　　　　　　　　　　　　　　（青）

1986（Innovative Communication）

Double Fantasy
Universal Ave

シンセサイザー奏者の Robert Schröder が結成したユニットが Klaus Schulze のレーベル〈Innovative Communication〉から発表した86年作。グラサンと革ジャンを装備し（ジャケットにあるような）煤けた夕日を浴びて首都高をかっ飛ばすなら、これ以上の BGM は存在しないと断言できる。これぞ80年代といわんばかりのアナログなシンセパッド上を、暑苦しいギター・ソロと乾いたドラムマシンが寄り添う。バタ臭く、いつの時代でもオシャレではない音楽だが、時折聴き返したくなるのが不思議な1枚だ。シンセウェイヴに与えた影響も大きいだろう。　　　　　　　　　　　　　　（カ）

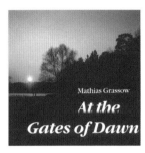

1986（Aquamarin Verlag）

Mathias Grassow
At the Gates of Dawn

80年代から活動し、Deuter と並ぶドイツ・ニューエイジの先駆者としてよく知られている作家による86年デビュー作。元 Popol Vuh の打楽器奏者で現在はニューエイジ系ミュージシャンの Klaus Wiese とのたびたびの共作や、Peter Michael Hamel リスペクトの作品をリリースしたりと、ニューエイジ界隈との交友もうかがえる。本作はシンセの持続音がゆったり移ろう牧歌的田舎アンビエントで、瞑想色濃い Deuter とは違った味がある。"Passage To India" で急にインド風音楽が出てくるのは時代か。箸休め的にはよかったりする。現在も活動中でかなり多作の作家。　　　　　　　　（ダ）

1986（PGP RTB）

Nenad Jelić / Laza Ristovski
Opera

ユーゴスラビア国営レーベル〈PGP RTB〉から86年発表。80年代初頭に結成のセルビアのロック・バンド、Piloti でも活動していた打楽器奏者の Nenad Jelic と、数々のニューエイジ作品やサントラを手がけた同国の著名なキーボーディスト、Laza Ristovski の86年共作。ツィターやピアノ、ハーモニカ、シンセサイザーなどによるエスニックな響きや前衛的色調を溶かし合わせながら、Woo や Rimarinba にも通じる箱庭チックな空想的民族音楽を披露。即興的に織り成される打楽器とシンセの掛け合いが絶妙な緊張感を生み出してやまないユーゴ産トライバル・ミニマルの一大傑作。（門）

1986（Sky Records）

Nik Tyndall
Einklang

Nik Tyndall こと Jürgen Krehan は80年代から活動するドイツのシンセ作家。初期には Rudolf Langer とのデュオ名義の Tyndall として活動しており、ポップなスペース・シンセ音楽をやっていたが、デュオ解散後に Nik Tyndall と改め、アンビエント主体の作品に移行している。本作は Nik 名義に移っての2作目で、静寂なアンビエント。80 ～ 90年代にかけて〈Sky Records〉に作品を多数残しており、ニューエイジ・ラジオ局のレーベル〈Hearts Of Space〉にもリリースがあるが未再発。Tyndall 名義をリイシューした〈Bureau B〉に期待したいところ。　　　　　　　　　　　　　　　　　　（ダ）

1986 (Kuckuck)

Peter Michael Hamel
Organum

瞑想系ワールド・ミュージック・バンドのBetweenとしての活動も
名高いPeter Michael Hamelの86年ソロ。〈Celestial Harmonies〉前身レー
ベルからのリリース。Betweenではアカデミックな素養を活かした
流麗な瞑想音楽を演奏していたが、ソロではミニマリストとして
の領分を発揮。本作はパート4にもなる壮大なパイプオルガン・ド
ローン。そのミニマルかつ天上系の響きはライリー直系。静と動
がはっきりしており、特に動のスケール感が感動的。ミニマルな
パートにふと挟まるジャジーな切り返しも甘美。万人に勧められ
るクラシカル・ドローンの名盤だろう。　　　　　　　　　（ダ）

1986 (Fønix Musik)

Pushkar
Inner Harvest

実際にホスピスのセラピーで使用されているというゴールド・ディ
スクを受賞したベストセラー。収められている8つの音の風景は、
Pushkar自身がアコースティック・ギターやフルートを演奏したも
ので、シンセサイザーも使われている。どれも歯医者の待合室で
かかってそうな、単調なメロディだけではなく、構成された楽曲は、
実り豊かな寓話の世界が地上に存在することを思い出させ、意識
を壮大な音の中に埋没させてしまうというようなことはない。聴
く者自身の心の中にその場所が地続きで存在することを、優しく
教えてくれるようだ。　　　　　　　　　　　　　　　　（B）

1986 (Extreme)

Vidna Obmana
Echoing Delight

80年代後半から活動し、初期には尖ったノイズ／インダストリア
ルも作っていたベルギーのダークアンビエント巨匠、Vidna
Obmanaこと Dirk Serries。コラボは多く、Steve Roach、ドイツの
Asmus Tietchens、PBK等との共演が知られる。本作はアンビエント
に移行した後の作品で、エレクトロニクス、ループ・テープ処理
を使い、初期の死と絶望の表現が、美しくも寒々しい音空間へ昇
華したゴシック・ダーク・アンビエント。シンプル極まりないリ
ズムパターンにダークなシンセが重なる "Crystal Travelling" などは
一時期の Klaus Schulze を想起させる。　　　　　　　　（ダ）

1987 (Avatar Book Institute)

Alice Coltrane
Divine Songs

John Coltraneの妻として知られるAlice Coltraneは、Bud Powellにピ
アノの手解きを受けた。そしてJohn Coltraneの所属レーベルとして
知られる〈Impulse! Records〉にてジャズ・アルバムを数枚リリー
スした後、インドの著名な指導者、Sathya Sai Babaの信者となり70年
代後半にヒンドゥー教に改宗、Turiyasangitanandaに改名し、数枚の
アルバムをリリースした。今作はその時期の作品であり、収録曲
が基本的に伝統的なインド音楽の様式に則ったエキゾチックな作
風となっており、Aliceは力強い歌声で信仰する神々への祈りを捧
げている。　　　　　　　　　　　　　　　　　　　　　（の）

1987（Lynx Records）

Arturo Stàlteri
...E Il Pavone Parlò Alla Luna

イタリアの建築家、Roberto Donnini の自主レーベル〈Lynx Records〉より、革新的プログレ・フォーク・トリオ、Pierrot Lunaire を率いたキーボーディストの Arturo Stàlteri が発表した 2nd。17 年に同国の再発レーベル〈Soave〉から再発。Embryo などと同様、インド滞在時の経験からインスパイアされている面が大きく、A 面の大部分を占める大曲 "Raga Occidentale" では、伝統的なインド音楽を大胆に取り入れ、一般的な西洋古典のリファレンスから逸脱している。フルートやタブラ、クラリネットの流れるような演奏が美しいイタリア産ミニマルの傑作。 （門）

1987（Ditto Records）

ditto
In Human Terms

ブライアン・イーノや Cluster、The Residents などの影響を受けたと公言している知られざるテキサスのアンビエント作家、Charles Ditto が 87 年に発表した作品で、19 年に再発された。北インドのラーガからケルト、中東、スカンジナビア、モンゴル、中国など、世界各地の音に触れて磨き上げた孤高の音楽観し、ミニマル音楽の先駆者たちの前衛的なスピリットまでも溶け合わされた、イマジナリーなミニマル／アンビエント室内楽。神秘的なミニマリズムが呼吸をする中で、抑制されたシンセとトライバルなパーカッションの対比が素晴らしい。 （門）

1987（EMI）

Eblen Macari
Música Para Planetarios

メキシコ音楽シーンのキーパーソンとしても知られるギタリストにして、アンビエント作家の Eblen Macari が 87 年に残した 4 作目。18 年にカナダの新興レーベル〈Séance Centre〉より再発。本作はメキシコ・シティのプラネタリウム「Planetario Luis Enrique Erro」の週間上映のために制作された。民族情緒豊かなヒスパニック系のパーカッションと、耽美なバロック・ハープシコード、メランコリックながらも雄大なシンセサイザーの調べが織り成すエスノ・ニューエイジ大傑作。まさに惑星間の対話や交信とでもいえそうな壮大なスケールに昏倒必至。 （門）

1987（Cicada Records）

Erik Wøllo
Silver Beach

〈ECM〉の代表的作家、Terje Rypdal の継承者と評されている北欧ノルウェイのギタリスト、Erik Wøllo（エリック・ウォロ）。その音楽はロックからジャズ、エクスペリメンタル・エレクトロニック、そして、クラシックまで横断する。近年は主に盟友の Steve Roach と共に〈Projekt〉レーベルから作品を発表している。本作は、彼の作品の中で最もリズミカルな部類に入る 1 枚。MIDI 音源をシミュレートした東洋風味のサウンドによって感情の起伏を大胆に記録。クリスタルなシンセの輝きが全体を通して持続し、やがては至高の瞑想空間へと聴き手をいざなう。 （門）

1987（Moon Record）

Franco Nanni
Elicoide

心理学者という側面もあるイタリアの作曲家、Franco Nanniによる
87年作。オリジナル盤は87年に少部数のみ発表され、現在は大変
入手困難だが、18年についに再発。伊エクスペリメンタル界の重
要人物、Paolo Grandiがコントラバスで参加している。エストニア
のミニマル作家として高名な Arvo Pärtや、現代音楽、ニューヨー
ク学派のドン、John Cage にインスピレーションを受けた Nanni の
着想「Ascetic Trance」に基づいて制作された。耽美に震えるクリスタ
ルなシンセの音が幽玄ながらも温かみのあるニューエイジ・サウ
ンドを育んでいる。　　　　　　　　　　　　　　　　　　　（門）

1987（Radio Horizonte）

Joakin Bello
Detras Del Arcoiris（Beyond The Rainbow）

82年にもカセットでソロ作を出しているが、LPで発表され翌年に
は独盤、米盤もリリースされた本作は彼の代表作であり、チリの
ニューエイジ作品の金字塔ともいえる。きらびやかなシンセの音
に鳥の声、波の音、ストリングスの甘美な響き、分かりやすいメ
ロディ、スピ系の雰囲気ムンムンで胡散臭いまでにひたすら綺麗
な音を紡いでいくニューエイジのひとつの典型だが、ところどこ
ろフォルクローレの要素も加えているのが南米チリならではと
いったところ。たまには嫌なことは一旦全部忘れて何も考えずに
ポケーっとただただこの音に浸っていたい。　　　　　　　（ブ）

1987（Polskie Nagrania Muza）

Kulpowicz & Niemen
Samarpan

70年代にはポーランドのジャズ・バンド、The Quartet の一員とし
て活動した著名ジャズ・ピアニスト／作曲家の Sławomir Kulpowicz
と、ビート・シンガーの Czesław Niemen による共作。いまだに現役
の国営レーベル〈Polskie Nagrania Muza〉より87年に発表された。艶
やかに香るタブラやタンブーラをはじめとした民族楽器の響きに、
Niemen による詩情が妖しく絡み、途方もなく濃密な音響派世界を
演出。80～90年代のスペインで勃興していた「マドリッド音響派」
の先鋭的なサウンドにも通じる、フォークロアと洗練と前衛の奇
跡的な折衷といえる傑作。　　　　　　　　　　　　　　　（門）

1987（Grabaciones Accidentales）

Luis Paniagua
Neptuno

スペインの伝説的アンビエント・レーベル〈Grabaciones Accidentales〉
から展開していた名シリーズで、数々の新鋭作家を送り出した「El
Cometa De Madrid」（マドリッドの彗星）から、同国のオーガニック・
ニューエイジ最高峰、Babia の一員としても活動したマルチ奏者、
Luis Paniagua が発表した名作。Don Cherry と共同作曲された "Gacelle"
（B1）も収録。パーカッションやチャイム、ギンブリ、シタール、
タブラなどを交え、古今東西の音風景や伝統を切り取るように、
エスノ・ミュージックの新時代を開拓した霊性フォークの金字塔
的傑作。　　　　　　　　　　　　　　　　　　　　　　　（門）

1987（Grabaciones Accidentales）

Orquesta De Las Nubes
Manual Del Usario

18年には、〈Music From Memory〉から編集盤も組まれたSuso Saizの
グループ、Orquesta De Las Nubesが87年に発表した3作目にして最
終作。80〜90年代のスペインで巻き起こった先進的霊性音楽ムー
ブメント「マドリッド音響派」を代表するレフトフィールド・ミュー
ジック。前述の編集盤でセレクトされた楽曲の音楽性からして、
アンビエント・グループの印象が植え付けられているかもしれな
いが、本作には、エスノなニューウェイヴ〜プログレ路線、
Meredith Monkを思わせるアヴァンな声楽曲など、多様な楽曲が収
録。美しくワールドに広がる傑作だ。　　　　　　　　　　（門）

1987（Grabaciones Accidentales）

Patricia Escudero
Satie Sonneries

スペインの伝説的なインディー・レーベル〈Grabaciones Accidentales〉
の展開した名シリーズ「マドリッドの彗星」に残された87年の傑作
で、同界隈の名作家、Luis Delgadoによるプロデュース。クラシッ
ク音楽家、エリック・サティの楽曲を電子音楽で独自解釈した1枚
であり、彼の掲げた「家具の音楽」の命脈がシンセサイザーでシミュ
レートされる。コズミック／サイケデリックな色調のシンセが織
り成す"Gymnopédies"や"Gnossiennes"、これはここでしか聴けない
（かも）。レコード再発盤も出ているので物好きは手に入れよう。
　　　　　　　　　　　　　　　　　　　　　　　　　　（門）

1987（Grabaciones Accidentales）

Pep Llopis
Poiemusia La Nau Dels Argonautes

スペインの〈Nevada〉レーベルに在籍したプログレ・バンド、Cotó-
En-Pèlのメンバーで、キーボーディスト／ヴォーカリストのPep
Llopisの87年1st。〈RVNG〉傘下でPete SwansonとJed Bindemanが共
同運営する〈Freedom To Spend〉より17年に再発。友人のSalvador
Joferの詩"La nau dels Argonautes"の劇伴として発表。妖艶に揺れる
スペイン語の語りに乗せて、クリスタルなシンセが転がり遊び、
ライヒ譲りの木管の美しさと浮遊感を感じさせる傑作。弦楽隊の
力強い調べや瞑想的なアンビエンス、静謐なミニマリズムが桃源
郷的風景を描き出している。　　　　　　　　　　　　　（門）

1987（Fønix Musik）

Per Nørgård
Expanding Space

かねてより、ニューエイジ・ミュージックの精神性に影響を受け
ていたという現代音楽家のPer Nørgårdが87年に発表した知られざ
る1作で18年には初の再発がなされた。60年代にはセリー音楽を
独自に発展させ、「無限セリー」を開発した重鎮だが、御年なんと
87歳ながらいまだに現役というのもすご過ぎる話。大西洋の波の
音をサンプリング、現代音楽＋コズミック＋ニューエイジなテイ
ストを軸に高没入度な音場を構築した。表題通り、空間を拡張さ
せるような魅力も内包したその音楽は、誰しもが抱える心の暗部
へとあえて迫るかのよう。　　　　　　　　　　　　　（門）

1987（Nocturne）

Pierre Charial
Hors Gabarit

18世紀の手回し自動演奏オルガン「バレルオルガン」の研究家である Pierre Charial の第2作。Chick Corea の名曲 "Spain" のような壮大なアンサンブル音楽が、ファミコンBGMのようなまったく違う音楽に聴こえてくるカヴァー集。現代のシンセサイザーと比較すると、演奏の元となるデータ（情報）は穴が開いただけの紙に記録されており、シーケンサーは手（ハンドルの手回し）で駆動する、MIDI もない時代のあまりにもチープでシンプルな楽器だ。しかし、その音色に表れる揺れに、人間と機械や、デジタルとアナログの結節点が思われ、今聴くことに意味を感じてしまう。　　　　　　（e）

1987（Eastern Sun Music）

Ric Kaestner
Music For Massage II

傑作『MUSIC FOR MASSAGE I』を残したことでも知られている、米リラクゼーション・ミュージックのパイオニア、Ric Kaestner。彼がその続編としてそれから5年後に発表した激レアな 2nd アルバムで、18年に再発もされている。もともとは消費者向けに販売されていた作品ではなく、マッサージ療法のために制作されたもの。公式リリースはされず、一部のカセット・コレクターやニューエイジ・マニアにのみ知られていたようだ。心の淀みのすべてを洗い流すかのごとし清廉な響きは神聖不可侵だが、我々はその中へと没入することを許された。　　　　　　　　　　　（門）

1987（Lynx Records）

Roberto Donnini
Tundless 2

イタリアの建築家／音楽家であり、自身が 1980 年に設立した〈Lynx Records〉からは、Lino Capra Vaccina や Arturo Stàlteri などによる同国のミニマル・ミュージック史に残る名作の数々を送り出してきた Roberto Donnini が 87 年に発表した大傑作。Roberto Laneri、Giancarlo Schiaffini、Arturo Stalteri、Andrea Centazzo などをはじめ、実験音楽大国イタリアの豊穣な地下芸能を代表する顔容が集結した傑作だ。荘厳なミニマル・アンビエント・サウンドが淡々と異界の扉を開いていく様は圧倒的。天界へと迷い込んだ虚ろな電子音のような、彼岸の音景色。　　　　　　　　　　　　　　　（門）

1987（Big Road Music）

Warren Sampson
Traveller

忘れ去られたニューエイジの傑作。もとい、最高傑作といってもいいだろう。この慈悲深いサウンドは、一体どんな人物によって作られたのか。それは 18 年の〈Love All Day〉からの再発にあたって公開された本人によるライナーノーツで少しだけ垣間見ることができる。クローゼットに設置されたオープン・リールを使って友人たちと 10 年近い歳月をかけて録音されたこの作品は、彼がどれほど素朴で、感性の優れた人物であるかを教えてくれる。まずはアルバムの最後を飾る "Natural Skater" を聴いてほしい。このアルバムはなぜこんなにも優しいのか。　　　　　　　（Y）

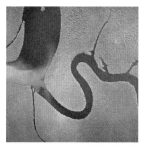

1988（4AD）

Dead Can Dance
The Serpent's Egg

〈4AD〉看板ユニットの4thアルバム。前半は、オルガンやストリングスによるドローンとLisa Gerrardの異言の祈りが、内省的かつ静謐な宗教的空間を描き出す。後半は、チャントとトライバルなリズムが繰り返され、終曲"Ullysis"で前後半の静と動が止揚されるカタルシスは、彼らの漆黒幽玄の世界観が迎えた頂点のひとつ。あくまでフェイクであることしかできない彼らが、ユニット名の通り古楽や民族音楽といった「死者を蘇らせる」ことで描いたゴシックでエスノな異郷は、ニューエイジ作家たちが幻視する「まだ見ぬどこか」と共振する。 （カ）

1988（WEA）

Enya
Watermark

ソロ・アーティストと思われがちだが、実はエンジニア／パーカッショニストのNicky Ryanと作詞家のRoma Ryanのプロジェクト名。認識のされ方としてはSADEにやや近いかもしれない。"The celts"ですでに映像音楽作家としての名声を得ていたものの、一般的には本作を1stアルバムとカウント。3和音のシンプルな響きを基調としたニューエイジ界に燦然と輝くアンセム"Orinoco Flow"完成に至るまでの道のりは非情に長く、「いいものがあるみたい」というところにたどり着くまでに2ヶ月かかったとのこと（『Best Hit USA』出演時のインタビューより）。 （ブギ）

1988（Virgin）

Éric Serra
Le Grand Bleu OST

映画の画面の豪華さとは裏腹にDX7メインの低予算な響きでありながらニューエイジOSTの金字塔。仕様の異なるCDが数パターン発売されるほどのヒットに。イルカの鳴き声をシンセで模したSEと重いシンセ・ストリングスが絡む正調ニューエイジ"Homo Delphinus"、Herbie Hancockの"Rockit"風な"Between the Sky-Scrapers"、レゲエ風"Spaghetti Del Mare"と幅広い作風。ちなみに映画がアメリカで上映された際は『The Big Blue』と改題され音楽もBill Contiによるものに差し換えられましたが、パンフルートを基調としたこれはこれで"アリ"な仕上がり。 （ブギ）

1988（Windham Hill）

FRED SIMON
Usually / Always

Stan Kenton And His Orchestra出身という変わり種。TV劇伴や意外なところではBrian Wilson作品のソロ・ピアノ編曲を手がける職人。本作にはPat Metheny『Still life (talking)』でおなじみのドラマー、Paul Werticoが参加。涼しげなライド・シンバルの連打はこちらでも存分に堪能できます。ニューエイジには珍しくアルバムのタイトル曲はロックなギターとバックビートが特徴的。スキャットとハープのシーケンスが心地よい"Time And The River"は〈Windham Hill〉電子音中心のコンピレーション『Soul Of The Machine』にも収録されています。 （K）

世界のニューエイジ（1975 ～ 2009）

1988 （Spirit Music）

Jonathan Goldman
Dolphin Dreams

Laraajiとの共演盤もあるサウンド・ヒーラー。しかしだいたいどの
ジャケもくどい。今作ではシンセのようなイルカの声、チャント、
波の音、心臓の鼓動のような音で構成された1曲65分のイルカミー
ツヒューマンの世界が繰り広げられるが、そのイルカ愛は、群れ
の中に紛れてしまった自分＝人間だという意識で聴いてしまうと
なかなか苦しいかもしれない。こういうものは無私の境地に至る
ため滅私するか、自分も1頭のイルカだと想像して聴けばいいので
ある。どこかほんのりとシューゲイザー感もあり。他に『Chakra
Chants』、『Holy Harmony』等。　　　　　　　　　　　　（B）

1988 （Estoterix）

Kiri-uu
Kiri-uu

大戦中に豪州へと移住したエストニア人難民の子孫で音楽家、Olev
Muskaを中心にシドニーで86年に結成された12人組の合唱団。20
世紀のエストニアで最も重要な作曲家、Veljo Tormisの楽曲を再構
築。当時、神秘主義的なエキゾ音楽が流行していた同地のシーン
にて、エストニアの文化と電子音楽、ミニマリズムを融合させ、
「Rolling Stone」誌の地元版でも4つ星を獲得。89年には祖国のエス
トニア国立歌劇場でパフォーマンスを敢行。Tormis自身からも賞
賛され、祖国の国民も「失われた（戦時中の）子供たち」の帰還を強
く受け止めたという。　　　　　　　　　　　　　　　　（門）

1988 （Lily Record）

Lorad Group
Sul Tempo

まったくもって詳細不明な少しばかり困ったローマの作家、Lorad
Groupが88年にイタリアの〈Lily Record〉から発表したCD作品。18
年には、同レーベルより再発されているが、この作品が当時実在
したかもイマイチ分からない。シンセ音楽フリークのツボをスト
レートに突いたトイフルかつ妖しげな響きとチープなリズム・マ
シンを中軸にミステリアスなアンビエント・サウンドを構築して
いる。70年代から90年代の同国の地下シーンに残された作品群に
は、良質なミニマル／ニューエイジが数多く見受けられるが、こ
れもその隠れた金字塔のひとつ。　　　　　　　　　　　（門）

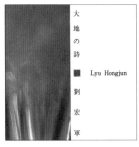

1988 （Misawa Home）

Lyu Hong-Jun
大地の詩

吉村弘や広瀬豊などの作品が出ていたことで知られ、今や名アン
ビエント・レーベルとしてその名を馳せる〈ミサワホーム総合研究
所サウンドデザイン室〉からリリースされた作品。中国を離れて日
本や東洋の古代音楽を学んだ劉宏軍（リュウ・ホンジュン）は、そ
の確かな技術を買われ、Victorから出ていた「エスニック・サウンド」
シリーズの1枚『Fantastic Pipes of China』で奏者を務めている。今作
は宮野弘紀によるジャズ風味のギター・アルペジオの上に、劉が
フルートで中国の古典的なメロディを奏でる。その響きは歴史か
ら解き放たれ、軽やかに宙を舞う。　　　　　　　　　　（今）

Mark Mothersbaugh
Muzik for Insomniaks Volume 1

1988（Enigma Records）

米ニューウェイブバンド、DEVOのリーダーであり、シンセサイザーのコレクターでもあるMark Mothersbaughが88年に発表した本作。表題『不眠症のための音楽』が表す通り、当時隆盛していたニューエイジや、ミューザックといった「俗流アンビエント」的な音楽に、80年代の早い時期にメタ的に取り組んだ作品。「M.C. Escher meets wallpaper」と提言するように、簡単なフレーズがミニマルに演奏され徐々に変化して展開される騙し絵的な音楽。同時代に細野晴臣が取り組んだ〈モナド・レーベル〉「観光音楽」シリーズのような、ソフトな音の質感が耳に心地よい。　　　　　　（e）

Nightnoise
At the End of the Evening

1988（Windham Hill）

ケルティックな音世界に、ピアノやフルートが乗せられた、独特の世界観を持つ。アイルランド系ミュージシャンのMicheal O Domhnaillが率いる〈Windham Hill〉を代表するバンドのひとつである。3枚目の本作は邦題『世も果てて』とあり、その愁いが魅力的だ。個人的には、"Huge"という曲が特に心に沁みる。彼らの音楽は、アニメやゲーム等の日本のサブカルチャーにもしっかりと受け継がれ、90年代に活躍したシンガーソングライター、遊佐未森の『水色』、『roka』といった作品にも参加をするが、03年に本バンドは解散した。　　　　　　　　　　　　　　　　　　　　　（C）

Philippe Saisse
Valerian

1988（Windham Hill）

伊東たけし、日野皓正、Al Jarreau、Chaka Khan等々80年代フュージョンやブラコンにおいてシンセ・ベース演奏、打ち込みのエキスパートとして貢献したフランスの才人。ソロ名義1stは〈Windham Hill〉からのリリース。タイトル『Valerian』はカノコソウの意。格子状の打ち込みドラムにマイルス門下生としておなじみDon Aliasが控えめながらカラフルなパーカッションで彩りを加えている。全編通してピアノとシンセのユニゾン、シンセ・パンフルート、フレットレス・ベースの響きが美しい。日本盤ライナーを担当しているのは角松敏生。　　　　　　　　　　　　　　　　　　（ブギ）

Steve Roach
Dreamtime Return

1988（Fortuna Records）

Nik Pascalの機材を譲り受け（？）モトクロス・レーサーから音楽家へと転身し、グラミー賞にもノミネートされるほどのニューエイジ・ミュージックの巨匠となったSteve Roach。豪州の奥地を探検したことから、先住民族の物語にインスパイアされ、ドゥンベックやディジュリドゥといったアボリジニの楽器も交えて制作。荒涼とした壮大な大地を一歩一歩踏みしめるドラム・セクションに乗せ、自然音にも似た効果音や瞑想的なシンセ・サウンドが交差。Florian Frickeの自然観やジョン・ハッセルの「第4世界」観にも通じる傑作。Robert Richもドラムで参加。　　　　　　（門）

1988（Utopia）

Vangelis Katsoulis
The Slipping Beauty

レーベルから初期のレア音源や未発表音源などを収録した単独の再発編集盤がリリースされるなど、ギリシャのシーンを語る上で外せない電子音楽家。『眠れる森の美女』をもじったタイトル『The Slipping Beauty』は、音楽家のもとに突然舞い降りては消え去ってしまうインスピレーション＝自然の持つ美しさをイメージして名付けられた。Steve ReichやKlaus Schulzeといったミニマル〜現代音楽と、DJ Harveyが扱うようなバレアリック、さらには日本の伝統楽器やガムラン的リズムなどが掛け合わされた、カルトと呼ぶにふさわしい内容に仕上がっている。　　　　　　　　　　　　（今）

1988（Not On Label）

Vasco Martins
Universo Da Ilha

いまだに現役で活動するカーボベルデの作曲家／ピアニスト／ギタリスト／詩人であるVasco Martinsによる86年作。同国の国営ラジオのスタジオで録音され、小さな島で暮らした孤独からマジック・リアリズムをコンセプトとしている。グリオやジャンベのリズム、カーボベルデの現地音楽であるモルナを底流に、ライヒイズムの息づくミニマル・シンセによる、瞑想的なニューエイジ・サウンドにただただ溶けるが、不器用そうなスペイン語の歌声もなかなかにいい味を出している。辺境地域の作品とはとても思えない、正統派なニューエイジの傑作。　　　　　　　　（門）

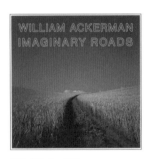

1988（Windham Hill）

William Ackerman
Imaginary Roads

George WinstonやLiz Storyなど、80年代から現在に至るまでニューエイジ・ミュージックが普及するきっかけとなったアーティストが所属したレーベル〈Windham Hill〉。その創始者がWilliam Ackermanだ。彼はJohn Faheyを中心に起こったアメリカン・プリミティヴ派に影響を受けたギタリストでもあり、多数の作品を残しているが、87年に発表した今作もまたニューエイジを語る上で欠かせない名盤として存在し続けている。彼が叙情的に紡ぐギターの調べはまさに豊潤であり、聴いているうちに身体の力も抜け、心の底から癒されてゆく。　　　　　　　　　　　　（の）

1988（Ιουλιανός）

Γιώργος Θεοδωράκης
Σήμα

AkisやGeorge Theodorakisをはじめとしたギリシャのオブスキュアな電子音楽の数々を発掘してきた同国拠点の注目レーベル〈Into The Light〉にて編集盤が組まれている同国の著名作曲家、Mikis Theodorakisの息子に当たるGeorge Theodorakis（Γεώργιος Θεοδωράκης）による88年2nd。ゲストを交えたプログレ／オペラ風のヴォーカルをフィーチャーしたA面は暑苦しくて心高まる。アブストラクトなミニマル・クラシカルを披露したB面は対照的にクールだ。神々の集う国ギリシャらしい気品と神々しさが威風を放っている。　　　　　　　　　　　　（門）

40

1989（EPIC）

Andre Gagnon
Résonance（風の道）

ある世代にはフジテレビ系ドラマ『Age,35 恋しくて』OST担当としておなじみカナダ出身、後のリチャード・クレイダーマン的な（比べるとかなり翳りがありますが）ピアニストの2ndアルバム。作風から自我を感じることは非常に困難であり一部の曲名に至っては日本人スタッフが考えたとのこと。"風車のように"でのピアノ、エレピ、シンセパッドの細かい絡み合いが聴きどころ。"昼下がり"での存在感のある女性コーラスも素晴らしい。ちなみにライブではなぜかファンキーなギター、ベース、ラテン・パーカッションを入れるという謎の一面も。 （ブギ）

1989（Nu Vision Records）

Attilio
Art Takes A Holiday

ポートランドのかなりマイナーなプログレ／サイケ・バンド、Sansの2ndにも参加しているシンセ奏者、Attilioが89年にCDとカセットで発表した知られざる作品。19年にジャケットを新装してようやくLP化に至った。Attilioは13歳の頃からバンドで演奏してきたそうで　地元の音楽雑誌である「The Downtowner」の制作、執筆も手がけていたようだ。本作はもともと自宅警備システム会社の宣伝映画のOSTとして制作された。第4世界～スムース・ジャズな気品を香らせながら、トロ甘エキゾ・シンセ・ニューエイジを展開。深まる夏に聴きたい1枚だ。 （門）

1989（Etherean Music）

Dik Darnell
Following The Circle

ヨガ・スクールでかけるには雄叫びが邪魔かもしれないが、どんな場面でも聴いてしまえます、落ち着きますと言う輩も当然いるだろう。抒情的なシンセに心臓のドラム、それとガラガラ。あまりにシンフォニックで本気過ぎる儀式の音楽だが、もしもマッサージの施術で使われたなら、落ちまくる雷鳴が良い具合にツボを押し、リラックス、あるいは陶酔させるかもしれない。「ニューエイジ」と一口にいっても、ある人にとってそれは赤ちゃんが泣き止むものだったり、ストレスでかき乱された感情を沈めて落ち着くためのものだったりと様々だ。 （B）

1989（Violet Glass Oracle Tapes）

Pier Luigi Andreoni, Francesco Paladino
Aeolyca

イタリアの前衛的ニューウェイヴ・バンドのA.T.R.O.X.やLa Patona、そして、The Doubling RidersのメンバーであったPier Luigi AndreoniとFrancesco Paladinoという、かねてよりの盟友同士が仕掛けた共作。イタリア・ピアチェンツァにあるスタジオで、オリジナルはカセットで発表。エオリアン・ハープ（風を浴びることで音を生み出す楽器）を用いて録音されたことも特筆される。Harry Bertoiaの音響彫刻を思い起こさせる、鋭利で冷ややかなサウンドを育みながらも、スパイスのようにオーガニックな香りも漂っていて独特の味わいだ。 （門）

1989（Victor）

Richard Clayderman
Zodiacal Symphony

ミスター・イージーリスニングが12星座をテーマにしたアルバムということでそれぞれの星座に12の調号を当てはめるのかと思いきや双子座、乙女座、天秤座、蠍座がニ短調。水瓶座、牡羊座、獅子座がイ短調というズッコケな構成。作曲はOlivier Toussaint、Paul de Senneville、Jean Baudlot。編曲はBruno Riberaで、フランス・イージーリスニング界オールスター勢揃い。主役のピアノを弦楽四重奏と右チャンネルのライドシンバルがそっと支える"蟹座"の東海テレビ・昼ドラ的な湿度の高さはクセになる。全体的にドラムの録音が綺麗。　　　　　　　　　　　　　　　　　　　　（ブギ）

1989（EMERALD GREEN）

Rusty Crutcher
Machu Picchu Impressions

ニューエイジは基本的に海へ行きがちですが珍しく山へと、しかもマチュピチュへと向かったテナー・サックス奏者、Rusty Crutcherの1stアルバム。しかし本作ではサックスをほとんど披露せず主にシンセ・パンフルートがメロディをとる。"Nature Segue"という曲が4曲収録されているが、そのうち3曲は主に鳥の鳴き声SE。残り1曲は水音SEと野生動物が唸るように鳴り続けるD音のベースが不気味だが心地よい。この後Rusty Crutcherは海へと向かい、壮大なチャントものからムーディーなラテン・スムース・ジャズへ音楽性を移行。　　　　　　　　　　　　　　（ブギ）

1989（BMG）

Uakti
Mapa

南米の伝説に由来するというグループ名を持つUaktiは、独自のデザインの楽器を考案し、ミニマルからメロディック、アヴァンに至る広範囲の音楽を演奏する、熱帯雨林の哲学と音に対する穏やかなアプローチを探求するために集まった4人のブラジル人。彼らの、クジラの音ではなく、実際に聴くことができる「ニューエイジ」は、エスニックのコーナーに置くだけではもったいない。食べたり、くつろいだり、仕事をしたり、眠りながらも聴くことができる。没入させ、瞑想するためのものではない、音楽の組み合わせの可能性とその無性格さ。　　　　　　　　　　　　　（B）

1989（Som Da Gente）

Ulisses Rocha
Casamata

リオデジャネイロ生まれのギタリストによる89年ソロ・アルバム。ジャケから感じるニューエイジのいい香り。ガット・ギターをリードとしたテクニック系ニューエイジの知る人ぞ知る名盤であったが、近年徐々に知名度を上げている。ジャズやフラメンコとニューエイジを合体させたような大変美しいアルバムであり、全曲素晴らしく甲乙つけがたい、まずはアルバムのラストを飾る"De Repente, Lembrei De Voce"を聴いて癒やしの昇天を感じてほしい。余談であるが、この〈Som Da Gente〉というレーベルは傑作の宝庫である。　　　　　　　　　　　　　　　　　　　　　　（Y）

1989（Higher Octave Music）

William Aura
World Keeps Turning

60年代後期にロックからキャリアをスタートさせ80年代にニューエイジへと舵を切りようやく成功を掴んだ苦労人のマルチ奏者。トーキング・ヘッズ的な疑似アフリカ感に満ちた"You Feel So Good"、ジャズ・ミュージシャン時代からモードの中にニューエイジ性を潜ませていたフルート／サックス奏者のPaul Horn参加曲"Behind This Smile"等々非常にバラエティに富んだ内容。全編にわたりRoland-D50の"アノ"音が大活躍。発売元の〈Higher Octave Music〉はかつてLAに存在したニューエイジとワールド・ミュージックを行き来するレーベル。　　　　　　　　　　　（ブギ）

1990（Music Box International）

Akis
Into the Light

ギリシャの電子音楽を中心にリリースを行っている〈Into the Light Records〉から出ていた名作コンピ『Into The Light』にも取り上げられ、同レーベルより彼単独の編集盤が17年にリリースされる等、近年の再評価が著しいアテネのコンポーザー、Akis Daoutisの90年作。Iannis XenakisのUPICを用いた、ダークな雰囲気を持つ映画サウンドトラックの制作でも知られる彼だが、今作はタイトルの通り、漏れ出る光に包まれるような、生暖かくスムースなジャズ／フュージョン。甘いメロディもクサくなり過ぎずに霧散する絶妙なバランス感覚。　　　　　　　　　　　　　　　　（今）

1990（Grabaciones Accidentales）

Circulo De Viena
El Juego De Los Espejos

スペインのオブスキュア・レーベル〈Grabaciones Accidentales〉からリリースされた、Círculo De Vienaの第1作。Atariにあらかじめプログラムされた機械的に繰り返されるフレーズと、ピアノ奏者のPedro Susinを中心にしたアンサンブルの人間による鍵盤演奏が競演するミニマル室内楽集。使用された楽器が、E-MUや、Roland等の楽器メーカーのアナログ〜デジタル移行期のシンセサイザーであることも、楽曲が有機的にも無機的にもとれる絶妙なバランス感を作り出しており、またメロディの豊富さが子供でも楽しめる良質なポップさを保っている。　　　　　　　　　　（e）

1990（Hyades Arts）

Iury Lech
Musica Para el Fin de Los Cantos

ウクライナをルーツに持つ作曲家／映像作家／ライターであり、70年代中盤から80年代にかけてスペインの前衛音楽シーンをリードしていたIury Lechがプライベート・スタジオで録音した90年作。Discodromo主宰のゲイ・パーティー〈CockTail d'Amore Music〉より17年に再発。静穏としたミニマリズムとあたたかな気品を宿した天上系シンセスケープを軸にイマジナリーな美しさを大いに披露。同郷のマドリッド音響派から、Suzanne Kraft & Jonny Nashに通じるバレアリック〜コンテンポラリーな現代的サウンド・ヴィジョンまでも射程内に収めた画期的な1作。　　　　　　　　　（門）

1990（PRIVATE RECORDS）

John Tesh
Tour De France - The Early Years

CBSのコメンテーターとミュージシャンを両立する非常に珍しい経歴を持つキーボード奏者。音楽的にもニューエイジとファンクを両立させる器用さを持っている。時代的にメイン機材はシンクラヴィア。両方の職業を上手く活かしてスポーツ報道素材を切り貼りしたインタールード"Noovo Groovo Montage"から、NJS的な激しいリズムの跳ねとアルト・サックス、歪んだギターが絡み合う"Noovo Groovo"への流れが素晴らしいです。ツール・ド・フランスをお題にした音楽としてKraftwerkに決して引けを取らないと言っても過言ではない。　　　　　　　　　　　　（ブギ）

1990（NO-CD Rekords）

Suso Saiz & Jorge Reyes
Cronica De Castas

80年代から90年代にかけて無二の興隆を見た先進的霊性音楽ムーブメント「マドリッド音響派」を代表するギタリストであり、同国の映画やテレビ番組などのサントラも手がけてきたスペインのニューエイジのパイオニア、Suso Sáizと、Francisco LópezやSteve Roachともコラボしているメキシコのアンビエント・ミュージックの大物、Jorge Reyesの90年共作。エスノの匂いの民族楽器を多数使用し、トライバルな色調をたっぷりと漂わせながら、妖しい香りの充満したシャーマニックなアンビエント／ニューエイジ・サウンドを披露した傑作。国内盤も出ている。　　　　（門）

1991（União Lisboa）

Carlos Maria Trindade & Nuno Canavarro
Mr. Wollogallu

Jim O'rourkeのレーベル〈Moikai〉より98年に再発されたエレクトロニカ／音響派の先駆的傑作『PLUX QUBA』も人気なポルトガルの作曲家、Nuno Canavarroと、同国の音楽家、Carlos Maria Trindadeのコンビが残したアンビエント・ミニマルの歴史的名作。オリジナルは高額盤として知られるが、18年に初のLP再発がなされ、日本盤CDも流通している。地中海世界へと息づくフォークロアやエスノ・サウンドをバックボーンに、Penguin Cafe Orchestra風の室内楽／ミニマリズムから第4世界までも横断。終始、この世からハミ出た美しさへと心打たれっぱなしですよ。　　　　　　　（門）

1991（WEA）

Enya
Shepherd Moons

前作『Watermark』の成功を受けて機材周りを新調し完成までに3年もの時間をかけたという労作。セールス上のプレッシャーをものともせず米ビルボード・アルバム・チャート計238週チャート・インという快挙を達成した。バロック風シーケンスが特徴的なワルツ"Caribbean Blue"は現在も非常に人気の高い曲。アルバム全体が静かに進む中、突如キックが入るインタールード"Ebudæ"には驚かされる。ニューエイジの金字塔であると同時にゲートリバーブとオケヒによる享楽的でダンサブルな80年代にトドメを刺したアルバムでもある。　　　　　　　　　　　　　（ブギ）

1991（Virgin）

Éric Serra
ATLANTIS OST

『Le Grand Bleu』の成功を受けて引き続き Luc Besson とのタッグ。シンセ、ギター、ベース、ドラムとマルチな（スネーク・フルートまで自身で演奏！）Eric Serra のひとり多重録音パート、ロンドン・フィルハーモニー管弦楽団をメインとしたオーケストラ・パートが1枚の中に自然に同居しています。録音はかのアビーロード・スタジオ。"IGUANA DANCE"のコーラスがビートルズ的。電子音と生音、両方からのニューエイジをここで極めた思いがあったのか本作以降の『LEON』、『The Fifth Element』OST では毒々しい都市のリズムを組む路線へ。　　　　　　　　　　　　　　　　　　（ブギ）

1991（Rykodisc）

Mickey Hart
Planet Drum

元 Grateful Dead のドラマーが Airto Moreira、Flora Purim（ブラジル）、Zakir Hussain（インド）、Sikiru Adepoju、Babatunde Olatunji（ナイジェリア）まで幅広く招聘し、北半球／南半球の音楽をほとんど力技で融合させた意欲作。見事91年のグラミーで"Best World Music Album"を受賞。隙間なく鳴り響くシャーマニックな打楽器群の響きからデッドを連想することは非情に困難。上モノという概念はなくメロディックなシーケンスは最小限ながらも聴き手を飽きさせない内容。録音にこだわりがあるようでライナーには使用マイクの表記も。　　　　　　　　　　　　　　　　　　（ブギ）

1991（Мелодия）

Василий Шумов
Время три

ソ連唯一にして最大のレーベルである〈Melodiya〉の実験音楽部門〈Lava Productions〉より、ロシア系アメリカ人の実験音楽家／マルチ・メディア・アーティスト／短編映画監督である Vasiliy Shumov が90年に発表した 2nd。英題は『Time Three』となっている。Shumov は、ニューウェイヴ、電子音楽、アヴァンギャルドといったジャンルを横断し大いに音楽を生み出した名作家。ギターやキーボード、コンピューターによるサウンドを織り交ぜつつ、渋みの効いたヴォーカル、ミニマルシンセとニューエイジの境目で漂う清涼な電子音が異次元的音響を生み出す。　　　　　　　（門）

1992（Rykodisc）

Airto Moreira
The Other Side Of This

アルバム冒頭3方向からのホーミー、そこに乗るチャントの全体をクールダウンさせる鈴の音。重なり合うそれらの残響からブラジルを連想することは不可能な領域に。これぞニューエイジな名曲"Healing Sounds"の穏やかな水音 SE と自由なスキャットが心地よい。ストンピングと神楽笛が合わさったような"Hey Ya"では贅沢なことに喜太郎が声のみで参加。クレジットもズバリ「stomping,vocals」。Airto 自身によるライナーで使われる「spiritual」という単語を落合寿和が「霊界」と訳していることに95年の地獄を見る以前のおおらかさがある。　　　　　　　　　　（ブギ）

1992 (Hic Sunt Leones)

Alio Die
Under an Holy Ritual

89年から現役で活動し、数多くの作品をリリースし続けるイタリア出身のAlio Dieが国際的な評価を得るに至った3rdアルバム。本アルバムは周波数帯域広めの電子的なドローンが基軸になっていながら楽曲に占めるパーカッションや動物の鳴き声等のフィールド・レコーディングの配分も大きく、アルバムのタイトル通り儀式的なムードが漂っている。儀式的と一口にいっても非実在民族のフェイク録音物といったコンセプトというよりは、高尚な神秘性と優秀な音響設計による幽玄な世界がしっかり構築されており聴き応え十分な作品となっている。　　　　　　　　　　（関）

1992 (Lynx Records)

Lino Capra Vaccina
L'Attesa

前衛的民族音楽集団、Aktualaにも参加しているイタリアの打楽器奏者。同氏は、音楽によってある種のユートピアを築くために「音の起源」を求め、古今東西の宗教や音楽の霊性を混淆させた。彼の処女作『Antico Adagio』は、奇しくもジョン・ハッセルのデビュー作と同じ78年発表。この偶然の一致について本人に話をうかがったこともあるが、やはりハッセルの「第4世界」については親和性を感じているという。超常的な美しさを軽々と弾き出しまくり、冥界へと誘う異能エスノ・アンビエント "Radiofonic Song" "Le Son De La Musique" 辺りで確実に昇天。　　　　　　　　　（門）

1992 (Eldorado)

Priscilla Ermel
Campo De Sonhos

ブラジルの知られざる電子音楽の数々を世界へと提示した〈Music From Memory〉発の名コンピ『Outro Tempo』第1弾にも収録され、マニアの間で注目を集めるサンパウロ出身の女性ギタリスト／マルチ奏者／人類学者のPriscilla Ermel（プリシラ・エルメル）による92年作。ブラジルに息づくフォークロアをニューエイジへと仕立てた傑作。カリンバやビリンバウ、オカリナといったオーガニックな楽器によって幻想的な世界観を描き出す。まるで、黄泉還りの景色でも眺めているかのような冒頭曲 "Campo de Sonhos" からも神々しさがあふれている。　　　　　　　　　　　（門）

1992 (Celestial Court)

Sha'aban Yahya
Return To Jogja

直訳すると「ジョグジャに帰る」というアルバムタイトルだが、ジョグジャとはインドネシアの首都であったジョグジャカルタの略称。インドネシアの伝統音楽ガムランが、コンピューターによって電子化し、打込みで演奏される（ほぼMIDIに変換しただけのような）Sonic Arts UnionのDavid Behrmanと、チープなダンスホールが出会ったような奇妙な内容。まったく歌はないが、ジョグジャでの恋人との愛をテーマにした本作は、当時インドネシアでベストセラーになったというだけあって、マイナーな曲調ながら非常に聴きやすいニューエイジ・ラブソング。　　　　　　　　　（e）

1992（NEC Avenue）

Susan Osbone
WABI

オオカミとニューエイジの権威、Paul Winter『Common Ground』での客演からキャリアをスタートさせた、教会音楽や聖歌隊をルーツに持つヴォーカリストの日本唱歌集。89年以降〈NECアベニュー〉から『阿騎野 Mind Of Genesis』他、傑作を連発していた時期の東洋高は本作で"荒城の月"、"浜辺の歌"をシンセ・ベースが際立つ見事なニューエイジ仕様に。元M.I.Dのモンチ田中は"さくらさくら"をグラウンド・ビート仕様に。湯川れい子はライナーで「グローバル・ヒーリング」なる謎の概念を提唱。ちなみに本作は98年に〈ポニー・キャニオン〉から再発。 （ブギ）

1993（GRP）

Acoustic Alchemy
The New Edge

90年代〈GRP〉を代表する生ギター・デュオ。鉄弦とナイロン弦による低体温なアンサンブル。おそらくはカバサによる水音を模したSEから始まり、ギターのソロからチェロのソロへと穏やかに時間が流れて行くニューエイジ・ワルツ"Oceans Apart"は傑作。Dan Tomlinsonの粒立ちがとても綺麗な5拍子ドラムが冴える"Cool as a rule"も名曲。オリジナル盤のジャケットはパンクバンドのような画素の粗い白黒ポートレイトだが、日本盤では殺菌消毒されたリゾート風景のイラストに差し換え（本作の他に過去6作品のジャケットも差し換え）。 （ブギ）

1993（Anter）

Awankana
Earth's Call（El llamada de la tierra）

チリのフォーク・バンドであるCongregaciónのリーダー、Antonio Smithは73年の軍事クーデター、俗にいう「チリの9.11」を機にアルゼンチンへ亡命。そこで2枚のソロ作をリリース。いずれも神秘への探求の過程で生み落とされた美しい音楽だ。80年代になるとAwankana名義でニューエイジ作品を大量に制作。インスト中心の本プロジェクトの中でも本作は久しぶりにAntonioの歌も聴ける曲もあり嬉しいが、さらに一線を越えて涅槃の領域にまで達したかのようなキラキラな音が響く瞬間も現れ感動。本作含む5作のみドイツ〈Wergo〉からもリリース。 （ブ）

1993（Médiana Orchestra）

Thierry Morati
OCEANE

80年〜90年代の間にヒーリング用のアルバムを制作しているMoratiのこの作品は、快眠を謳っている他の音楽よりもウトウト眠くなること間違いなし。自宅にビーズ・クッションを置いて横になり、スピーカーから流せばそこはもうヒーリングルームだし、オーガニックなふりをした人工的に作られた音色が引き延ばされ張りつけられた、のっぺりとした音のカーテンで安眠を誘おうとするのではない、機材が頑張ってない安い音の濃度がちょうどよい。本物のヒーリングは癒されたことに気づかない、なんて言うとちょっと言い過ぎだろうか。 （B）

1993（Aguirre Records）

Tim Robertson
Outer Planetary Church Music

スペインの知られざる作家、Tim Robertsonによる93年作。ニジェールル、エチオピアを旅したことで、その後の彼自身の宗教観が確固としたものとなり、使命感を持って地元バルセロナへと戻ると、「土星と海王星に建てられた未来の教会の音」をコンセプトに、数時間にわたる演奏をテープに録音した。しかし、彼は両親に託した2本を残してすべて破壊してしまった。そのカセットが再発されるには実に22年もの歳月を待つこととなる。とろみのある流麗なアンビエンスが心地よく、聴く人すべてを静穏な世界へと導く瞑想アンビエント。まさに表題通り「外宇宙の教会音楽」。　　　　　　（門）

1994（Anter）

Awankana
Musica Del Silencio

34枚のニューエイジ作をリリースしたAwankanaことAntonio Smith。どの作品もシンセとアコースティック楽器を織り交ぜた作風だが、本作は特にAntonioの様々な弦楽器コレクションの音が多く聴ける非常に素晴らしい1枚。フォーク作を作っていた頃から一貫して音に対する感覚が鋭く、瞬間瞬間に必要な音や栄える音のチョイスは大正解の連続でその感性には相変わらず舌を巻く。本作はAwankanaの中期頃の作品で、90年代後半になるとジャズ・ロックやトランスなど他ジャンルの作風も試し始めて、後のSenchiプロジェクトの萌芽が感じられる。　　　　　　　　　　　（ブ）

1994（Postcards）

Paul Bley
Synth Thesis

Paul Bleyが、20年ぶりにシンセサイザーを用いた90年代のソロ作。右手と左手でそれぞれピアノとシンセサイザーを即興的に弾くことで、それぞれの楽器が伴奏になり、対位法的に聴こえつつ、入れ子式に展開していく。後半ではシンセサイザーの音がほとんど調性感がない物音のようになり、中学生が作った音楽のようになっていく。作曲と演奏を同時におこなうことをセオリーにし、〈ECM〉作では世界一スローなピアニストといわれ、時には世界一素早いピアニストともいわれた、二面性ある彼特有のバランス感あるプレイを聴くことができる名（迷）作。　　　　　　　（e）

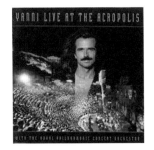

1994（PRIVATE MUSIC）

YANNI
Live at the Acropolis

19年現在もYANNIというキャラクターを全うし続けるニューエイジ界の巨匠の代表作。自身は門字型にシンセサイザーを囲んで武装。周りのオーケストラ団員たちに華を持たせる……けれども最後に目立つのは自分という図式は93年時点で完成されている。シーケンスと生演奏同期の理想型といえる演奏で、大舞台ながら二胡の響きをチェロで再現するといった擬似的なアジア～ヨーロッパ間を行き来する遊び心も満載。18年には"ライブ盤の"発売25周年記念としてTシャツやマグカップを販売するというたくましさを見せつけてくれた。　　　　　　　　　　　（ブギ）

1995 (Virgin)

ADIEMUS
Songs Of Sanctuary

プログレ出身者がニューエイジへ舵を切るパターンの代表例。70
年代はSoft Machineで活躍したキーボード奏者のKarl Jenkinsによる
プロジェクト。アルバム全編で女性コーラスが効果的に響いてい
る。そしてこの頃のロンドン・フィルはニューエイジへの貢献度
が高い。クラシカルな路線と疑似アフリカ的な6/8路線を掛け合わ
せた"TINTINNABULUM - 希望の鐘"は11分を超える壮大な曲。デ
ルタ航空のCM音楽を担当しているAdiemusだが本作の日本盤、フ
ランス盤には海とイルカの写真が。17年にはソロ名義で『Symphonic
Adiemus』を発表。 (ブギ)

1995 (Silent)

Heavenly Music Corporation
Lunar Phase

潮の干満と月の運行を組み合わせた「タイドテーブル」を基本とし
て、24時間高音質な環境音を絶え間なく放送していた日本衛星デ
ジタル音楽放送の伝説、「St. Giga」用（大赤字で終了）に制作された
95年ニューエイジ超傑作。電子音楽家、Kim Casconeが別名義で制
作していたもので、基本的にアンビエントやニューエイジといっ
た音楽性だが、ラジオ用の音質、また環境音という目的を重視し
ているせいもあってか、オブジェクトレスで形容しがたい内容。
採算度外視でこのような試みが、日本で鳴り響いていたことが誇
りにさえ思える大傑作。 (門)

1995 (Brain-Food-Music)

JIP
Dream Child

前作での仰々しいシンセを控えめに、ビートを排し、無駄を排し
た3rd。一聴するとデモテープのように聴こえるほど掴みどころの
ない本作は、調和のとれた環として存在しているかのように親し
みがあるのに記憶に定着しづらい。環境に働きかけるのではなく、
人間の内面に情緒を呼び起こすものでもない。それでいてエモー
ショナルな熱を帯びている。コンピューター上で仮想される夢や
愛の具現化。自分がレプリカントだと気づいていない。燃える夕
焼けをCPUが見ている。森が泣いている（気がする）。 (B)

1995 (Brain-Food-Music)

Klaus Buntrock
Pacific Moods

一緒くたにされることも多いが、アンビエント＝「環境や無意識に
働きかけるもの」、ニューエイジ＝「意識に働きかけ薬効的な効果
を身心に与えるよう配慮されたもの」と、大雑把な分類だが、2つ
は同じものではないのではないか、と考えてみる。ただもう、イー
ノ自身のアンビエントの定義とシリーズの内容が一致していない
ので、だから何なんだという話だが…。とはいえ「人それぞれ」と
いう言葉に回収されてしまうのも違うかということで、この書籍
なわけですね（？？？？）。"Seewolke"はミニマルで美麗。タイム感
が素晴らしい。 (B)

49

世界のニューエイジ (1975 ～ 2009)

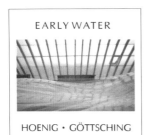

1995 (Musique Intemporelle)

Manuel Göttsching & Michael Hoenig
Early Water

PCゲームの「バルダーズ・ゲート」シリーズや映画『The Blob』の劇伴や78年の名盤『Departure from the Northern Wasteland』で知られる映画音楽作家の Michael Hoenig と、クラウト・ロック界の巨匠でギタリストの Manuel Göttsching による、水を主体にしたジャケ写も美しい97年コラボ作。本作は48分のミニマル"Early Water"1曲から成る。根底に鳴動するベルリン・スタイルのシーケンス・パターンにファルフィッサ・オルガンやARPシンセ等が色を添える。特に Manuel Göttsching のギター・サウンドが曲にいいオーガニック感をもたらしている。　　　　　　　　　　　　　　　（ダ）

1995 (Brain-Food-Music)

Tamas Lab
Visions Of Space & Time

松任谷由実の『DAWN PURPLE』のジャケットで知られるシンクロ・エナジャイザーで使用できる AudioStrobe 対応 mp3 を、自身の HP で販売している商才逞しいニューエイジャー。光と音により脳内の特定の部位に α 波を起こすことができるというマシーンの現代版である KASINA では SpectraStrobe 形式にも対応。つまり6個の光制御信号でゴーグルの左右両方の赤、緑、青の3種類の LED を個別に制御することができるという。Waooooooooo! 3曲目のホラー映画でよく使われる悪魔的な囁きにも聴こえる音はやや怖い。いったい何を考えているんだ。　　　　　　　　　　　（B）

1996 (Brain-Food-Music)

Kevin Derring
Haiku

しょっぱなから「閑さや岩にしみ入る蝉の声〜」と、日本語で松尾芭蕉の俳句が男性によって朗読されるのでずっこけながら聴き進めていくと、その後の曲でも「ふっ、ふ、ふ、古池や〜」とボイス・サンプルがしつこく刻まれたり、「蛙〜蛙〜蛙〜ず〜」とショート・ディレイがかけられたりして、侘も寂もどこかへ行ってしまい、ワサビを舐めながら「雅ですねぇ」と言っているようである。最後は Kraftwerk を思わせる展開で幕を閉じる。シンセの音色の見本市のようでもあるがけっこう笑える（楽しめる）。他に『Gomen Kusasai』という作品も。　　　　　　　　　　　　　　（B）

1996 (Sony)

楊興新
日本海

中国から日本へ渡り、波乱に見舞われながらも二胡奏法の改革やリスナーの裾野を広げた功労者の 2nd アルバム。カントリー調に生まれ変わったディニーク"ひばり"、うっすらレゲエのリズムを取り入れた四川民謡"康定情歌"、琵琶を効果的に使用した加藤登紀子"旅人"カヴァー、そしてダンサブルなパーカッション、ピアノ、シンセパッドの中で鳥の鳴き声を二胡で模すという13分を超えるオリジナル曲"日本海"は圧巻の構成。当時センチメンタル・シティ・ロマンスのメンバーだった告井延隆はギターとベースで、現センチの細井豊は各種鍵盤で参加。　　　　　　　　　（ブギ）

1997（Exotica）

K.U. Street Spring
Soft

紙にザッとペンで描く。ぐるぐるOK。天上天下唯我独尊！でもそれから何年も経って気になって、カオスに目と鼻を付けようったって、それは人間の勝手だ。けれどだいたいにおいてそのままにしておいたほうが残念な結果で終わらない。露で、ノイズの靄のヴォリュームを下げてみれば、海、息、アンデスの仮装、独特の浮遊感が、とりとめのない夢のようなアンビエント・サイケに。律儀に別れの挨拶が05年『Forgive - farewell』、10年『P.S.』。タイトルだけでちょっと悲しくなる。ウェブには以前見かけた日本語の記事はない。ちょっと今から行ってきます！ 　　　　　　　　　（B）

1998（Melopea Discos）

Mono Fontana
Ciruelo

70年代よりキャリアをスタート、19年現在も活躍を続けるアルゼンチン・ブエノスアイレス出身のキーボーディスト、Mono Fontanaが98年に発表したソロ・ファースト・アルバム。脇を固める陣容は、パーカッションにSantiago Vazquez（Puente Celeste）、チェロにMartin Iannaccone。同国内外、世代を問わず多数のミュージシャンから敬意と称賛を得る、まさにマエストロと呼ぶにふさわしい氏がリードするかくも雄弁な演奏と、環境音から世界各地の民族音楽まで種々様々な音の断片の対話は、森羅万象をつなぎ合わせ、祝福する美しき調べ。 　　　　　　　　　（K）

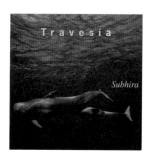

1999（Mundovivo）

Subhira
Travesia

軍事クーデターによるピノチェト政権もこの時代には終わり、チリにも風通しのよい時代が来ていたと思われるが、祖国のアイデンティティについて問われる事件の記憶がまだ風化していない時代である。こういったニューエイジ、アンビエントの作品でも自国の民間伝承音楽の要素が垣間見えるのは個人の趣向というより歴史的なバックグランドが環境としてアーティストたちにも影響しているのだろう。ジャケの通り深い海の色彩を帯びた、ピアノを主体にしたアンビエント作だが、フォルクローレの香りが欧米等では生まれ得ない響きを演出している。 　　　　（ブ）

1999（ESPRITα）

キム・シン
久遠の宇宙

「音楽で地球を包みたい」という人知を越えた野望を持つシンセサイザー奏者の「地球を抱きしめる」（帯より）2ndアルバム。最先端DTM環境を追うわけではなく「シンセサイザー奏者」なのでKORG T2を長く愛用。宇宙飛行士の若田光一と親交が深く00年に打ち上げられたスペースシャトル（おそらくディスカバリー）の中には本作が持ち込まれ、さらに10年にはNASAから宇宙飛行証明書を贈呈されることに。音楽的には重力に逆らわず調性感がハッキリしているという矛盾も楽しみたいアルバム。残響の長いウィンドチャイムが心地よい"星空"は必聴。 　　　　（ブギ）

2000（No Label）

Panussis
Musica Universal（Chile 2000）

チリのフォーク・ロック・バンド、Los Sacros のメンバーであった Panussis は73年のバンドのLP制作後（倉庫がクーデターで破壊されたため当時リリースは叶わず）はMiel等のバンドを経て、00年にニューエイジに傾倒したソロ作を制作。もともと神秘主義を題材にしていた Sacros のメンバーだけあってこの音楽性の推移は自然だ。Sacros 時代から一貫して12弦エレキをプレイしており、本作もリンリンときらめく12弦の響きをメインに、ジャケのイメージ通り天空世界を描写する。深みのない打ちこみのリズムの軽快さも浮遊感を手伝い、功を奏している。　　　　　　　（ブ）

2002（2062）

William Basinski
The Disintegration Loops

古いテープを整理していたときに起こったという9.11。そのとき、咄嗟に自宅のベランダからビデオカメラで定点撮影したという、噴煙を上げながら崩壊してゆくエンパイアステートビル。この永遠に忘れられない事件に捧げられた、徐々に崩壊してゆく美しい旋律のループ。ゼロ年代を代表する作品といえる。本作に対しては様々な意見があることは承知しているが、ただひとつ、このサウンドが素晴らしいということだけは強く言っておきたい。個人的にも聴き続けている名作。人生もまた「徐々に崩壊してゆくループ」なのではないだろうか。　　　　　　　　（Y）

2003（Viajero Inmovil Records）

Julio Presas
Amaneciendo En La Cruz Del Sur

尋常じゃない情報量を1枚のLPに詰め込んだ圧倒的ロック名盤を残したバンド、Materia Gris のメンバーであった Julio。後に作曲家／プロデューサーとして活動していくが、78年頃の録音で未発表であった唯一のソロ作を03年に発掘リリース。ギタリストがシンセを手にしてインスト・アルバムを作る、というのは当時の典型のひとつであるが、流石あの Materia Gris のメンバーだけあって音の組み立て方のクオリティにおいては他と一線を画す。ニューエイジらしく音のスピードはゆったりだが、音と音の関係性を大切にした構築美は以前と変わらない。　　　　　（ブ）

2007（Staubgold）

Alejandro Franov
Khali

アルゼンチン音響派として知られる Alejandoro Franov の代表作。Terry Riley 的なアプローチによるキーボードのサイケデリックな曲からポップな打ち込みまで手がける Franov であるが、本作では各国の民族楽器を自身で多重録音する手法を用い、有機的な音像を構築している。一聴するとシタールの響きからインド的な雰囲気を感じ取れるが、アフリカの親指ピアノやパラグアイのハープの音色によって気づけば国境は消失する、Franov 流第4世界サウンドとなっている。勝井祐二氏によると Franov はマテ茶と八角のような味のグミを常に持ち歩いていたとのこと。　　　（関）

2007 （Sounds True）

Lou Reed
Hudson River Meditations

Velvet Undergroundで知られる稀代の詩人、Lou Reedが個人名義で最後にリリースしたのはアンビエントだった。もともと彼は瞑想や太極拳を日常生活に取り入れており、この音楽も本人がそうした運動の際のBGMとして作ったパーソナルな作品だったが、最終的にスピリチュアル系の書籍や音源作品を数多くリリースする〈Sounds True〉によって販売された。このアルバムには4曲収録されているが、Lou Reed自身の歌声はない。心地よくも、鋭く響き渡る持続音があるだけだ。だがこの音楽は、聴く者を深い内的宇宙の入口へといざなうだろう。　　　　　　　　　　　（の）

2008 （Drag City）

J. Spaceman, Sun City Girls
Mister Lonely
（Music From A Film By Harmony Korine）

映画『Mister Lonely』OST。擬似民族の Sun City Girls と私的宇宙の Jason Pierce という対のような存在のスプリット・アルバムである本作はどこか「終わっていく」ムードが漂う。その終わり方がとある民族の葬送であったりキリスト教的救済であったり、宇宙空間に投げ出され酸素が薄れていく中で見た走馬灯に登場するタヒチの海岸であったりするのだが、いずれも孤独のひとつの在り方。このムードがサントラの特性であるコンセプト前提の制作とスプリットの特性である操作不可という2つの条件のシナジーに導かれたものだとしたら本作は稀有な存在かも。　　　　　　（関）

2009 （House Of Sun）

Charlatan
Equinox

US地下の聖地的レーベルである今は亡き〈Digitalis Recordings〉を運営していた Brad Rose のソロ・プロジェクトである Charlatan が、トロントのカセットレーベル〈House Of Sun〉からリリースした作品。後に、〈Aguirre Records〉からヴァイナル化もされた。〈Digitalis Recordings〉を閉めてから、最近、活動のないこの人だが、ゼロ年代終盤からテン年代前半にかけて活発に活動しており、実に無数の名義を使用していた。薄ぼんやりとしたローファイな空気感の中で、神秘的なテクスチャーが躍動するシンセ・アンビエント／ニューエイジの傑作。　　　　　　　　　　　（門）

2009 （Krayon Recordings）

High Wolf
Supermodern Temple

High Wolfは、ドローン・レーベル〈Winged Sun〉も運営するフランスのドローン音楽家、Maxime Primault の数ある名義の中のひとつ。本作は英〈Krayon Recordings〉からのカセット・リリース。"Aztec Fountain"は、前半はやたらキラキラしたランダムでシュールなシンセから、後半部は素朴で温和なドローンに。"Parallel Vision"は地下での集会のような初期Cluster風スペイシー・サイケから、多幸感のあるミニマル／ドローンで埋めつくす。アートワークの数千年先から来たような奇妙な神殿?のような、ややシュールさもあるサイケ瞑想作品。　　　　　　　　　　　（ダ）

2013（Growing Bin Records）

Merge
Long Distance

94年に録音され、お蔵入りとなっていた独フュージョンユニット
の2ndアルバム。ハンブルグ在住のディガーで、世界の音楽オタク
の耳目を集めたブログ〈Growing Bin〉を運営していたBassoが、運命
的な偶然を経てこの秘蔵音源と出会い、レーベルを立ち上げるきっ
かけとなった。タブラにシンセ、ギター、ピアノ、南国を感じる
サンプル音源が心地よく絡むアンビエント・フュージョンで、テ
ン年代バレアリックを通過した耳にあまりに馴染み、架空のユニッ
トでは？と疑いたくなるほど。全体に漂う垢抜けなさも脱力感に
寄与している。　　　　　　　　　　　　　　　　　　　（カ）

2015（Sahel Sounds）

Mamman Sani
Unreleased Tapes 1981

西アフリカ・サヘル砂漠南縁部のサヘル地帯に位置する、ニジェー
ル共和国のオルガン奏者であり電子音楽のパイオニア、Mamman
Saniの音源をサヘル地方を中心に発掘する〈Sahel Sounds〉がコンパ
イル。同音源は80年代初頭に残されていたテープ音源を集めたも
の。チープなリズムボックスにシンセ、オルガンの伴奏が乗り、
ときに歌い出す辺境歌謡が繰り広げられる。チープなリズムは初
期電子音楽好きに。"Gosi"などのオルガンが効いた曲はサイケ・
リスナーにも。より辺境歌謡曲要素が露わな、80年代後半の音源
集『Taaritt』もあわせて聴きたい。　　　　　　　　　　（ダ）

2016（Numero Group）

Joanna Brouk
Hearing Music

Joanna BroukはRobert AshleyとTerry Rileyの下で音楽を学び、70年代
終わりから80年代初期に活躍したアメリカの音楽家である。本作
はカセット・テープでの作品（Lovely Music諸作に関わったMaggi
Payneもフルートで参加している）や未発表音源をまとめ、16年に
発表されたコンピレーション作品である。ピアノの音を中心に構
成されたミニマルな展開の中では水中に石を投じた際出来る波紋
や、寄せては引く波といった自然的モチーフを想像させる。また、
ジャケットも美しさの中に憂いのようなものを帯びており、音楽
の神秘性を補完している。　　　　　　　　　　　　　　（の）

2016（Love All Day）

Planetary Peace
Synthesis

80年代にロンドンへと移住したアメリカ人夫婦のWill Sawyerと
Kalim Sawyerが自宅にて、Teac製のテープ・レコーダーを用い、リ
ビングで録音した知られざる83年作。子供が生まれてからは音楽
活動の一切を休止し、この再発がなければ日の目を見ることはな
かったのかも。穏やかに音場を浮遊する男女の歌声と耳に残るシ
ンセのフレーズによって、神秘的な世界観を生み出した。心の平
安や人々の慈愛、自然の偉大さを讃えるなんとも牧歌的な歌なの
だが、抜群のディープ度。卓越したソングライティングが光る宅
録ニューエイジ・フォーク裏の境地的名盤。　　　　　　（門）

2016（Palto Flats）

WOO
AWAAWAA

70年代中期～80年代初頭に制作された音源をコンパイルしたアルバム。ロンドンにて身内以外に聴かせることなく実験的な宅録に勤しんでいたMark IvesとClive Ives兄弟が生み出した孤高の楽曲群は〈Drag City〉等による再発掘が進む折まではカルト的な存在で入手が困難だったという。多ジャンルを引用せざるを得ない彼らの音楽的効能に心は弛緩され脳は多幸と求知を与えられる。誰が発掘するかなんて分からないので宅録音楽諸君はこのアルバムを聴いてそのまま自分のPCに燻っている未発表の曲を適当なタグを付けてbandcampに上げよう。　　　　　　　　　　　（関）

2017（Aloha Got Soul）

ÆOLUS
A Retrospective

ポーランド出身のハワイの作曲家／アレンジャー／マルチ奏者であり、現在は心理療法士を営むRobert ÆOLUS Myersが82～06年に発表した今や入手困難を極めるCDやカセットの数々の音源を2LPへとまとめた編集盤。ホノルルの音楽ブログ／レーベルの〈Aloha Got Soul〉より発表された。同氏は、かつてハワイで興隆した前衛パフォーマンス・アートやダンス・シーンでも重要な役割を果たしている。ハワイという地域の英気を一身に引き受けた、スピリチュアルなパワーとみずみずしさへとあふれるニューエイジ・サウンドを存分に堪能できる1枚。　　　　　　　　　（門）

2017（STROOM）

Cybe
Tropisch Verlangen

インドからインドネシア、タイ、バリ島、ジャワ、東南アジアを旅した音楽家のCybe。その体験を作品へと込めたカセット3本をコンパイルした編集盤。〈Sonic Report〉や〈Syncop〉といった自主(?)レーベルなどから80年代前半から中盤にかけて発表したスコットランド南東部在住のシンセシスト、Siebe BaardaことCybeの南～東南アジア探訪記であり、極上の瞑想音源集。80年代に花開いたシンセ・ニューエイジの躍動感そのままに密林や大河といった大自然のフィルレコ素材が活き活きとその神秘を伝える。メロディアスなガムランの豊穣とした響きが魅力的だ。　　　　　（門）

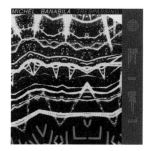

2017（Seance Centre）

Michel Banabila
Trespassing

80年代のオランダ電子音楽界を代表するサウンドアーティスト、Michel Banabilaの83年発表の傑作『Marilli』と、80年代から現在までの未発音源を収録した編集盤。アジア、アフリカ、中東など、異国を旅して採取した現地の土着の音素材や当時のシンセサイザー、エレクトロニクスを駆使した演奏に神々の息吹を吹き込まれたような恐るべき世界観を披露。当時のアルバムも最高だが、近年の音源も非常に素晴らしい珠玉のトラックが満載。民族音楽とエレクトロニクスを融合した第4世界アンビエントへ、オランダからの回答ともいうべき1枚。　　　　　　　　　　　（門）

2017（Safe Trip）

Satoshi & Makoto
CZ-5000 Sounds and Sequences

神奈川の日本人双子デュオ、Satoshi & Makoto による作品。Young Marco の〈Safe Trip〉から。タイトル通り、CASIO の 80 年代のオールド・シンセ、CZ-5000 を駆使して作られている作品で、90 年代以降に録り溜めてきた音源からセレクトされたもの。Young Marco が YouTube で彼らの動画を発見したことからリリースに至ったとのこと。サマー・ヴァケーションを感じる "Flour"、アジアン・バレアリックな "Bamboo Grove" など、曲のセレクトか、はたまた涼し気な音色の拠るものなのか、本作はどこかバレアリックを感じさせるのが特徴的。耳にも優しい。　　　　　　　　　　　　　（ダ）

2018（Daehan Electronics）

Dennis Young
Quest

際立ったダンス観からいまだファンを増やし続ける NY ポスト・パンクの伝説、Liquid Liquid の創設メンバー／パーカッショニストのデニス・ヤングが同バンド解散後、88 年に残した幻のニューエイジ・カセット作品の再発盤。完全性を持った凄まじい霊的音楽体験のできるアルバム。ニューエイジ・マナーを守りつつ、歌を入れてきたり、独特のダンス感も感じさせる独特の世界観が薫る。アナログ・シンセによるオリエンタル・テイスト抜群の響きとトランシーなパーカッションが折り重なっていく様は、まさにサウンド・アルケミストとでもひいきしたくなる。　　　　　（門）

2018（Tompkins Square）

Entourage
Ceremony of Dreams:
Studio Sessions & Outtakes, 1972-1977

Four Tet も DJ ネタで披露している、東海岸の知られざるアヴァンギャルド・マルチメディア・アーティスト集団のレア音源集。ダンス・アンサンブルを伴う劇場でのパフォーマンスや世界で 3 番目に古いデンマークのバレエ集団、Royal Danish Ballet の演目『クレオパトラ』への楽曲提供をはじめ多角的に活動してきた。ミニマリズムやアパラチアン・フォークなどを底流に、心を満たす純真な響きがこだまし、諸問題における個々の認識すらも拡大させる。とてもスタジオ・セッションやアウトテイクとは思えない出来栄え。（門）

2018（Séance Centre）

M.J. Lallo
Take Me with You

NASA のドキュメンタリーやバチカン天文台へ音楽を提供している知られざる作曲家であり、プロの女性ナレーション・アーティスト／ディレクター、MJ Lallo が 82 年から 97 年にかけて自宅スタジオで録音していた未発表音源。エフェクト処理されたハイトーン・ヴォーカルの擬似言語が放つ妖しい響きからすでに酔いしれる。YAMAHA SPX 90 とドラム・マシン、シンセサイザー等を操り、底抜けに耽美なメロディー・センスを発揮した天上アンビエント／コズミック・ニューエイジ作品集。ジョン・ハッセルや The Art Of Noise のファンにもたまらないはず。　　　　（門）

2019（Finders Keepers）

Gökçen Kaynatan
Cehennem

50年代より活動、60年代にはロック・ギタリストとしてアナトリアン・ロックの誕生に貢献したトルコの作曲家、Gökçen Kaynatanの未発表作品の発掘リリース。72年のドイツ滞在時には、EMSのSYNTHI AKSを入手し、電子音楽へと傾倒。73年から75年頃の最初期の2作に、脳の外科手術から回復した際に製作した1作をコンパイルした作品。心地好く全身を覆うドラッギーなシンセサイザーの波、突き上げる音響爆破が分裂症的魅力を吐露する。未発表作品とはとても思えない、底なしの没入度だ。まさにクラウト・ロックへのトルコからの回答。　　　　　　　　　　　　（門）

2016（Light In The Attic）

V.A.
（The Microcosm）: Visionary Music of Continental Europe, 1970-1986

クラウトも含むヨーロッパに焦点を当てた電子音楽コンピレーションで、日本の環境音楽やシティポップの発掘でもはや伝説となった、レアモノ発掘レーベルの大名門〈Light In Attic〉から。同レーベルのアメリカ産ニューエイジ・コンピ『I Am The Center』の続編的位置付けになっており、ギリシャの巨匠であるVangelisをはじめ、フランスのAriel Kalma、ドイツのDeuter、イタリアのFrancesco Messinaなど、再評価著しいニューエイジャーの面々や発掘の進んだイタリア勢など、電子音楽では安定の評価のクラウト勢だけでない、ヨーロッパの奥深さを感じさせる。　　　　　（ダ）

2017（Optimo Music）

V.A.
Miracle Steps: Music From The Fourth World 1983-2017

ブライアン・イーノとジョン・ハッセルが80年に作り上げた『Fourth World Music』（第4世界）の名を冠したコンピレーション。ハッセルはもちろんのこと、そのコラボレーターであるRichard Horowitzや、名盤『The Beginning Of Time』のJon Kelichor、アンビエント・ダブでも知られるFlying LizardsのDavid Cunningham、Robin Storey（Zoviet France）のRapoon名義、ロシアのニューエイジ新鋭X.Y.R.を収録。新旧入り乱れ着々と受け継がれる民族音楽の影響、ハッセルが切り開いたトライバル・アンビエント、その偉大な流れが垣間見えるコンピである。（ダ）

2017（Music From Memory）

V.A.
Outro Tempo: Electronic And Contemporary Music From Brazil 1978-1992

Gigi Masinの発掘やGaussian Curve等、ニューエイジ・リバイバルにひと役買った〈Music From Memory〉による、80年代前後を中心としたブラジルの南米秘境音楽コンピレーション。Gismontiのレーベルからのリリースで知られるPiry ReisのキラーなシンセAORで始まり、Maria Ritaという有名どころも入りつつ、マルチ奏者Priscilla Ernelによる圧巻のニューエイジ大作も収録。このレーベルらしいニューエイジやアンビエントから、実験的な作品まで独自の視点で幅広くセレクトしている。マルチ異能の国ブラジルを再認識できるコンピ。（ダ）

「ニューエイジ」・ミュージックの始祖を探して

江村幸紀（エム・レコード）

題名に「ニューエイジ」と括弧付けした理由は、いわゆるニューエイジだと主語が大きくなってしまうからです。かつて私はたいして考えもせずニューエイジ・ミュージックになんとなく一枚岩のようなイメージを抱いていました。しかし実は複雑でいくつかの層があることを徐々に理解していきました。試しに『The New Age Dictionary』（US: Kanthaka Press, 1976）で「New Age」の語を引くと：

1. movement devoted to making Earth a happy, safe place to live of Sufis, yogis, shaman, native Americans, macrobiotics, Theosophists, organic farmers, peace activist, environmentalists, alternative energy people, particle physicists, radical educators, holistic healers, human potentialists, psychotronics and psychical investigators, and many more. 2. Aquarian Age. 3. journal of the utopians of Ham Common, England, 1843. 4. journal of the Guild Socialists, England, 1920s. 5. age of group interplay, group idealism, and group consciousness.

と説明され、その意味が広範であることが分かります。すべてとはいえませんがそれぞれの定義に特定の音楽が紐付いているとすれば、音楽も幅広いものになります。また、これはこの辞書の見解であり他にもヴァリエーションがあると考えるべきです。英語版Wikipedia上の説明に今ひとつ不足感があるのも納得できます。

話が跳躍するのですが、タイにルークトゥン（日本語で「田舎者の歌」のような意）というジャンルがあって、これは64年に始まった歌番組の名がジャンルに定着したものです。この命名によって起こったのは、それまで別段意識しなかったものが、突然、姿かたちと性格を持ったということでしょう。事実、ルークトゥンという名に自らを寄せた（または世間からそう呼ばれた）「ルークトゥン歌手」が続々と出現。こうしてルークトゥンは一大ジャンルになります。その後同ジャンルのルーツ探しが盛んになり、命名より何十年も前の曲がルークトゥン第1号として公認されます。この議論そのものは娯楽や余興の類いですが、コマーシャルな命名の前と後で世界が変わってしまっていることを勘定に入れず、形式を物差しにして年代の古さに物事の真正さを求める態度は見過ごせません。これはニューエイジ・ミュージックを語る際にも当てはまるかもしれず注意を要しますが、本コラムではそうした態度にできるだけ距離を置き、音楽の最小単位である一個人ないし少

人数の行動が、より大きな社会集団を動かすさまを見てみたいと思います。

ニューエイジの概要とその歴史は持田保さんが執筆されているコラムを参照していただくとして、ニューエイジの勃興を語る際に切っても切れないものにヒッピーの存在があります。混同されそうな両者の関係に私はそれぞれ違う色の糸で織り込まれた1枚の布を想像します。ヒッピーはビート（・ジェネレーション）から派生した60年代カウンター・カルチャーで、それ以前からあったニューエイジ思想に接近・接触していますが、その行動原理は似て非なるものだと思います。ヒッピー運動では交流と助け合い、他者への愛、物の所有と消費については必要最小限をよしとする一方、ニューエイジ運動では個人活動ベース、自己愛、消費主義に対してヒッピーのような後ろめたさがあったようには思えません（もちろん個人差はあるでしょう）。決定的なのは音楽で、「ニューエイジ」音楽観（ヤソス『インターディメンショナル・ミュージック（Inter-Dimensional Music through Iasos）』［エム・レコード、05年］の解説に掲載）において歓迎されないものを抽出したとき、その筆頭に上がるのが大音量のエレキ・ギターが鳴り響くロック・バンド、つまり西海岸ヒッピーのレペゼン、グレイトフル・デッドなのです！

本コラムの括弧にくくった「ニューエイジ」とは、ヒッピー・ムーヴメントの本拠地だったサンフランシスコを舞台にヒッピーと入れ替わるように出現した運動としての「ニューエイジ」を指します。「a New Age traveler's handbook」のふれ込みで出版された『Spiritual Community Guide』（US: Spiritual Community, 1972）はヨガ、瞑想、非キリスト教系宗教などに関係する全米の団体と関連情報を紹介したガイド本で、同書では「ニューエイジ」の発信地＝サンフランシスコが強調されています。ヒッピーの本拠地におけるニューエイジャーの台頭（この現象については研究の余地があります）をある種コマーシャルに宣言するような姿勢には、所有と消費についてむしろ肯定的とさえもいえるニューエイジャーの本質が見えます。大西洋を隔てればイギリスではパンクスがヒッピーをぶっ殺せと息巻いた時期であり、ヒッピーたちにはさぞ迷惑な時代だったことでしょう……。

『Spectator』誌第44号「ヒッピーの教科書」(19)で〈ヒッピーの影響〉の項が「1970-1973」と区分けされていることにも注目します（本号は続編「日本のヒッピー・ムーヴメント」と共に必読）。なぜなら、73年はバークレーを拠点にニューエイジ・ミュージック・

シーンを牽引してきたラジオ番組『Hearts of Space』が始まった年なのです。これは単なる偶然なのでしょうか。私はヤソス『インターディメンショナル・ミュージック』（詳細は後述）[1]の世界初CDの準備のため、『Hearts of Space』の創業者、ステファン・ヒルに04年に取材した際に、「ニューエイジ・ミュージック」と「ニューエイジャー」の固有名詞をいつから使い始めたのかを尋ねたところ、共に70年代の半ば以前は使っていなかったと回答をもらいました。同番組が81年に出版したガイド『THE HEARTS OF SPACE GUIDE: To Cosmic, Transcendent and Innerspace Music』での「New Age」の扱いは「Conte-mporary songs whose lyrics contain New Age philosophy or concepts」で、理由は掲載曲のすべてがニューエイジ・ミュージックとなりえるため、あえて便宜上のサブ・ジャンルにしたそうです。

1

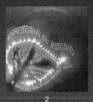

2

　ここから本題をまとめます。私が探るのはニューエイジャーであることを自覚しニューエイジの本拠地サンフランシスコで「ニューエイジ」・ミュージックを標榜した作品を最初に発表したのは誰か、です。私のニューエイジ・ミュージック史観で元祖として上位にいるポール・ホーンの、特に『Inside』（69）はニューエイジ・ミュージックの完璧なひな形ですが、ステファン・ヒルによるとこの時代にニューエイジ・ミュージックという聴取認識はなく、「transcendent」な音楽として認知されていたということです（『Hearts of Space』でニューエイジ・クラシックとして親しまれるのは後年のこと）。

　そこにヤソスとスティーヴン・ハルパーンが登場します。ヤソスはギリシャ生まれのアメリカ人で、幼少期から音楽教育を受け、68年にサンフランシスコへ居住。サウサリートのボートハウスで生活していた彼の隣人はアラン・ワッツでした（彼はワッツの東洋哲学講座に親しんだひとり）。ハルパーンはニューヨークのジャズ・ミュージシャンで、「ニューヨークに幻滅して」60年代末にサンフランシスコに移住し、一時ヤソスと活動を共にしています。ヤソスとハルパーンは最初期の意識的ニューエイジャー・ミュージシャンで、共通点はヒッピー時代最盛期にサンフランシスコに移住してきたこと、それ以前のプライヴェートを明かさない（神秘的！）ことがあげられます。この各人が75年に『Inter-Dimensional Music through Iasos』（US: Unity）と『Christening for Listening（A Soundtrack for Every Body）』（US: Sound Principle）というアルバムを発表します。これこそがローカル・ニューエイジャーたちを痺れさせた真性「ニューエイジ」・ミュージックの始まり、プロトタイプだと考

えられます。彼らの音楽は当時サンフランシスコに発生していたニューエイジャーという新種（変種？）のトライブから生まれた民族音楽だったのではないでしょうか。

　ヤソスの『Inter-Dimensional〜』はニューエイジ・レーベルのパイオニアであるローカル・レーベル、〈Unity Records〉の最初期リリースで、当時の宣伝にはバックミンスター・フラー、アラン・ワッツ、ポール・ホーンの献辞が並び、特にワッツの「彼はニューエイジ・ミュージックの古典をやっているのだ」という言葉が印象的です。ヤソスいわく実は本作は73年という早い時期にDIYで完成させていたものの、当時はレコード会社の契約を得られなかったそうです。私はそれを事実と考えます。自主リリースもまだまだ大変でした。このキラキラした音を聴くにつけ、ニューエイジャーにとっての新時代＝ニューエイジはこんな輝きを放って手招きしていたのではないかと想像します。ヒッピーの間で好まれていた音楽ともまるで違う作風のため、73年という時点でレコード会社の担当の食指が動かなかったのでしょうか（最後は「担当者」のセンスもあるので「運」とは非情なものですね）。もし73年に出ていたら歴史はかなり変わっていたかもしれません。

　本作がプロトタイプ感を漂わせる理由は、ふるいにかける前のアイデアが詰まっていることです。「ニューエイジ」・ミュージックの夜明け前、彼の頭の中に湧き出る"ニューエイジ"のイメージを音楽に

しようと創意工夫を施した小品が並び（長尺かつ曲数が少なくなる後年のニューエイジと対照的です）、アラン・ワッツの東洋思想、マーティン・デニー、ポール・ホーン、ウォルター・カルロスなど先人たちから受けた影響がまだ色濃く残っています。ヤソスが提示したいくつもの方向性、つまり前例を聴いた他のミュージシャンがそれを参照してジャンルとしての「ニューエイジ」音楽を作るのはさほど難しくなかったでしょう。ゆえに"ニューエイジ"音楽のイメージが一般に固定化される前の始原の姿こそが、このアルバムの特別なところであり、プロトタイプたらしめているところではないでしょうか。

一方、ハルパーンの『Christening for Listening（A Soundtrack for Every Body）』[2] は、訳せば「聴取の洗礼式（すべての身体のためのサウンドトラック）」という題名でニューエイジャーに向けたメッセージにとれます。ちなみに謎めいたジャケットは葉っぱのキルリアン写真です。本作の革命性は「Spectrum Suite」と名付けられた組曲にあり、ヨガでいう7つのチャクラに対応させたCからBまでの調に設定した7曲をハルパーンがフェンダーローズで演奏し、さらに音の高低順に光のスペクトル七色を曲名に併記しイメージを添えています。この（一見）理論的整合性の上で提案された身体のチューンナップ用（に思い込ませる）音楽の登場は画期的で、瞑想用、治療用など色々な商用ヒントが宿ったある意味、悪魔的な（？）発明だったかもしれません。つまりオーディエンスを納得させる確たる概念さえ提示できれば、音楽はその付随でも可となる前例を示したといえないでしょうか。その後の30年間に果てしなく出現するヒーリング、癒しの音楽の始原となっている可能性もある本作は、発売翌年に題名を『Spectrum Suite』に変え、数十回の仕様変更を経て生産され続け、インディー・ニューエイジで史上最も売れたアルバムと噂されています。本書別コラムで執筆されている柴崎祐二さんが『ユリイカ』2019年12月号「特集：Vaporwave」に寄稿された文章（こちらも必読）に「記名的作家性からの逃走」という明察がありますが、その源流・原因を辿ればこの本作にあたるかもしれません。

『Christening〜』に「ニューエイジ・ミュージック」の始祖を感じる別の理由はそのB面で、ヤソスが参加した2曲と、もう1曲どうにも釣り合わない「Something for Every Body Suite」が収録されているところです（その昔、DJ Shadowがサンプリングした噂も聞きました）。このスピリチュアルなジャズ・ファンク（？）「Something〜」にはヤソスの作品と同様にふ

るいにかける前のものが残っていることに「リアルさ」があります。そして当然の帰結でしょうか「Something〜」は再プレスで早々とLPから消え去り、ヤソス参加の2曲も79年あたりで別曲に差し替えられ（そのため不仲になったという噂も）「Spectrum Suite」のカップリング曲は時々に変化し現在に至ります。

デビュー作以降、ヤソスはシンセサイザーを使った長尺曲に傾倒し彼のニューエイジ道を邁進、一方のハルパーンはこれもニューエイジと真ん中の星座の十二宮をテーマにしたガチガチにコンセプチュアルな『Zodiac Suite』（77）を発表し、その後もコンスタントに作品を「製造」して最も商業的に成功したニューエイジ・ミュージシャンのひとりとなっています。共通するのはデビュー・アルバム後の2人とも、私がイメージする型通りのニューエイジに寄せるかのように同傾向の作品を量産していったこと、そして常にローカルでインディー・リリースを続けていることです。後者ニューエイジ音楽家のインディー活動については別に研究されるべきだと思います。

最後に、このところ感じるのですが、私のようないち個人が特定の歴史をもっともらしく語るという行為自体が、何だか昭和的なこと、「オールドエイジ」な気がしてなりません。今はニューエイジの歴史記述の登場を密かに待っています（それには若干考えがありますが）。

江村幸紀（えむら・こうき）
エム・レコード（EM Records）運営。音楽プロデューサー／デザイナー／文筆家／通俗文化研究家。ニューエイジ音楽とニューエイジを巡る諸世代論者の関係性の考察。https://emrecords.net/
instagram：@ em_records_japan
twitter：@EM_Records_jp
facebook：@emrecordsjapan

日本のニューエイジ

（1975 ～ 2009）

2019（Light In The Attic）

V.A.
Kankyo Ongaku: Japanese Environmental, Ambient & New Age Music 1980-1990

ニューエイジ・リバイバルを語る上で絶対に欠かしてはいけない金字塔的入門盤。19年、シアトルの著名レーベル〈Light In The Attic〉が日本の音楽へとフォーカスする自社の作品シリーズ「Japan Archival Series」よりリリースした、日本のアンビエント／環境音楽に着目した画期的な編集盤である。かねてより、同レーベルは、細野晴臣諸作品の再発や米国の自主制作ニューエイジ編集盤『I Am The Center（Private Issue New Age Music In America, 1950-1990）』（13）、欧州のニューエイジ傑作選『（The Microcosm）Visionary Music Of Continental Europe, 1970-1986』（16）といった重要な編集盤を発表してきたが、今作でついにその大本命となる日本へ。吉村弘や芦川聡、尾島由郎のような絶対に外せないパイオニア的作家から、北村昌士 + Phonogenix や越智義朗、菅谷昌弘といったマニアックどころまでしっかりと網羅しており、まさにニューエイジ・リバイバルの集大成的な内容。Visible Cloaks の Spencer Doran による詳細なライナーノーツも史料性が高く、一読に値するものである。ニューエイジ・リバイバルという一大ムーブメントの奇跡の産物にして新たな起点といえよう。　　　　　（門）

1982（Sound Process）

吉村弘
Music For Nine Post Cards

「雲のおじさん」として親しまれた日本の環境音楽のパイオニア的存在で、『静けさの本』などで知られる優れたエッセイストでもあり、環境音楽デザインや現代美術の分野でも大きな功績を遺している、故・吉村弘（1940-2003）の記念すべき1作目。本誌で取り上げる最重要の作家だ。本作は、同じく日本の環境音楽／アンビエントの草分け的存在である盟友、芦川聡のプロデュースのもと、「波の記譜法」シリーズの第一弾として発表された。9枚のポストカードに書かれた短いフレーズがもととなり、雲や波が変化していくような、自然美豊かな移ろいを感じられるアンビエント作品として仕上がった。表現の起伏は必要最小限に抑えられており、日本人らしい引きの美を存分に発揮、リスナーに深いゆとりを与えそう。今の時代なら誰でも作れそうなくらいにシンプルな音作りではあるが、フェンダー・ローズとキーボードの繊細なタッチで、人の業やしがらみのすべてを解放するかのように、美しい空白の時間を生み出し、温かく、柔らかい感情を想起させてくれる。本作は17年に、Visible Cloaksの1/2、Spencer Doran と Maxwell August Croy（Root Strata）による新レーベル〈Empire Of Signs〉から再発がなされた。　　　　　（門）

1986（AIR Records Inc.）

吉村弘
Green

「ふと目がさめると、午後の向う側。グリーンなサウンドが、まわりの風景をつつみこみます」。本作は日本のアンビエント史における最重要な作品といっても過言ではない。そして、筆者が持っている中でも最も高価なレコードのひとつだ。〈Light In The Attic〉からリリースされた国産アンビエントの決定的編集盤『Kankyo Ongaku』のライナーノーツでも明らかになっているが、70年代にはタージ・マハル旅行団に参加した経歴があり、80年代からは釧路市歴史博物館の環境音楽制作や営団地下鉄南北線の発車サイン音、接近音の制作などをはじめ、公共施設のデザインや音響を手がけ、昨今巨大な再評価を浴びる吉村弘が86年に発表した最人気の1枚。今や、Discogsなどのマーケット・プレイスでは、10万円近くに高騰していることからもその人気がうかがえる。『Green』というタイトルは色のイメージではなく、語感の響きが好きで、それに似た響きの単語がそれぞれの曲名となっている。なんとも柔らかく、優しく心へと沁み入る1枚であり、吉村は、本作を作っていたとき、ふと眠ってしまったことがあったという。そして、ミックス・ダウンの際には、吉村自身ではなく、ミキサーの人がいびきをかいていたというほど。　　　　　（門）

1983（複製技術工房）

吉村弘
Pier & Loft

このカセット・テープが昨今のシーンに与えた影響は計り知れない。ただ、私たちはこのサウンドの素晴らしさに気づくのがあまりにも遅過ぎた。83年当時、国内におけるファッションやアートを牽引していた西武グループ（現セゾングループ）の主宰で、東京湾岸の倉庫で開催されたというファッション展示会「Pier & Loft」のために作られたサウンドトラックが本作である。会場では吉村本人や尾島由郎らがライブでシンセサイザーを演奏したりもしていたようで、このカセット・テープはその会場で販売された後、WAVEなどでもしばらく取り扱われたのではないかと思う。販売元の〈複製技術工房〉は、このアルバムのプロデューサーでもある尾島由郎が学生時代に立ち上げたプライベート・レーベルだった。いつ聴いても決して色褪せることないオンリー・ワンであり、永遠のオリジナル・トーキョー・サウンド。時代の幕開けといってもよい真のニューエイジ国宝である。17年にこのカセット・テープをLPで復刻したChee Shimizu氏にも大きなスタンディング・オベーション。少し話はそれるが、無印良品といい、西武グループはアンビエントの傑作を多数リリースしているので要チェック。　　　　　（Y）

1983（RCA Red Seal）

高田みどり
鏡の向こう側

高田みどりはベルリン・フィルハーモニー管弦楽団に打楽器で参加した経験もある、東京都出身の打楽器奏者。彫刻家等のアーティストとのコラボレーションも多い。80年代には久石譲プロデュースのMkwaju Ensembleとして2作のアルバムを、その後はソロ活動で『鏡の向こう側（Through The Looking Glass）』という、日本のミニマル・ミュージックにおいて重要な3作をリリース。海外で評価の機運が高まったのは、YouTubeへ13年頃無断アップロードされた本作が自動再生機能により100万回以上再生数を得たことによる。17年に〈WRWTFWW〉と〈Palto Flats〉から本作がリイシュー、それに伴い東京、ヨーロッパを含む全国各地のツアーがおこなわれた。そういった偶然（必然）が高田みどりの再評価を生み、また海外による日本のミニマル／アンビエント再評価の火付け役ともなった。"Mr. Henri Rousseau's Dream"は笛、ハルモニウムとコーラ瓶を含む打楽器、動物の鳴き声を模した音による、シンセ音楽ではないアンビエント。"Crossing"のミニマル・マリンバ、"Trompe-l'œil"の静寂の中の音のような小曲、初期Schulzeのごとき"Catastrophe Σ"と、アフリカ志向を内包しつつアンビエントへの射程もある作品。　　　　　（ダ）

1982（Sound Process）

芦川聡
Still Way（Wave Notation 2）

ニューエイジ・リバイバル熱が絶頂に達しつつあった19年、スイスの〈WRWTFWW Records〉からはその最後の大本命的1枚が再発された。〈Sound Process〉を設立し、吉村弘やOscilation Circuit、柴野さつきといった名作家を世に送り出してきた、日本の環境音楽の草分け的存在、芦川聡の『Still Way』だ。これを見て、直前の広瀬豊再発もあわせ、日本の環境音楽の再評価も来るところまで来たと感じた。大学時代に現代音楽に興味を持ち、美術洋書と現代音楽の専門店「アール・ヴィヴァン」で勤務。70年代後半より実験的なパフォーマンスをおこない、藤枝守や高田みどり、吉村弘とコラボするなど、活発に活動したが、本作リリース直後に30歳の若さでこの世を去った。ブライアン・イーノの系譜にあるアンビエント・ミュージックを明確なコンセプトとして打ち出し、「音の風景」や「音のオブジェ」といった何気なく聴ける作品として制作された。現代音楽やミニマル・ミュージックを通過し、非常に素朴ながらも、日本らしい引きの美も感じるような情緒豊かな風景を描き出した底抜けに美しい作品。本人の言葉を借りるなら、まさに静止した瞬間を列ねたような音楽。カヴァー・デザインは盟友、吉村弘によるもの。　　　　　（門）

1986（Misawa Home）

広瀬豊
Soundscape 2: Nova

本作のオリジナル盤のライナーノーツには以下のように書かれている。「人は、そこにある音を背景としてその環境を知り、空間を感じとります。人と環境を結ぶかけ橋として『音』が存在するのなら、その『音』をデザインすることで、もっと居心地の良い場所を見つけることができるのではないでしょうか。そんな考えが『サウンドスケープ・デザイン』を誕生させました」。これが現在の「日本の環境音楽」観の源流となる。ミサワホーム総合研究所サウンドデザイン室が提唱した環境音楽シリーズ「サウンドスケープ・デザイン」の一環として作られた「サウンドスケープ」シリーズの第2弾『Nova』（新星）。尾島由郎や芦川聡の作品とあわせ、19年にスイスの〈WRWTFWW Records〉から待望の再発がなされ、広く聴かれることとなった。本作には、NHKラジオ新年特番『先端技術』テーマ曲の作曲や六本木ストライプ美術館等でパフォーマンスをおこなっていた広瀬豊を起用。川のせせらぎ、鳥や昆虫の声といった自然の息吹に、シンセサイザーの自動演奏による枯淡としてセンチメンタルな響きが連なり、天上の音像を育んでいく。懐かしさや優しさ、やすらぎといった心洗われる感情を想起させる1枚。　　　　　　　　　　　　　　　　　　（門）

1988（Newsic）

尾島由郎
Une Collection Des Chainons II: Music For Spiral

近年のリバイバルや〈RVNG〉から発表されたVisible Cloaksとのコラボレーション作品に柴野さつきと共に参加したことで、いっそう再評価が進んだ日本の生ける伝説、尾島由郎。『コレクシオン・デ・シェノン…鎖の作品集』と題された都市型環境音楽作品のCDのうち2枚目となる。彼の初期の作品は、数本のカセット・アルバムをはじめ、入手困難を極めていたが、19年に入り、両作共にスイスの再発レーベル〈WRWTFWW Records〉から再発がなされた。同レーベルからの広瀬豊、芦川聡の再発と並んで、日本の環境音楽／アンビエントの再評価の一巡を感じさせる見事な流れだった。本作は、連鎖する環境音楽として、青山のワコール・アート・センターのために作曲されたもの。「エヤコンや冷蔵庫のモーター音といった"生活音"と同じくらいのボリュームで聴いてみて下さい」とのインフォも。冒頭からピアノとシンセの絡みが幻想的。透徹したミニマリズムと箱庭的ノスタルジー、日本的な静けさの風流心さえも愛でたメロディアスなアンビエント・ワークス。時が移ろうごとに雪化粧が大地を飾っていくように、徐々に空間へと音が馴染んでいくのが分かる。　　　　（門）

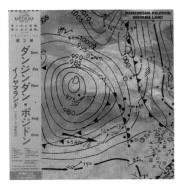

1983（Yen Records）

INOYAMALAND
Danzindan-Pojidon

天賦の才を発揮したテクノ・ポップ／アヴァンギャルド・グループ、ヒカシューの元メンバー、井上誠と山下康が結成したユニット、イノヤマランドのデビュー作。細野が主催の〈YENレーベル〉傘下〈MEDIUM〉よりリリース。オリジナル盤はマーケット・プレイスでも高騰しており、現在入手困難。細野考案による水を張った水槽の中にマイクとスピーカーを取り付けて録音する手法「ウォーター・ディレイ・システム」によってレコーディングされており、これにより透き通った音の響きが得られている。表題は、子供の頃に山下の友人が「ダンジンダン・ポジドン！」と言いながら遊んでいた光景に触発されたもの。メディテーティヴなシンセ・レイヤーに彩られるアンビエント・サウンドと宅録風味抜群な愛らしい演出、早過ぎたエレクトロニカな感触から、時折のアヴァン・ウェイヴな佇まいまで、独創性の極みともいうべき、油断ならぬ遊び心あふれる1枚。オリジナル盤のインサートには「イノヤマランド」という架空の島が描かれており、そのデザインもまたユニーク。18年に〈EXT Recordings〉から待望のCD／LP再発がされた。ニューウェイヴとアンビエントのはざ間にあったユニークな音楽の頂点。　　　　　　　　　　　　　　　（門）

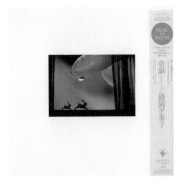

1987（Green & Water）

盛岡夕美子
余韻

本作は、Far East Family Bandで活躍し、自身も多くのニューエイジ作品を残したキーボーディスト、伊藤詳の自主レーベル〈Green & Water〉から発表された。発売当時はそれなりに話題になったらしく、朝日ジャーナル連載の『細野晴臣の音楽少年漂流記』の対談相手としても登場した。4歳の頃からピアノを習い、高校1年生のときに米国・ワシントンD.C.へ留学し、ヨルダ・ノヴックに師事。以後、「ワシントン・ミュージック・ティーチャーズ・コンテスト」、「バルトーク・コンテスト」など、数々の米国のピアノコンテストで優勝または入賞し、75年にはサンフランシスコ音楽院ピアノ科に入学。同院を1等首席で卒業するなど、クラシック畑での研鑽も積んでいる。宮下智のペンネームでは、田原俊彦やジャニーズ系のアイドルへの楽曲提供をおこない、作曲のみならず歌詞までも手がける。さらには、宮下富実夫の妹という説までも存在する。本作は、伊藤詳プロデュースのもと、静けさを想起させるピアノを中心に、オーボエやバイオリン、環境音などが精神世界を豊かに彩っている。繊細で今にも消え入るような透明感あふれる調べの中に、日本人らしい間や引きの美学も感じることができる。　　　　　　　　　　　　　　　　　　　（門）

1987（Sanyo）

小久保隆
Get At The Wave（新・呼吸アルバム）

現在もサウンド・デザイナーとして活躍する小久保隆による『少年ケニア』と並ぶキャリア初期の人気作。当時どれくらいの枚数が制作されたのかはわからないが、少ない数ではなかったはず。しかし市場価格はどんどん高騰してゆく……。80年代の浮き足立った空気を凝縮したような販促用のLPで、推測だが、エアコン等の空調販促のために作られたものだろう。エアコンを売るためにアーティストに書き下ろしのアルバムを作らせ、レコードをプレスする。80年代とはそういうパワフルな時代だったのだ。本作はそうした商業的なレコードでありながら、サウンドには並々ならぬ美意識とセンスを感じる。18年にはUKの気鋭レーベル〈LAG〉より新装ジャケットで再発された。A面にはシンセサイザーを駆使した素晴らしい楽曲を収録し、B面にはフィールド・レコーディングを収録。氏はそのキャリアをスタートしたときから、サウンド・デザインに重きを置く制作をおこなっているが、それだけではなく独自に開発した「サイバーフォニック」という立体的な音を収録するマイクを使用してのフィールド録音の実績も多数。最近だし、ポスト・ケイ型電子楽器 「iD」のサイン盲し氏によるデザインである。　　　　　　　　　　　　　　　（Y）

矢吹紫帆
からだは宇宙のメッセージ

18年のOfficial Record Store Dayにてようやく再発がなされた国産アンビエントの大傑作であり、「ヘルシー・エステティック・サウンド」と称した和のニューエイジを繰り広げる矢吹紫帆の87年作品。比叡山延暦寺創建1200年祭での演奏、NHK美術紀行番組『美の回廊をゆく』の音楽担当、全世界仏教興隆会議でのダライラマ法王の前での演奏をはじめ、宗教、伝統芸能、国際交流、チャリティ等多方面で活躍、貢献してきた女性シンセサイザー奏者、矢吹紫帆。現在は三重県熊野市で太平洋を一望するカフェ／音楽ホール／ゲストハウスの「天女座」を運営している。循環的にも聴こえる音楽の姿には、共鳴することが多々あるように感じる。東洋の思想と哲学、自然、スピリチュアリズムがみずみずしいシンセサイザー・サウンドへと溶け込んでいる。その響きは、精神世界の深いところ、そして、神域へといざなう道標のよう。David LynchとAngelo Badalamentiによるサントラ『Twin Peaks』と通底しているともいわれている。冒頭の2曲は、延暦寺創建1200年祭に捧げられた奉納曲。表題は、近藤等則作品にも深く関わる武道家／書家である青木宏之の著書『からだは宇宙のメッセージ』より。　　　　　　　　　　　　　　　（門）

1987（Morning）

日本のニューエイジ（1975〜2009）

1985（Shi Zen）

濱瀬元彦
レミニッセンス

グラミー賞でもおなじみのヒーリング・ミュージックの大御所の喜多郎や宗次郎などをはじめ、国産ニューエイジ／ヒーリング・ミュージックの巨匠が集う〈Shi Zen〉レーベルに残された知られざる傑作。濱瀬は、宮本典子や亜蘭知子などといった日本のシティポップ／ソウル／ファンクの歌手の作品にも参与し、清水靖晃や笹路正徳らによる再評価著しい国産ニューウェイヴ／プログレ・バンド、マライアのメンバーとの「Jazz」名義でも活動したベーシスト。本作は、フレットレス・ベースのソロ演奏で、ジャコパスからもラブコールを得ていた彼の処女作。コンピューター・ミュージックや初期テクノといった同時代の先端的なサウンドを見据えながら、自由かつ奔放な表現を希求。梶俊夫（syn, p）、土肥晃（dr）が参加。ジャズ畑の職人が集まった大変緻密でダイナミックな演奏は聴きもの。また、本作『Reminiscence』は86年作『Intaglio』と共に（権利関係のため再発ではなく）再録という形で再現され、18年に〈Studio Mule〉からレコードで発表。また、同年の6月には、柴野さつきや尾島由郎も参加した88年作『# Notes Of Forestry』がレコードで再発された。　　　　　　　　　　（門）

1988（Newsic）

濱瀬元彦
#Notes Of Forestry

国内外問わずその実力が広く知られる濱瀬元彦の当時CDオンリーのアルバム。この日本のニューエイジ大傑作を、僭越ながら18年に初LP化ということで制作に携わらせていただきました。氏の音楽に対する考えや、技術を磨き続ける飽くなき探究心には本当に頭が上がらない。圧倒的な技術と音楽理論、そして録音への深い理解により生み出された今作は、今もなお多くのリスナーを魅了し続ける。この作品は下着メーカーのワコールによるアート事業の一環として、建築家槇文彦氏の設計で青山に建設された「スパイラル」が主催したレーベル〈Newsic〉より88年にリリースされたものである。柴野さつきや山口恭範らが参加し、尾島由郎がプロデュースをサポートした。「音楽もはしりがうまい」という帯に書かれたコピーが、当時のスパイラルのアティチュードそのものだったのだろう。〈Newsic〉からは本作だけでなく、多数の気鋭ミュージシャンによる素晴らしいアルバムがCDのみでリリースされているので、普段レコードを中心にコレクションされている方も是非コレクションの対象としていただければと思う。CDでしか聴けない日本の80〜90年代最先端の音楽シーンがここにある。　　　　　　　　　　　　　　　　　　　（Y）

REALITY IN LOVE
TOSHIFUMI HINATA

いつか訪れた心の風景
ひとつぶの海／日向敏文

1986（Alfa）

日向敏文
ひとつぶの海

『東京ラブストーリー』や『愛という名のもとに』、『ひとつ屋根の下』といった数々のドラマの劇伴音楽でも知られ、国産アンビエント史に残るみずみずしい美しさで多くの人々を魅了してきた作曲家／編曲家の日向敏文。ボストン・バークリー音楽院のピアノ科で3年間にわたって音楽理論、実技、編曲、作曲を学び、ミネソタ州立大学では外国人奨学金を得て、同校の音楽部で5年間クラシカル・ピアノを専攻。そしてなんと過去にはBruce Springsteenの初期のバック・メンバーとブルース・バンドを組んでいた経歴も持っている。本作は、代表作ともいえる初期の傑作『ひとつぶの海』。人生の節目を奏でるようなピアノやヴァイオリン曲もあれば、抽象的なアンビエント曲もあり、様々な側面を見せる。例えるならば、Colin Blunstoneの『一年間』のインスト版ともいえるような、とてもパーソナルな1作。鈴木良雄の『タッチ・オブ・レイン』と同様に、そのメロディに打たれるばかり。19年には、本誌ではおなじみ、アムステルダムの発掘レーベル〈Music From Memory〉から85～87年にかけて制作された楽曲をChee Shimizu氏がコンパイルしたベスト盤的内容のアルバムがリリースされた。

（門）

エリック・サティ／柴野さつき

1984（Sound Process）

柴野さつき
Erik Satie

「『聴く』は心理学的行為であり『聞く』は生理学的現象である（ロラン・バルト）」。本作品のライナーの冒頭を飾る言葉だ。エリック・サティをはじめとする近代／現代ピアノ音楽のスペシャリスト、柴野さつき。5歳からピアノを始め、東京音楽大学演奏家コース・ピアノ科卒業、79年に渡仏し、J.J.バルビエに師事。帰国後は、サティ作品を演奏したCDを中心に発表。本作は、サティを素材に取り上げ、「レコードとして」再構成するというもので、サティの全生涯の作品からレコード1枚の時間分をいくつかの基準で選曲し、それらをアルファベット順に配列した。ひとつの単位（フレーズ等）があって、それを繰り返すのではなく、まずレコード1枚の時間があり、そこにサティそのものをつめ込むのだ。「家具の音楽」のコンセプトそのものを自身の作品へと掲げるのではなく、その「家具の音楽」の要素をサティの音楽の中から照らし出すことを（「環境音楽」というものに対峙しつつも）音楽を「聴く」リスナー側の能動性へと委ねている。ポスト・クラシカルの源流ともいえる、静かで穏やかな響きを育む音楽だ。日本で独自の進化を遂げた環境音楽と「家具の音楽」の文脈が奇跡的な一致を見た1枚。

（門）

1986（Nicole Company Limited）

深町純
Nicole（86 Spring And Summer Collection - Instrumental Images）

46年生まれ、10年に没したパイオニア的ジャズ・フュージョン・ミュージシャン、深町純。ピアニスト／シンシサイザー奏者としても非常に大きな功績を残している。様々な音楽作品をサポートしたことでも知られており、井上陽水やPRISM、安全地帯をはじめ、数々のミュージシャンの作品に参加している、邦楽史を語る上で欠かせない存在だ。70年代には、The Brecker BrothersやSteve Gaddとも共演した。そんな中で本作は、86年に催されたニコルのファッション・ショーで参加者と出演者のみに配られたプロモーション・オンリーの作品。アルバム・ジャケットすらないのだが、その伸びやかなサウンドスケープが素晴らしい。突如、人気レーベルである〈We Release Whatever The Fuck We Want Records〉がリイシューをしたことで、もともと高かった深町純の人気も世界中に拡散されることとなった。〈Music From Memory〉作品にも通底した、エスノな佇まいのアンビエント・ジャズ。まるで80年代の東京の雰囲気を想起させるような、和のラウンジ感とバレアリックな浮遊感が見事なヴァイヴスを育んでいる。エリック・サティとArt Of Noiseが共演を果たしたかのような、霊妙な空気感は卒倒もの。　　　　　　　　　　　　　　　　（門）

1985（Invitation）

Aragon
Aragon

一流のスタジオ・ミュージシャンが好き放題自分たちの作りたい音楽を追い求めた結果生まれた名盤、それは実に好事家を惹きつけやしないか？その一例が、完璧な音楽を希求するがゆえに2年もの歳月をかけて制作されたAragonの本作だろう。キャラメル・ママでの活動から、金延幸子『み空』、中山ラビ『私ってこんな』、井上陽水『氷の世界』などの名作中の名作へと参加したドラマーの林立夫、そして、その林立夫と共にパラシュートのメンバーとしても活躍したギタリストの今剛など、当時の一線級の演奏者らによって結成。デモ・テープですら一流のレコーディング・スタジオで録音、シンセの音ひとつにも2、3日費やし、録音には、立体音響用の録音機材、ダミーヘッドというマイクを用いる（ジャケットの裏にも描かれている）など、相当な気合いがうかがえる。このダミーヘッドが効いているのか、本当に音もいい。軽快なリズムを刻むシンセや情緒豊かなヴォーカル、民族楽器などをシンフォニックに奏で、アルバムを通して様々な方向へと触れつつも、バンドとしてのまとまりのある明確なサウンドを提示している。ドラマチックな作品ながら、過剰さを巧みに抑えた、風趣とインテリジェンスを感じさせる1枚だ。　　　　　（門）

1987（Crown）

Atlas
Breeze

金子マリ＆バックスバニーでキーボーディストとしてデビューして、その後プログレッシヴ・ロック・バンド、センス・オブ・ワンダーを結成して活躍、山下達郎のライブにも参加している難波弘之を中心に、小泉今日子や、徳永秀明らのメジャーな作品を手がける知る人ぞ知る存在のギタリストの川村栄二、スタジオミュージシャンで同じくキーボーディストの今泉敏郎によるプロジェクト、Atlasの3作目。このバンドは作品ごとにコンセプトがあり、1stは「ハレー彗星」、2ndは「南回帰線への小旅行」、そして本作は「潮風」をイメージして制作されたようだ。全編にわたり波の音がフィーチャーされ、リゾート感漂うフュージョン・サウンドが否応なしに常夏の海へとトリップさせてくれる。ブリージン＆メロウなディスコナンバーからメランコリックなニューエイジ・サウンドまで堪能できる名盤。バレアリック視点から見てもバッチリ。暑い日に窓を全開にして聴きたい。ジャパニーズ・ジャズ・フュージョン最高峰のレア盤として長らく入手困難だったが、18年に70〜80年代の和製の名曲を復興する複合プロジェクト〈STUDIO MULE〉の手によりCD、LPともにめでたく再発された。 （青）

1975（Columbia）

セキトオ・シゲオ
華麗なるエレクトーン2《ザ・ワード》

細野晴臣とのスプリットでも知られる、Mac DeMarcoが自身の楽曲の中でサンプリングしていることでも有名なエレクトーン奏者、セキトオ・シゲオの超人気作。エレクトーンという新しい楽器の可能性に心惹かれ、67年にエレクトーンでグランプリを受賞、華やかにそのデビューを飾った巨匠だ。本作ではビートルズやプロコル・ハルムのナンバー、ジャズのスタンダードなどをボサノバ風にアレンジ。時代は感じても古びることのない美しさ。哀愁バツグンのエレクトーンから放たれるクラシカルなメロディが、聴き手をノスタルジックな世界へといざなう。 （門）

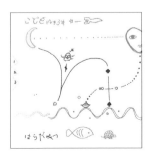

1975（HIMICO RECORD）

原田ミツ
子供NEWS

オクノ修、Paul Adolphus等の作品を発表した〈HIMICO RECORD〉の主宰者によるEP。Antonio Smith、河名伸江等を再発する〈Branco Label〉より、13年にCDで再発。フォークに分類されるが、生ギター以外の楽器の装飾的な扱い方により多分にニューエイジを感じさせる。ドローン的に使用されるシンセは時間的広がりを、笛の音色は広大な山脈を想起させ、生ピアノや琴の奏でるメロディは彩りを豊かにする。75年の日本にこのようなマジカルな傑作が存在したことに瞠目するもよし、定型化した音色に固執してしまった「ニューエイジ」を再考するもよし。 （素）

日本のニューエイジ（1975〜2009）

1976（ALM Records）

佐藤聡明
太陽賛歌

現代音楽作曲家として知られる佐藤のキャリアの中でも最初期の
もので、基本的なディスコグラフィーにも載せられていない作品。
Peter Michael Hamelのようなピアノの反復連打によるミニマル・
ミュージック。現代音楽家ながらも一連の作品群のタイトルを見
れば分かる通り佐藤の作品は標題音楽のものが多く、本作もその
タイトルの通り、容赦ない陽の日差しの恐ろしさ崇高さを表現し、
それに畏怖する自身の心も描写したような抒情性も相まった音楽
となっている。目を閉じて聴けばやがて皮膚は熱を帯び、瞼の裏
には陽の閃光がまぶしく輝く。　　　　　　　　　　　　（ブ）

1978（Vanity Records）

DADA
浄

阿木譲主宰の〈Vanity Records〉第1弾としてリリースされたDADA
の1stアルバム。小西健司と泉陸奥彦による電子音とギターのデュ
オで、もともとはプログレッシヴ・ロックを志向していたが、今
作では阿木の意向もあり、ディープかつメディテーショナルなイ
ンプロヴィゼーション作となっている。ギター・フレーズにいわ
ゆるオールド・ウェーブ風のブルージーさがあるのがむしろオリ
ジナルな部分となっており、ASH RA TEMPEL等のジャーマン・ロッ
クとも通じる美学を感じさせる。後にメジャー・デビューするこ
とになるが、そちらはよりプログレ風味。　　　　　　　（柴）

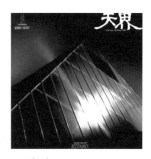

1978（Zen）

喜多郎
天界 / アストラル・トリップ

日本最高峰のプログレッシヴ・ロックバンド、Far East Family Band
として海外ツアー中、Klaus Schulzeとの出会いに感化されて生まれ
たソロ1stアルバム。シンセの音作りには当時のジャーマン・プロ
グレ勢の影響が色濃く、ムーグのモジュレーションがのたうち暴
れる。一方で、琴やシタール、尺八、太鼓といった民族楽器と、
国籍不明のアジア風メロディが絶妙な融合を果たし、後年の作品
よりエキゾチックな東洋的瞑想世界が広がる。シルクロード作品
群等の陰に隠れ語られることは少ないが、実験精神あふれる意欲
作でむしろ今聴くと新鮮に響く。　　　　　　　　　　（カ）

1978（Warner Bros. Records）

東海林修
闍多迦

国産シンセサイザーを日本で初めて使用したことで有名な作曲家
の東海林修。78年から80年の間に東海林書き下ろしのオリジナル・
ストーリーに基づくシンセサイザーアルバムを4枚発表していて、
本作はその2枚目に当たる。タイトルの闍多迦（ジャータカ）とは、
古代インドの仏教説話のひとつ。他にも曲名に常楽我浄、ピラミッ
ドといった古代ロマンを連想させるワードが散りばめられ、内容
自体もかなり瞑想的で精神性が高い作品に仕上がっている。全編
にわたり美しく幽玄に漂うシンセサイザーの響きに身を委ね、し
ばらくの間現世から離れてみるのはいかがでしょう。　　（青）

1978（RCA）

冨田勲
宇宙幻想 -COSMOS-

日本のシンセサイザーの父、冨田勲の78年発表の作品。ホルストの『惑星』と後述の『The Bermuda Triangle』と並び、宇宙3部作と称される作品群の2作目に当たる。前作の『惑星』がホルストの組曲"惑星"から抜粋して演奏したのに対し、今作は様々なクラシック作曲家の作品をオムニバス形式で取り上げるというスタイルで、ワーグナー等のドイツ出身の作曲家の組曲、同名の機関車をイメージしたオネゲルの"Pacific231"等、荘厳かつ厳格に突き進む音楽がチョイスされている。そしてそれらが宇宙を舞台に展開してゆく様子は今なお力強い。　　　　　　　　　　　　　　　（の）

1978（King Records）

細野晴臣 ＋ 横尾忠則
Cochin Moon

細野晴臣と横尾忠則が1ヶ月間のインド旅行で得たインスピレーションをもとに制作した作品。坂本龍一、松武秀樹もシンセサイザーで参加している。YMO結成前夜のアルバムだけあってテクノ要素も含まれてはいるが、全体的にかなりサイケデリックでアヴァンギャルドなアレンジが目立つ。突拍子もなく繰り出される衝動的な電子音、意味不明のセリフは思考回路を少しずつ麻痺させていく。細野晴臣の作品群の中でもぶっちぎりの陶酔感を誇る怪作。横尾忠則の「出るものはどんどん出しちゃったほうがいい」というセリフが深い。瞑想しよう。　　　　　　　　　　　（青）

1979（RCA）

The Bach Revolution
No Warning

メンバーの異動が激しいものの、冨田勲に見出されたシンセ・プログラマーの田崎和隆を中核として活動してきたシンセサイザー・ユニットの79年作。平沢進のユニット「旬」にも参加している神尾明朗も参加。その名の通り、バッハへの思いが込められ、現代音楽の方向性についても熟慮し、「感覚の純粋培養」を企図した。ジャーマン・エレクトロニクスをより現代的にアップデートし、初期テクノ的アプローチさえも感じる先進的なサウンドを披露した意欲作で、審美眼の末の神々しさともいうべき素晴らしいヴァイブスを発揮している。　　　　　　　　　　　　（門）

1979（RCA）

冨田勲
The Bermuda Triangle

冨田勲の79年発表の6作目。宇宙3部作の最後にあたる本作品は、プロコフィエフやシベリウスといった新古典主義のアプローチをとる作曲家を中心にチョイスし、前作『宇宙幻想-COSMOS-』とは違う流麗な曲を多く選んでいる。それによりバミューダ・トライアングルという幻想的かつ不可侵的領域の要素を孕むモチーフを、より魅惑的なものへ昇華させた。アルバムの構想のため伊豆に海の見える部屋をとり、機材を持ち込んで制作したことも影響しているのだろう。ちなみに、アルバムのジャケット・デザインは冨田がファンだった横尾忠則が手がけている。　　　　（の）

1981（Better Days）

Mkwaju Ensemble
Mkwaju

高田みどりが参加したことでも知られる伝説的な日本発の打楽器トリオ、Mkwaju Ensembleが81年に日本コロムビア傘下の名門〈Better Days〉から発表したアルバム。日本のパーカッション界の草分け的存在、Peckerと「YMO第4のメンバー」こと松武秀樹も参加し、久石譲によるプロデュースという気合の入り具合。思わず唸るほどに美しく揺れるシンセサイザーに、マリンバやビブラフォンといった生音がみずみずしく溶け合う圧巻の1枚。精霊の音楽ともいうべき澄みきった響きへと吸い込まれるだろう。対となる作品『Ki-Motion』とあわせて要チェック。　　　　　　　　　　　　（門）

1982（Yen Records）

Interior
Interior

日向敏文の実弟である日向大介と、野中英紀を中心とした音楽グループが本バンド。細野晴臣のサポートを受け〈YENレーベル〉より82年メジャーデビューをするが、メンバーの沢村と別当が脱退。その後に、William Ackermanに見出され、日本人唯一の〈Windham Hill〉所属アーティストとなる。都会的なサウンドを奏でる彼らの起用により、これまでのアコースティックで、大自然をイメージさせる作風が多い同レーベルの裾野が広がった。Manuel Göttschingのギターの重なりを思わせる、過剰な音を排した高揚感が見事な1枚である。　　　　　　　　　　　　　　　　　　　　　　　（C）

1983（Victor）

Axis
Natural High

80年代に盛んだった企画モノのコンセプトアルバム。インサートの説明には「病める人々にとって歪んだ軸を正常な方向へ、という願いを込めて登場したシンセサイザーグループAXIS」と書いてあるがなんのこっちゃよく分からない。どうやらキーボード奏者の緒方泰男がプロデュースした作品みたいだが謎である。ただこの作品、内容自体はとてつもなく素晴らしいのだ。森や水などの自然をイメージさせる幻想的なシンセサイザーの響きが五臓六腑に優しく沁み渡る。確かにこれは病める人々を癒す「ヘルス・ミュージック」なのかもしれない。　　　　　　　　　　　　（青）

1983（東芝）

赤尾三千子
横笛

日本古来の伝統楽器である横笛マスターによる83年作。75年頃から「赤尾三千子の世界」という冠で自主企画やコラボレーションを展開。その集大成的アルバムが本作である。アルバム冒頭で予想もしなかったヴォコーダーのような機械を通した般若心経と重いビートが鳴り渡る。ここで生ぬるいリスナーを排除するも、進んでいくにつれてニューエイジ感が増してくる。いや、急増してくる。このアルバムを文字で伝えるのは非常に困難なのでとにかく聴いてほしい。休むことなく19年現在も世界各国で現役バリバリ活躍中。　　　　　　　　　　　　　　　　　　　　　　　　（Y）

1983（Victor）

林英哲
風の使者

広島出身の和太鼓奏者で、グループ演奏を経験後、80年代からソロ奏者として独立。山下洋輔とのデュオなど柔軟な活動でも知られる。83年にリリースされた本作は、近年再評価著しい打楽器奏者の高田みどり、韓国の伽耶琴奏者の池成子、シンセ奏者の千野秀一、和製ポストパンクのハネムーンズという面子が参加。ジャケは横尾忠則。80年代の熱量も感じる和太鼓／パーカッション・エクスペリメンタル。琴、ピアノ、伽耶琴による静謐なフリー"コスモス"、重低音とマリンバの絡みが不思議なミニマル"カラビンカ"など、音楽家としての尖りも見せる。　　　　　（ダ）

1983（Canyon）

山口美央子
月姫

きらびやかなシンセの音色と、そこへシンクロする艶やかな歌声から「シンセの歌姫」と謳われ、コーセー化粧品のイメージ・ソングにも起用、後に職業作曲家として、岡田有希子や郷ひろみ、田村ゆかりにも楽曲を提供する山口美央子の最終作。一風堂で知られる土屋昌巳プロデュース。村上"ポンタ"秀一、松武秀樹、後藤次利らが参加。1曲目の"夕顔〜あはれ〜"の時点で三途の川の向こうへ。そして、"白昼夢"で完全に成仏。本作のトレードマークともいえる浮世離れしたシンセの音色や神秘的な歌は現世を超越、まさに別次元。私的永遠の名盤。　　　　　（門）

1983（Yen Records）

V.A.
Yen Manifold Vol. 1

〈アルファレコード〉のサブレーベルとして細野晴臣、高橋幸宏が中心となって発足した〈YENレーベル〉のコンピレーション・アルバム。在籍していたInteriors、上野耕路、Testpatternが参加している。テクノ・ポップやクラシカルな舞台音楽が収録されていて、そのすべてが高品質という優れもの。特にTestpatternの"RYUGU"は素晴らしい出来で、ぶっといシンセのうねりが意識を宇宙に飛ばしてくれる。ラストの"FRIDAY"でアンビエント感を強く出して終わるのも◎。もうひとつの名コンピ『Down To The Resort 避暑地まで』とあわせて楽しみたい。　　　　　（青）

1984（Epic / Sony）

Apsaras
Apsaras

日本の80年代のオブスキュア・バンド、Apsaras。70年代に活動した高知のTravelin' Band（Flowerではない）を母体とし、80年代からはApsarasと名を改め、本作『Apsaras』を83年にリリースした後、85年にはモントルー・ジャズ・フェスティヴァルにも参加。84年と92年にCDが再発されている。本作の内容はニューエイジの流れも感じる桃源郷サウンドで、ダルシマーのごとき（揚琴とのこと）音から始まるニューエイジ・ロック"Apsaras"をはじめ、歌詞も印象深いヴォーカル曲"陽射しの中で"等、素晴らしいシンフォ・ロックを聴いたときのようなよさがある。　　　　　（ダ）

1984（Japan Record）

Mio Fou
Mio Fou

Moonridersの鈴木博文と元Real Fishの美尾洋乃のユニット。25周年記念盤として09年に紙ジャケット仕様で再版。鈴木と美尾が半々でヴォーカルを受け持ち、ネオアコの先駆けのような1枚ともいえる内容。そんな中でのピアノ、アコースティック・ギターで紡ぐインストゥルメント曲の"白亜の心"が印象的な深みを与えている。25周年記念盤では、ボーナス・トラックにこの作品の曲を再演奏して収められているが、不思議と印象に変化がないのが興味深い。ゼロ年代に入り、Mio Fouとして他に2枚の作品も発表。統一されたジャケット・イメージも見事。　　　　　　　　　　（C）

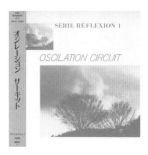

1984（耕作者 / Sound Process）

Oscilation Circuit
Série Réflexion 1

日本の環境音楽の第一人者である芦川聡が創立したサウンド・プロセス・デザインと、磯田健一郎が共作した、最高峰の環境音楽作。信じられないほど美しく、また緩やかな、時代性を超えた反復。今作は、吉村弘や芦川聡といった「波の記譜法」シリーズの諸アルバムに続く企画として制作された。2曲目の"Noctuurne"は、1、3曲目とは風合いが異なり、反復音の上へ幻想的に響く、ドビュッシーのごときメロディーが、一瞬の永遠性について、我々に問いかける。生活に追われているときに必要な環境音楽は、まさに本作のような作品なのだ。　　　　　　　　　　（C）

1984（Music Interior）

Seigén Ono
SEIGÉN

坂本龍一作品をはじめ、数々の録音を手がけたことで有名なレコーディング・エンジニアが、ヴィクターから出ていた「ミュージック・インテリア」シリーズ（同シリーズのいくつかの作品にマスタリングや録音技師で参加している）の第1弾としてリリースした初作品。清水靖晃や山木秀夫など錚々たるメンバーが参加している。必要最低限の音と一分の狂いもないアンサンブルで都市の情景が奏でられる、ミニマル〜モダンクラシカルな作品だが、後にArto LindsayやJohn Zornと共働するようになるオノのアヴァンギャルドへの志向はいたるところに聴き取れる。　　　　　　　（今）

1984（Alfa）

Water Melon Group
Cool Music

中西俊夫（元プラスチックス）が81年に結成したMELONを母体に、屋敷豪太、ヤン富田、バカボン鈴木、高橋誠一らが参加したエキゾチカ・ユニット。Martin Dennyも演奏した"Quiet Village"（作曲はLes Baxter）や、細野晴臣の"香港ブルース"もエキゾ・ニューウェイヴ風でさらに軽やかにカヴァー。ヤン富田のスティール・パンが印象深い、佐藤チカ（元プラスチックス）参加の"Tiare"、ムーディーなラウンジ・ジャズの"Jungle Flower"や"On A Clear Day"も素晴らしい。最後を飾るのはヤン富田プロデュースの、極上和ムード・ミュージック。　　　　　　　　　　　　　　　（ダ）

1984（Canyon）

YAS-KAZ
縄文頌

阿部薫『アカシアの雨がやむとき』、溝口肇『Oasis - Behind The Clear Waters』をはじめ、数々の名作をサポートした打楽器奏者、YAS-KAZこと佐藤康和。坂田明や小杉武久らとの人脈のみならず、Wayne Shorter とも共演を果たし、坂本龍一の85年作『Esperanto』にも抜擢。PRISM や T-SQUARE といったフュージョン畑を巻き込みながら、自身が音楽を担当した舞踏集団、山海塾の演目のために書き下ろしたデビュー作。ガムランやマリンバ等のトライバルな響きと和の郷愁が見事に溶け合い、国籍を完全に超克した不可思議な魅力を放っている。　　　　　　　　　　　　　　（門）

1984（冬樹社）

井上鑑
カルサヴィーナ

アレンジャー／プロデューサーとして数々の有名楽曲を世に送り出し、大瀧詠一作品への参加でも知られるキーボーディストが、当時流行していた「カセット・ブック」という形態でリリースした84年作。バレエ・リュスを支えた伝説的バレリーナ、タマラ・カルサヴィナをイメージした作品で、バレエ・リュスの特徴であるエキゾチシズムを再解釈した楽曲群が白眉。特に琴を大胆にフィーチャーした"ワスラフのいちご狩り"や、アフリカン・カリンバ奏者を加えた"オンディーヌ"に聴かれる、強烈に誇張された異国感は唯一無二のもの。　　　　　　　　（今）

1984（Vap）

北村昌士 ＋ フォノジェニックス
ポスト・モダン・ミュージックへの序章

〈Transrecords〉創設、Canis Lupus や YBO² 等といった名グループでの活動も知られる今は亡き北村昌士と、新月の元ギター、津田治彦らが結成したエレクトリック・バンド、PHONOGENIX の最初にして最後のコラボレーション・アルバム。DX7やMc-4、カシオトーン、TR-808等を用いて演奏。楽曲毎に使用楽器は異なり、三味線やメロトロンを用いた曲もある。インプロ然としたパワーに満ちた立ち回りながらも繊細なミニマリズムが呼吸するエスノ・フュージョンなA面前半の流れは Mkwaju Ensemble の対極である。精神世界の内部へと迫るB面後半も秀逸。　　　　　　　（門）

1984（Canyon）

姫神 With YAS-KAZ
まほろば

岩手を拠点として、日本の古き良き心象風景をシンセサイザーで描き続けた故星吉昭のソロ・プロジェクト姫神（現在は星の息子、吉紀が2代目姫神として活動し続けている）。本作は自身のソロ『縄文頌』で姫神と同様、日本の原風景を描きだしたパーカッショニスト、YAS-KAZこと佐藤康和とのコラボ盤である。「素晴らしい場所」という意味を持っている古の言葉「まほろば」の名を掲げたこのアルバムは、シンセサイザーとパーカッションのグルーヴで霧がかった山奥を覗き見るような桃源郷を生み出しており、ひとつひとつの音が森羅万象を形作っている。　　　　　　（の）

1985（SMS Records）

大村雅朗
The Soundtrack "You Gotta Chance"

吉川晃司の主演映画『ユー・ガッタ・チャンス』のオリジナル・サウンドトラック。1600を超える作品へと携わり、松田聖子の一連のヒット曲や渡辺美里 "My Revolution" のアレンジなどを手がけてきた、早逝のサウンド・クリエイター、大村雅朗による作編曲のもと制作されたアルバム。大村自身による初プロデュース作で、吉川主演映画のサントラとしては初めて発売されることとなった。レフトフィールドなニューウェイヴ・サウンド／アンビエントを横断した実験的なインスト曲と、吉川ヴォーカルによる男クサいトラックの対比が非常に絶妙である。　　　　　（門）

1985（Kuckuck）

ツトム・ヤマシタ
Sea & Sky

ツトム・ヤマシタといえば、Klaus Schulze も参加した、70年代の「Go」の一連の作品によるプロジェクトが有名かもしれないが、80年代は「いろは」シリーズを筆頭に、ニューエイジ／アンビエント色を強めていく。本作は84年にビクターから発売（海外では Deuter や喜多郎で有名な〈Kuckuck〉がリリース）。暗躍する裏方、Paul Buckmaster がオーケストラのアレンジを務めた、シンセとオーケストラの融合を目指した作品。意外とドラマティックで、アンビエント要素のあるシンフォニック・プログレッシヴ・ロックのような趣きがある。　　　　　（ダ）

1985（Sound Of Tranquility）

豊田貴志
Big Bang

豊田貴志はアルファ波が出る音楽や1/fゆらぎサウンドの発明者として有名な作曲家。本作もアルファ波が出るレコードとして85年にリリース。付属のインサートには組曲ビッグバンは脳波のバイオ・フィードバックによって作曲された瞑想音楽と書いてある。実際に30名の被験者を集めて実験しながら科学的根拠に基づいて作曲されていったようだ。しかし蓋を開けてみれば Klaus Schulze よろしくバリバリのジャーマン・エレクトロに仕上がってるのだから分からないものだ。導入から解放に向かって進んでいく構成も見事。邦ニューエイジの隠れた名盤。　　　　　（青）

1985（Switch 45R.P.M.）

新津章夫
Winter Wonderland

自宅の物置を改造した僅か三畳の手製スタジオにて、3年の歳月を費やして制作した妄想宅録音楽の傑作『I・O』でも知られる夭折のギタリスト、新津章夫。同氏が〈Pony Canyon〉系のマイナー・レーベルで、45回転12インチのEP専門の〈Switch〉から発表した作品。所属事務所がバタバタしていた時期の作品のためか、本作は「幻」ともいわれた。Woo や Rimarinba の下町ヴァージョン。『I・O』や『Pet Shop』で見せた破格の創造力は衰えを知らず、宇宙と四畳半と冬の苗場までも一手に繋ぐかのような、滋養たっぷりのプログレ／ニューエイジを展開する。　　　　　（門）

1985（Monad Records）

細野晴臣
Mercuric Dance

細野晴臣が立ち上げた〈モナド・レーベル〉から発表された「観光音楽」シリーズ第1弾。奈良県天河村を舞台にした映像作品のサウンドトラックとして制作されたアルバム。2部構成になっており、前半は長野の飯綱にある宮下富実夫のスタジオで録音されたもの。後半は東京のスタジオでの録音。テーマとして地・水・火・風・空の陰陽五行、躍動感、光など大自然を感じさせるキーワードが挙げられ、神秘性が高い作品に仕上がっている。天河大弁財天社で奉納演奏もされていて、宮下冨美夫の作品と近いものを感じさせる。邦ニューエイジ史屈指の名盤。　　　　　　　　（青）

1985（Monad Records）

細野晴臣
Paradise View

〈モナド・レーベル〉「観光音楽」シリーズ第2弾。こちらも沖縄を舞台にしたカルト映画『パラダイス・ビュー』のサウンドトラックとして制作されたアルバム。沖縄の伝統音楽やアジアの民族音楽をミニマル／アンビエントに落とし込んでいて非常にエクスペリメンタルな仕上がり。下品になり過ぎず、ちゃんとアカデミックなムードが漂ってるところは流石。帯の「亜熱帯幻想」という言葉もなんだか素敵。ちなみにこの映画に細野晴臣自身も出演している。未見ではあるが、ライナーノーツによると聖なる森の司祭役で登場するらしい。ハマリ役かも？　　　　　　（青）

1986（baI.cony Records）

Cockc' Nell
Boys Tree

コクシネルといえば、山崎春美が主催した伝説の音楽イベント「天国注射の昼」への参加や、工藤冬里がメンバーにいたこと等、アンダーグラウンド・サイケ・ロックの文脈で衆目を集めたゆえ、バレアリックDJの系譜では無視され続けているが、ニューエイジの視点で別軸の評価が可能だと思われる。特に、"再生"という曲は、精神世界的な歌詞、逆再生する高周波の電子音など、サイケデリック・ロックの範疇を超えて、ニューエイジ的な電子音にアプローチした側面が垣間見れる。CD再発時に収録された"この光の中"もニューエイジ×テクノの異様な名曲。　　　　　（c）

1986（Shi Zen）

Salut
Aerial Tales

ギター、キーボード、ヴァイオリン、ベース（リコーダー）の4人編成のバンドの唯一作。喜多郎作品を数多くリリースしている〈Sound Design Records〉のサブレーベル〈SHI ZEN〉からのリリース。爪弾かれるギター・アルペジオに静かに寄り添う形で滑らかなヴァイオリンやリコーダーが乗る。変拍子が多く使われており、複雑で緻密な楽曲ばかりが収録されている。一部の乱れもないアンサンブルに、奏者の技術の確かさが感じられるが、プログレ的な小難しさを一切感じさせない滑らかな構成。それぞれの曲も短く後味がスッキリと終わる。　　　　　　　　（今）

1986（Taishita）

Tabo's Project
Eyes Of A Child

サザン・オールスターズのリードギター、大森隆志によるプロジェクトの86年作。矢島賢とヴォーカリストであるNatsuとのトリオ編成。難波弘之のAtlasを思い起こす和レアリック "Feel" を筆頭に、Summer Breezin' & 豊潤なフュージョン歌謡の数々を収めた和モノの人気盤。近い存在のAtlasやPiperなどの和リゾート・ポップと比べると、前者の持ち味なシティポップ味よりも歌謡ロック・テイストに富んでいるが、例に漏れず、ほどよくクラウディーなヴォーカル・ワークが秀逸。フォーク・ギターで織り成す和レアリックなインスト曲 "Truth" で締めくくる最後も美しい。　　　　（門）

1986（Invitation）

芸能山城組
Ecophony Rinne

芸能山城組は山城祥二を主宰とした、世界の民族音楽をテーマとしたグループ。大友克洋監督の映画『AKIRA』の音楽を88年に担当したことで有名。山城祥二は〈JVC〉「ワールド・サウンズ」シリーズの企画／構成も担当しており、ブルガリアン・ボイスや山城組の結成のきっかけにもなったバリ島のケチャ、チベットの声明など多くの録音も手がけた。86年リリースの本作は声楽要素を中心に、サイバーパンクな打ち込み、ニューエイジ、ガムランまでが一体になった作品。ガムラン＋声楽の "瞑想"、お経を取り入れた "散華" など混合された世界観はSFにも合う。　　　（ダ）

1986（JVC）

鈴木良雄
Touch Of Rain

鈴木良雄は60年代後半から活動する日本のベテラン・ジャズ・ベーシスト／キーボーディストで、渡辺貞夫に師事し、Stan GetzやArt Blakeyなど伝説級のグループにも参加したプレイヤーだが、ビクター〈JVC〉傘下の「ミュージック・インテリア」シリーズで『Touch Of Rain』、〈Innovative Communication〉からもリリースされた『Morning Picture』といった作品がある。本作はGeorge Winston的ピアノ曲 "From Country To Town"、エレピの美しいアトモスフェリックな "Touch Of Rain" をはじめとした〈Windham Hill〉ライクなリラックスした作品。　　　（ダ）

1986（CBS / Sony）

溝口肇
水の中のオアシス
（Oasis - Behind The Clear Waters）

スタジオ・ミュージシャンとしてチェロ奏者であった彼が最初にアルバムを作ったのは、24歳のときに自身が起こした自動車事故によってムチウチ症となり、その苦しみから逃れるため「眠るための音楽」を作曲し始めたことがきっかけ。それらの楽曲がまとめられ、86年『ハーフ・インチ・デザート』で〈Sony Records〉からソロ・デビュー。それに続く本作『水の中のオアシス』は、同じ年に発売された2枚目のアルバムだ。初期日向敏文よりも少し軽やかで、密度が増した、映画やノヴェル・ゲームのサウンドトラックのように映像を喚起させる楽曲が連なる。　　　（C）

1986（BIWA Records）

宮下富実夫
天河・五十鈴

宮下富美夫は、日本のプログレッシヴ・ロックの至宝、Far East Family Bandを解散した後、東洋哲学に傾倒し、ヒーリング・ミュージックの分野で有名になった作曲家。本作は天河大弁財天社への音霊奉納演奏のために作られ、ミュージック・セラピストとしての宮下富美夫の原点の作品といわれている。天河神社に古より伝わる独自の神器「五十鈴」の音と、日本情緒あふれるシンセサイザーの響きがなんとも神々しい。日本の風土や美意識、精神性に彩られた邦ニューエイジの傑作。天河神社繋がりで91年に映画『天河伝説殺人事件』の音楽も担当している。　　　　　　　（青）

1986（Misawa Home）

吉村弘
Soundscape 1: Surround

吉村弘（1940-2003）は日本の環境音楽の草分け的存在。旧営団地下鉄や福岡三越、最近では神戸市営地下鉄海岸線のサウンド・ピクトグラムやアクアワールド大洗、神奈川県立近代美術館のサウンド・ロゴ（『Four Postcards』（03）に収録）等、環境に寄り添ったサウンド・デザインを手がけた。本作はミサワホーム総合研究所サウンドデザイン室企画の「サウンドスケープ」シリーズ（2の広瀬豊は〈WRWTFWW〉から再発済）の第1弾。通奏するシンセ上で鳴らされる、単音系の音色がそれぞれ心地よく響き、残響や弱音部へと耳を澄まされるような作品。　　　　　　　　　　　　（ダ）

1986（Alfa）

V.A.
避暑地まで Down To The Resort

帯に書かれた『避暑地まで』というタイトル。こんなにそそられるタイトルはなかなかお目にかかれない。コンパイラーである〈ALFA〉の高橋理氏によるライナーノーツには「これらの音楽を聴くと子供の頃、ひと夏を過ごした箱根や軽井沢を思い出す」とある。ニューエイジ界の錚々たる顔ぶれが参加し、アルバムコンセプトと相まって非常に人気のコンピレーション。一部のマニアの間では、このタイトルにちなんで参加しているアーティストたちを「避暑地系」と呼んだりもするらしい。日向敏文の「夏の猫」と並ぶ、夏に聴きたい〈ALFA〉の名作。　　　　　　　　　　（Y）

1987（Epic）

GONTITI
Legacy of Madam Q

寂然とした導入から、シンセサイザーとワールド・ミュージック的な音色をそっと添え、大らかでユーモアもある音作りの中、シリアスなフレーズや和音が奥行きを広げる。彼らはゴンザレス三上とチチ松村から成る有名な日本のアコースティック・ギター・デュオ。癒し系と称えることも多いが、デビュー以降、自由奔放で唯一無二な作品を発表し続ける。本作『マダムQの遺産』は6枚目の作品で、初期の代表作。作品の経緯としては、彼らの3枚目の作品『PHYSICS』の"マダムQと食卓"をより拡張して制作されたアルバムだ。　　　　　　　　　　　　　　　　　（C）

Masayuki Sakamoto
Psyche

平原綾香の『Jupiter』の編曲者として日本レコード大賞の受賞経験もある職人プロデューサーの唯一作。喜多郎作品を数多くリリースしている〈Sound Design Records〉のサブレーベル〈SHI ZEN〉から。大作映画のクライマックスさながらの壮大なフュージョン "The Great East" でアルバムは始まるが、突然インダストリアルな金属のヒット音が挿入される "After Image" や、滅茶苦茶な即興演奏で幕を閉じる "A Forest" など、随所に実験的精神を感じる楽曲も含まれている。それでいてアルバム全体にまとまった秩序を感じさせるのが職人たる由縁か。　　　　　　　　　　　　　　　（今）

1987（Shi Zen）

Unit C'ys
Etat de Nature

ソプラノ・サックス担当のボブ斉藤とエレクトリック・ギター担当の作山功二の2人からなる大変マイナーなユニット、Unit C'ysの87年デビュー作。同レコードは、ゲスト・ミュージシャンとして、舞踏集団の山海塾を率いる高名なパーカッショニスト、YAS-KAZを迎えて制作された。サックスとエレキ・ギターのユニゾンによるリリカルな即興演奏によって、西欧のロマンティシズムと東洋の神秘性を融合させ、国籍さえも不詳な音世界を顕現させている。また、本作のライナーノーツは当時のニューエイジ・シーンを知る上でも重要な資料である。　　　　　　　　　　　　（門）

1987（Polydor）

東祥高
Azuma

五つの赤い風船の元メンバーとしても知られるシンセサイザー奏者、東祥高。本作は、Tangerine DreamのPeter Baumannが創設したレーベル〈Private Music〉から、当時日本人として初となるリリース。彼は自身の音楽性を「たいそうな意味のないナショナリズム」と語っていて、五つの赤い風船での活動経験も踏まえ、歌詞ではなく、もっと非言語的、抽象的な情報表現で伝えたいという気持ちから、シンセサイザーによるインストゥルメンタルの音楽にたどり着いたのだという。この後、東の音楽性は自身の魂の根源である奈良の風景へと向かうことになる。　　　　　　　　　　　　　（門）

1987（Private Music）

喜多嶋修
FM Shrine

代表作『弁才天』の再発が記憶に新しい、琴を弾くマルチ奏者／ミュージシャン／プロデューサーであり、加山雄三率いたグループ・サウンズのバンド、ザ・ランチャーズのメンバーでもあった喜多嶋修がアメリカで録音した和モノ・メロウ／フュージョン作品。それほど人気の盤ではないが、ニューエイジ好きには見逃せない1枚。色彩豊かなピアノサウンドや飛び跳ねるような琴、尺八の音色などがムーディーに躍動。逆輸入な和の香りへと呑まれる強力盤で、極彩色の神秘的な音世界へと誘拐する表題曲 "FM Shrine" がグッド・ヴァイブス。　　　　　　　　　（門）

1987（Epic / Sony）

1987（Crammed Discs）

清水靖晃
Music For Commercials

マライアの『うたかたの日々』が米〈Palto Flats〉から再発され再評価も著しい清水靖晃。劇伴、アレンジャーなどの裏方仕事としては北島三郎から松本人志の映画と幅広い。『Music For Commercials』はその名の通りCM仕事曲のコンピレーションで、Hector Zazou、Tuxedomoon等をリリースしてきたベルギー名門〈Crammed Discs〉からリリースされた。曲名がそれぞれ提供先？になっていて面白い。『Kankyō Ongaku』コンピに収録された"Seiko 3"をはじめ素晴らしいBGM仕事で、ほぼ短めのジングル的な曲で構成されたアルバムなのも良い塩梅。　　　　　　　　　　　　　　　　　　　（ダ）

1987（SHIZEN）

宗次郎
FOREST

『ぐるっと海道3万キロ』における姫神、『海のシルクロード』におけるS.E.N.S.と80年代NHK紀行番組は多くのニューエイジ・ミュージシャンの存在を世に知らしめるきっかけとなった。国民的オカリナ奏者の宗次郎は86年に『NHK特集大黄河』の音楽を担当し一気にブレイク。その勢いで翌87年に本作を発表。弦アレンジはTaka NanriとⅡ『Fortunes of War』をはじめTV劇伴をメインに活躍していたKenard Ramseyが担当。〈ポリドール〉〈サウンド・デザイン・レコード〉〈SHIZEN〉と3重構造で所属レーベルに関して非常に分かりづらい。　　　　　　　　　　　　　　　　　（ブギ）

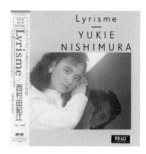

1987（Canyon）

西村由紀江
Lyrisme

西村由紀江はドラマ『101回目のプロポーズ』の音楽を担当したTV音楽の分野で有名なピアニスト／作曲家。現在もコンポーザーとして活躍している。本作は87年に発表されたソロ2作目。〈ECM〉を彷彿とさせるようなコンテンポラリー・ジャズからクラシカルなレゲエ・ナンバーまで幅広い音楽性が垣間見える初期の傑作。後半になるにつれて段々と派手な音作りになっていく構成なので前半のほうがニューエイジ感は強い。"Tomadoi"のギターで鳥山雄司が参加しているのもポイントが高い。ジャケットも含めて妖精のような佇まいがなんともメルヘン。　　　　　　　（青）

1987（Eastworld）

吉川洋一郎
The Miracle Planet

戸川純のヤプーズの元キーボーディスト／編曲家として知られる音楽家。劇伴やアレンジャーとしての活動が広く、舞踏グループの山海塾への曲提供や、CM、NHK番組を中心としたサントラ制作など多岐にわたる仕事をしている。代表作とされる劇伴作品はNHK特集『地球大紀行』（87）のサントラ『The Miracle Planet』。クラシカル／オーケストラな曲から80sエレクトロ風の曲が混在したサントラで、メインテーマはシンセとオケが融合した名曲。『キプロス』（アルバム曲"ヌーベ"は『Kankyō Ongaku』にも収録）『アクアの夢』もあわせて聴きたい。　　　　　　　　　　（ダ）

1987（Interface）

V.A.
Sunset Hills Hotel

87年に日本コロムビア傘下の〈Interface〉のリゾート・ミュージック・プロジェクト「Imagination File」からLPとCDでそれぞれリリースされた作品。鈴木茂によるプロデュースのもと、リゾート気分満点な細越麟太郎の写真集『サンセット・ヒルズ・ホテル』のイメージ・アルバムとして制作された。参加陣も当時の日本のトップ・クリエイターが揃い踏みといった人選で、大貫妙子、南佳孝、松任谷正隆、加藤和彦をはじめとした面々が集う。南国気分の陽気なエネルギーとバレアリック／ダウンテンポな魅力に満ちたイージー・リスニング・テイストな1枚。　　　　　　　　　　　（門）

1988（BMG Victor）

135
MIZ-INCO

歌モノアルバムの「overture」もしくは「序曲」がニューエイジだったという経験は音楽好きの「あるある」だと思いますが、本作の「overture」である "アルメニアの古城" はまさにこれからアルバムが始まる高揚感が詰まった名曲。シンセ・パンフルート、チャランゴといったフォルクローレ風の上モノ、タムの連打が素晴らしい。もうひとつのインスト曲 "月曜の朝に" はピアノとストリングスによる荘厳な雰囲気。財津和夫、角松敏生、TUBE作品での鍵盤演奏、そして自身のラウンジ音楽プロジェクト、サロン'68でもおなじみの林有三が全面参加。　　　　　　　　　　　（ブギ）

1988（CBS / Sony）

Killing Time
Irene

プログレッシヴ・ロックは80年代に大方解体し、ニューウェイブ、フュージョン、クロスオーバーなどと、もはやジャンルとして定義することなく自由に音を絡ませるような無国籍なサウンドが多く生まれ、日本においても坂本龍一や細野晴臣、清水靖晃などがシーンを盛り上げ、近年再評価も著しい。そんな中でも、板倉文がニューウェイブ・バンドであるチャクラ解散後の1985年頃から本格的に活動させたのが、このKilling Time。その1stアルバムが本作である。特に1曲目の静寂なサウンドは最高の導入曲。彼らはGONTITIのデビューにも携わっている。　　　　　　　（C）

1988（ALM）

Masahiro Sugaya
海の動物園

クラシックから古楽、フリージャズなどの自主盤を手がけるコジマ録音のレーベル〈ALM Records〉から出た88年作。国際的に評価されていた演劇集団パパ・タラフマラの音楽を手がけ、退団後はマルチチャンネルのスピーカーを用いたミュージック・コンクレート作品を多数制作している。本作『海の動物園』もパパ・タラフマラのパフォーマンス用に制作されており、無重力状態をテーマとしたもの。心地よい浮遊感を生み出すリズムの反復と、澄みきった青空に吸い込まれるように響く幽かなピアノ。残念ながら映像はないが、音楽の多弁さがすべてを語る。　　　　　　（今）

1988（Sony）

和泉宏隆
AMOSHE

THE SQUARE（現：T-SQUARE）キーボード奏者のソロ。帯には「ポップ・フュージョン」と書いてある。ジャズ・ミュージシャンと思えぬ3和音のシンプルな響きに驚かされますがメロディがストレートに伝わってくる。リズム隊は有賀信雄（92年のアルバム『Umbrella』がシティポップの文脈で再評価）と神保彰という珍しい組み合わせ。セカンドラインを早回ししたようなパターンとラテンのパターンを掛け合わせたような不思議な雰囲気。向圭一郎による南極の氷山（?）、青、紫を基調としたアートワークは始原のヴェイパーウェイブとしてとても美しい。　　　　　　　　　　（ブギ）

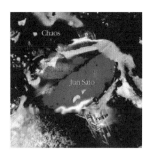

1988（Pony Canyon）

佐藤準
Chaos

繊細さと大胆さを同居させた、傑作キーボード・ミュージック『彩～AYA～』も人気のキーボード奏者／作曲家／編曲家、佐藤準の90年2nd。同氏は竹内まりや、矢沢永吉などの作品にも名を連ねる。ヴォーカルは、ライト・メロウ歌謡でも人気の歌手、丸山圭子やア○○○○、○○○ひろし等、○○で○後半2曲に松原正樹が参加。シンセやフルートが澄んだ響きを香らせ、豊潤なニューエイジ・ヴァイブスを育みながらここではないどこかへとご案内。非日常的光景へと沈む。アップテンポな曲とダウンテンポな曲の対比もまた絶妙である。　　　　　　　　　（門）

1988（Wax Records）

原マスミ
夜の幸

原マスミは近年ではよしもとばななの小説の表紙などで知られるイラストレーターだが、76年にシンガーソングライターとして活動を始め、80年代には3枚のアルバムをリリースしている。今作は〈Wax Records〉からリリースされた88年発表の3作目。原マスミのサウンド・メイキングは非常に多種多様だが、小さな星のきらめきのようなキッチュな電子音と、愛やデカダンスといった原の神秘主義的な歌詞によって化学反応が発生すると、「夜」という大きなキャンバスの上に、小気味よく愛や死を音楽で描く原マスミ・ポップスの扉が開かれてゆくのだ。　　　　　　　（の）

1988（CBS / Sony）

村松健
おいしいお茶の入れ方

81年のデビュー以降、フュージョン期を経て、ピアノを中心としたインストゥルメンタル作品をコンスタントに発表している村松健。今作は8枚目の作品。ボサノヴァ的な軽やかな心地よいリズムもあれば、彼の本領ともいえるメロディアスで、とても優しいピアノ曲もある。"月とお話し"という楽曲を聴くたびに、ぎゅっと胸を掴まされてしまう。00年以降はアニメ作品のサウンドトラックも手がける。『紅 KURENAI オリジナルサウンドトラック』にも収録された"祈り続ける"は、憂いを帯びた珠玉の1曲。屈託のない彼のような音楽だからこそ響くものがある。　　　　　　（C）

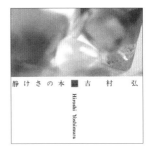

1988（Misawa Home）

吉村弘
静けさの本

柴野さつきによる全編ピアノ演奏作品、ミサワホーム総合研究所サウンドデザイン室「サウンドスケープ」シリーズの3作目として、88年に発売された後、新たに吉村のポエムや譜面等が書籍として付随した形で、03年に発売された。余計な技巧を排し、ただ美しい、また物悲しいノスタルジックでシンプルなメロディを、柴野が優しく弾き綴る。最も音楽を求めているときに、世にある音楽には添加物や情報量が多過ぎる。余計な知識やリスナーとしての技量を求める難解さもいらない。この作品からあふれる音の断片が、己の奥底にある心の線を、かろうじて前の景色へとつなぎとめる。　　（C）

1989（日本コロムビア）

EOA
Outside

上野耕路、堀由紀子、桑野聖の3人によって結成されたプロジェクト、EOA（Ensemble Open-end AKI）。ゲルニカや映画音楽を手がける上野が作曲／キーボードを担当している。エリック・サティの"Gymnopedies"が使用された映画、ルイ・マル監督『鬼火』からインスパイアされた本作はサティのような静かな曲調に、唐突に雷のような電子音が入り込む内容で、人間や動物の死体から生じる霊魂が浮遊するような不思議な感覚を受ける。プロジェクト名には、不慮の事故死を遂げた、坂本龍一等のマネージャーで知られる生田朗氏へ捧げる意味が込められている。　　（c）

1989（PONY CANYON）

mar-pa
RIMLAND

82年から92年にかけて活動した5人組バンド、mar-paの第2作。「リムランド」は、日本列島から東シナ海、南シナ海、インド洋沿岸、ユーラシア大陸の東から南側沿岸の亜熱帯を、アジアでも東洋でもない地球上の新エリアとして提唱した造語である。日本製の電子楽器によって金属感のある民族楽器の音響を模し、伝統的な東南アジア風の音階で演奏された、高貴で浮遊感のあるニューエイジ・フュージョンとなっている。一般的には知られてないバンドだが、演奏技術や曲毎の展開の多様さ含め、再発見されるべき作品。オノ・セイゲンプロデュース。　　（c）

1989（東芝EMI）

浦田恵司
世界の果て

日本の実験バンド、Aragonへシンセ・プログラミングで参加し、芸能山城組の諸作『交響組曲アキラ』等のサウンド・アーキテクトを経て（中でも、『メガゾーン23』のサウンドトラックはポップさと実験性を兼ねた傑作）、平成元年に発表された第1作。Aragonから今剛と難波正司が、また井上鑑や鈴木茂などのバレアリック感のある演奏者が参加。パーカッション等、ひとつひとつの音が異様なレベルでクリアに鳴り、別の空間が立ち上がってくるような感覚を受ける。ライナーに、浦田の別名義だと思われる浦田彩蓮の仏教詩が掲載されたコンセプチュアル作品。　　（c）

1989（King Records）

山形由美
CRYSTAL AIR

デビュー当時は硬質な打ち込みの上でフルートを演奏していたが、バブル終焉の入り口頃から徐々に自然指向へとシフト。とはいえ本作はまだまだ80年代マナーな打ち込み満載。自作2曲の他、入江純（アルバム全体の編曲も担当）、難波正司という豪華作曲陣による書き下ろしに加えイギリス民謡 "グリーンスリーブス" のカヴァー収録。メロディが始まるまで3拍子なのか4拍子なのか掴みづらいリズムの遊びが楽しい。ライナーには山形自身による少女漫画の1/4ページ的な、ポエムとも解説ともいいがたい味わい深い文章が収録されている。　　　　　　　　　　　（ブギ）

1990（Newsic）

Yoshiaki Ochi
Natural Sonic

三宅一生コレクションの作曲とパフォーマンスでも世界的に注目を集めた日本の作曲家、越智義朗。同氏は、甲田益也子やゴンチチ、Towa Tei などの作品でも演奏を披露した。下着メーカーのワコールが85年に東京青山にオープンさせた複合文化施設「スパイラル」の音楽レーベル〈NEWSIC〉からリリース。海の大きなリズムの中で、そこにある流木を叩いたり、山の渓谷の中の川の水面を叩いたりした音を収録。タイヤやネパール、東〜西アフリカなどの民族楽器を用い、しなやかに脈を打つパーカッションの躍動感に満ちた響きが没入感たっぷり。　　　　　　　　　　　　　（門）

1990（AIR Records）

上原和夫
コスモス I　上原和夫作品集

かつて大阪芸術大学音楽学科・大学院芸術制作研究科教授を勤めていた電子音楽家の84年〜90年までの作品をまとめたアルバム。フェアライトCMI他当時の最先端技術を駆使して、自然音、街頭ノイズ、人の話し声を素材にしているが調性感に重きを置く作曲をするのが特徴的。同時期に台頭した吉松隆と交流があったのかは不明だが共通する部分がある。「レ・ソ・ラ」という鋭い和音が鳴り続ける "Objet Sonores"（84年作曲、89年録音）は非常に心地よい。ライナーには上原和夫の音楽を成立させるためのシステムの図解収録。　　　　　　　　　　　　　　　（ブギ）

1990（King Records）

久米大作＆セラ
9ピクチャー・カーズ　マルコ・ポーロの耳

フュージョン・バンド、PRISMの鍵盤奏者としてデビューし、仙波清彦いるはにわオールスターズへの参加や、北野武監督『その男、凶暴につき』音楽担当等を経て発表された本作。"Jordan" という中東の都市の曲から始まり、"Dance Ternate" というインドネシアの都市の曲へとマルコ・ポーロが旅した東欧〜アジア大陸をイメージした音楽が演奏される。特に "Malabar Jubilee" という曲では、バレアリック／ニューエイジ的なシンセやピアノの響きと、マス・ロック感のある演奏が融合した稀有な内容で、斉藤ネコ、バカボン鈴木といった手練がそれを支える。　　　　　　　（e）

1990（日本クラウン）

倉本裕基 with ストリングス
コンチェルティーノ

ライトなクラシックとジャズ、日本と韓国をまたにかける人気ピアニストによる過去作のリメイク集。ピアノ、ストリングス、フルート、オーボエ、ホルン、ハープという編成でダビングなしの一発録音。86年の名盤『愁湖』からわずか4年でかなりのタッチの変化、作風の変化を感じる。全曲書き譜なのかと思いきや"リトル・スターライト"では〈ECM〉的、あるいはKeith Jarrett『The Koln Concert』的ともいえるリヴァーブがかかった即興演奏を披露。9thの鋭利な響きが曲全体にほどよい緊張感を漂わせている。アルバムを締める"夜明け"も同様の雰囲気。　　　　　　　　　　　（ブギ）

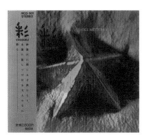

1990（Nada）

光森英毅
彩 Colours

海外でも高い評価を得ていた日本のエスノ・フュージョン／ニューエイジ・グループであるApsaras（元トラベリン・バンド）や京都の伝説のプログレ／サイケ・バンド、だててんりゅうにも参加していた鍵盤奏者が残した自主盤。帯には「砂遊びに興じる子供たちと、永遠に旅しつづける大人たちに贈る」と書かれている。様々な音楽活動を繰り広げ、四国のレオマワールドのテーマソングも担当している。惜しくも18年7月4日に他界。日本人に息づく郷愁の念や土着的な宗教観を土台にしたエスニックなニューエイジ・サウンドが鋭く心に迫る。　　　　　　　　　　　（門）

1991（Panam）

Everything Play
POSH

すきすきスウィッチやWorld Standard等で知られる鈴木惣一郎と、Corneliusの作品に初期からシンセ・マニュピレーターとして参加する美島豊明によって結成されたEverything Play。タイ語での語りから始まり、Martin Dennyの影響がうかがえるエキゾ・サウンドが展開される。モンド・ミュージックの中でもニューエイジ解釈が可能な90年代初頭の傑作。EXPO等の活動で知られる山口優がアレンジで参加し、他にも細野晴臣が1曲参加している。97年には、アーティストの意向通り、オリジナル・モノラル・ミックスによるアナログ盤が復刻された。　　　　　　　　　　　（e）

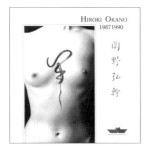

1991（Innovative Communication）

Hiroki Okano
19871990

風の楽団（R.Carlos Nakaiの『Island of Bows』に参加）、天空オーケストラといったグループでの活動も知られる、日本の現役ニューエイジ音楽家の岡野弘幹。90年代には、Klaus Schulze創設の〈Innovative Communication〉と契約し、数枚の作品を残す。87～90年の作品を集めたデビュー・アルバムとなる本作は91年にリリースされた。ワールド・ミュージック風、アンビエント、ピアノ曲とバラエティに富むが、Durutti Column的な"Drop"が気になった。童謡"かごめかごめ"がベースの声楽曲"Kagome"はもとのマザーグース感と相まって和の情念さえ感じる。　　　　　　　　　　　（ダ）

渡辺博也
逢いたい時にあなたはいない OST

渡辺博也劇伴の特徴として主題歌のインスト・バージョンでも決して聴き逃せないという点が挙げられる。ニューエイジ的に減速されオルゴールがメロディをとる"遠い街のどこかで…"（オリジナル：中山美穂）が2パターン収録されているが決して添えものではない。その他"Someday.Somewhere"でのハープのシーケンス、"Moonlight Merry-Go-Round"でのパーカッションの丁寧な配置が素晴らしい。サンクス欄には"アノ"亀山千広の名前が。本作と地続きな世界観の渡辺博也劇伴を楽しみたい方はTBS系『ひと夏のプロポーズ』OSTも必聴。　　　　　　　　　　　　　　　（ブギ）

1991（Victor）

渡辺路代
Fantastic Sound

YAMAHAのエレクトーンに対抗して（？）ビクターが開発したビクトロンなる鍵盤楽器の広告塔奏者によるアルバム。本作発表時にはビクトロン生産終了が決定していたという切ない情報がライナーに記されている。楽曲の着想は東海地方、揖斐川を中心とした郷土心あふれるもの（本作制作時、渡辺路代は揖斐川町在住）。川のせせらぎや鉄道が走る音を模したSEが特徴的。"うすずみファンタジア〜根尾村うすずみ桜と樽見鉄道へ贈る〜"での隙間を恐れるようなリズムの埋め方はEgberto Gismonti『心の街（CIDADE CORACAO）』を連想させる。　　　　　　　　　　（ブギ）

1992（FUN HOUSE）

プレイアード
-閃めく音宇宙-

桐朋学園出身者によるフルート、クラリネット、マリンバ、パーカッション、コントラバスという編成の5人組。グループ命名者の三善晃は本作に愛情あふれるライナー、ハーモニーの要素を極力なくし楽器の配置と空間に重点を置いた硬質な構成の楽曲"メサージュ・ソノール"を提供。その他『沙粧妙子 – 最後の事件 - 』OSTでおなじみ岩代太郎は11分を超える大作"Affection from the Pleiades"を提供。カウベルのみとは思えない黒川正宏による重層的なグルーヴは圧巻。編集の跡が分からない（おそらく一切の編集なし？）驚異的な集中力の演奏。　　　　　　　　　　　　　（ブギ）

1992（Sony）

山辺義大、崎久保吉啓、他
七人のおたく OST

バブルガム・ブラザーズの主題歌の印象が強いかもしれないが実は隠れたニューエイジOST。映画冒頭、俯瞰で海を映した美しいタイトルバックで流れる深くゲート・リヴァーブがかかったスネア、シンセ・ストリングス、荘厳なコーラスが特徴的な"Petit Paradise"はもし『Le Grand Bleu』中で流れてもまったく違和感のないこれぞニューエイジという名曲。同じメロディをボッサ風に変奏した"Isle Of Wish"も楽しい仕上がり。ピアノ、マンドリン（シンセ？）、そして後半に一瞬だけ鳴るオルゴールが切ない"Mongolfie Office"も素晴らしい。　　　　　　　　　　　　　（ブギ）

1992（Sony）

吉原すみれ
パーカッション・ファンタジア

藝大出身、マリンバのエキスパートが、はにわオールスターズの再結成で近年話題の仙波清彦を音楽面のブレーンに迎えた快作。ティンパニの上に竹鳴子を置くような遊び心が存分に発揮されている。George Gershwin、Henry Manciniのカヴァーが収録されているが原形をとどめない仕上がり。アルバム締め"レズクジャ"でのハイハット裏打ちと微妙にシンクロしない独自のリズム遊びが面白い。スペシャル・サンクス欄にコーネリアスでおなじみスリー・ディー・コーポレーションの岡一郎の名前が。渋谷系史観で振り返られることのない名盤。息を呑む残響。　　　　　　（ブギ）

1992（東芝EMI）

若草恵
十年愛 OST

大江千里のトンデモな場面が記憶に残っているドラマですが実はOSTが素晴らしい。細かく分けると中域にPaul Buckmaster、高域にClaus Ogermannをルーツに持つ若草恵が書く弦の美しさが歌謡曲仕事よりダイレクトに伝わってくる。"白い影"での9thの響きが美しい。ミュージシャンのクレジットはないが青山純を思わせるタイトなフィルインが心地よい本作唯一のスムース・ジャズ曲"MIDNIGHT CRUISE"は名曲（ニューエイジではないが…）。ライナーには若草恵本人の文章他、主要ディスコグラフィ、受賞作品一覧を収録。　　　　　　（ブギ）

1992（水戸芸術館）

V.A.
Prologue to ANOTHER WORLD

水戸芸術館での企画展「ANOTHER WORLD」では、当時隆盛していたニューエイジ／精神世界的なトピック（霊界、ユートピア、神秘主義、オカルティズム、ドラッグ、VR等々、現実の社会の外部にあるもの）が、アナザーワールドと称され展覧会のテーマに置かれた。本作は上記展示に合わせて制作され、日本美術界とニューエイジ文化が邂逅した稀少な音源を聴くことができる。美術館でおこなわれたスプーン曲げの音、池田亮二がティモシー・リアリーの語りを用いた電子作品からヘミシンク音まで。怪談風に変調された松岡正剛の声が面白く、素晴らしい。　　　　（e）

1993（Crime）

Asturias
Cryptogam Illusion

ジャパニーズ・プログレを代表するマルチ奏者、大山曜によるプロジェクト・ユニットの93年の3rd。ゲスト・ミュージシャンは、新月の津田治彦（新月）、桜井和美（AFFLATUS）、上野洋子（ZABADAK）に加え、ピアノ、チェロ、ヴィオラ、ファゴット奏者も起用している。自ら最高傑作とする大山曰く、「無人島に1枚持っていくとしたら、本作か『TUBULAR BELLS』で迷う」という。アコースティック楽器を大胆に導入、技巧と洗練が見事に溶け合う中、オリエンタルな空気感を基調にプログレ的躍動感にあふれたニューエイジ・サウンドを展開している。　　　　　（門）

1993（Biosphere Records）

Yoko Ueno
Voices

幻想的な世界観を持ったロック・バンド、ZABADAKのメンバー、上野洋子が93年、ZABADAKを脱退発表後発表した1stソロ・アルバム。上野自身の声の多重録音をメインにアルバムを構築した結果、ZABADAKの牧歌的な音楽とは対照的な、厳かで神秘的な作品となった。また原マスミによって描かれた、目を閉じた天使が電線の上に座っているジャケットもまるで上野自身の声が天使の姿になったかのよう。彼女は今作以降も自身の声にフォーカスを当てたアルバムをリリースし、それと並行してアニメやゲームへの楽曲提供といった多岐に渡る活動を続けている。 　　　（の）

1993（WEA MUSIC）

岡田徹
星空のアコーディオン

Steve Hiettのレコーディングで出会った、岡田徹（Moonriders）と渚十五という2人の音楽家による本作。渋谷系風のジャケットに、アコーディオンという音色に自由度がない楽器が前面に出た作品なので、おそらく敬遠されがちなのだが、4部構成の（8分で3回曲の展開が変わる）電子ワルツ"雪で迷子になった街"をはじめ　令休を通して予想外な変種のアレンジに驚きを受ける。他にも、ラーガ風アレンジのエモ・トリップ・ポップ"Song of Wondering"など、岡田徹と渚十五の作品は、GONTITIとはオルタナティヴなニューエイジ・ポップスとして存在する。 　　　（e）

1993（Sony）

水口博也 ＋ Missing Link
Dolphin

海洋生物ジャーナリスト／写真家として、イルカ・クジラの図鑑等の著作がある水口博也プロデュースによるイルカをテーマにした作品。コンポーザーは川端潤らMissing Link。イルカの鳴き声を取り入れた歌モノ"Sunshine Again"をはじめとしたイージーリスニング曲集。素朴な出来ながらも聴かせるものがあり、イルカ声入りアンビエント"The Cradle Of The Ocean"は一聴の価値がある。同シリーズにフィールド・レコーディング作品の『Mind Migration』も存在し、こちらはクジラ、シャチから鳥、自然音まで様々な音が聴ける海洋フィルレコ作。 　　　（ダ）

1993（Sony）

V.A.
宮沢賢治 メンタル・サウンド・スケッチ
星めぐりの歌

宮沢賢治の音楽を、細野晴臣＆裕木奈江、清水靖晃、Everything Play、近藤達郎（チャクラ、ウニタミニマ）、清水一登（チャクラ、Killing Time）、ヤン富田といった、日本のポップス〜実験音楽を表や裏で大きく支える強力な面々が再現した本作。その中でも、久米大作の編曲による男性合唱歌"種山ヶ原"（原曲は、ドヴォルザーク交響曲第9番「新世界より」第2楽章）は、沖縄民謡とガムランが合成したようなビートと、間奏での叫びのような電子ギターで構成された〈Night Slugs〉的な金属感のある曲で素晴らしい。 　　　（e）

1995（Epic）

Love, Peace & Trance
Love, Peace & Trance

甲田益也子（Dip In The Pool）、小川美潮（チャクラ、はにわちゃん）、遊佐未森の3人娘が参加し、細野晴臣がプロデュースしたアンビエント・ユニット。楽曲の多くは、Dip In The Poolや福澤もろ、Killing Time等のリメイク。この作品で耳を引くのが、細野の盟友で、02年に心臓病で他界した「シャーマン音楽家」、福澤もろの隠れた名曲"Hasu Kriya"のカヴァー。沖縄民謡風の歌唱とコーラスがたおやかなアンビエンスと共に広がり、極楽を現出させる。『Cochin Moon』とポップスとの折衷に成功したアンビエント・ポップスの過小評価された傑作。　　　　　　　　　　　　　　　　（門）

1995（FUN HOUSE）

S.E.N.S.
Asian Blue

深浦昭彦と勝木ゆかりによる日本を代表するニューエイジ・デュオ。88年のデビュー以降NHKドキュメンタリー番組のBGMを多数手がけ、93年オンワード「組曲」CM曲"人と時と風の中へ"で一気に邦ニューエイジ音楽界の頂点へ。同時期『あすなろ白書』でフジテレビ劇伴界の頂点へ。本作は90年代以降控えめになりつつあったリズムを久々に強調したアルバム。タブラを全面的に使用しながら一切サイケの匂いを感じさせない"Tin Field"（TBS『日本海大紀行』挿入曲）、マリンバを加工したような音色のループが心地よいイーノ風味な"Ripple"は必聴。　　　　　　　　（ブギ）

1995（EASTERNGALE）

浦田恵司プロジェクト
月光

前作『世界の果て』から6年後に発表された浦田恵司の第2作。"虚構の沼"という厭世的な曲名から始まる本作は、全編をダークな印象が覆い、制作者の心境の変化に思いを馳せる。2曲目以降、呪術のような言語感のない歌や、くじらの鳴き声を模した電子音、土着感のあるリズム音等から大自然のイメージが呼び起こされ、よりニューエイジ色の強い作品となっている。特筆する点は、やはり音作りの異様な鮮明さで、音楽理論的な旋律、和声進行、律動といった要素を評価の外に置き去るような音響へのこだわりが、大自然の崇高さを浮かび上がらせる。　　　　　　　　　　（e）

1995（Epic）

竹下欣伸
恋人よ OST

クライズラー＆カンパニーのベーシスト、竹下欣伸によるトレンディ・ニューエイジ。"ETUDE C - dur"、"ETUDE e - moll"での808のリズム（生ドラムとの同期あり）とピアノの響きが素晴らしい。David Foster作曲、Celine Dion歌唱というドラマ主題歌としてはあまりに豪華な"To Love You More"が3パターン収録されているが中でもシンセのみのバージョンはニューエイジ心をくすぐる低体温な仕上がり。クライズラー全員揃ってのバージョンは葉加瀬太郎の満面の笑みが見えるような雰囲気。瀬戸透によるジャケット・デザインが素晴らしいです。　　　　　　　　　　（ブギ）

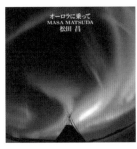

1995（PONY CANYON）

松田昌
オーロラに乗って

上モノに比重を置くニューエイジが多い中、リズムでリスナーの関心を引っ張っていくという珍しいアルバム。例えばタイトル曲での左右zap音のパンニング、"走れトナカイ 世界の子供たちのために"での鈴とハイハットのシーケンス、"オーロラ"での6/8拍子等々。ニューエイジであることに徹しつつも存在感のあるドラムとリズム全般の打ち込みは滝本季延によるもの。ブックレットにはオーロラ写真家、門脇久芳によるフィンランド北部ラップランドについてのエッセイが収録されている。同時期に『オーロラ』というCD-ROMも発売された。　　　　　　　　　　　（ブギ）

1996（Crayon.inc）

Lois Crayon
Retro

大阪のアパレル・ブランド「Lois CRAYON」が96年に非売品のノベルティ・レコードとして制作した大変貴重な作品。あまり詳細は明らかにされておらず、演奏者は不明となっている。ピアノからストリングス、尺八、琴、民族楽器まで1曲1曲、違う楽器が用いられているのも特徴的。洗練の果てにありながらも、表題通り、底知れず深いノスタルジアへと沈む可憐なる響きたち、この美しさを前にしては誰もが童心へと帰らざるを得ないだろう。個人的にも、今まで聴いてきたニューエイジ・レコードの中でもトップクラスに美しい1枚と感じている。　　　　　　　（門）

1996（Sony）

有賀啓雄
ACRI OST

監督を務めた石井竜也が劇場公開後に自殺を考えるほどの負債を抱え、結果的に米米CLUB解散のきっかけとなってしまった全編オーストラリア撮影の和製『Le Grand Bleu』な色彩の映画のOST。金原千恵子ストリングスからメルボルン交響楽団まで揃えるまさにCDバブル崩壊前夜の豪華さ。シンセパッドでGmaj7（9）のコードを49秒持続させた"READING"が心地よい。石井は同年Char、有賀啓雄と共に期間限定ユニット、ACRIを結成。"海より深く"では一聴して江口洋介と分かる粘りのあるコーラスが。清涼感あふれる三沢またろうのパーカッションが最高。　　　　　（ブギ）

1996（マーキュリー）

寺嶋民哉
イグアナの娘 オリジナル・サウンドトラック

自分の顔がイグアナにしか見えない菅野美穂が、母親の憎悪と学校でのいじめに蹂躙されながらも自身の常軌を逸した寛容と赦しで困難を乗り越えるドラマ（出演の小嶺麗奈逮捕でアマプラ配信停止）のサントラ。プレステみたいな海を泳ぐイグアナをバックに流れるOPテーマがニューエイジ的。本テーマを聴いてイグアナから人間への人魚姫的転生と母親が娘に向ける粘性心理の業について思いを馳せ、疲れたら本作収録の"Your Song"（Elton John作曲。ただし著作権の都合かインスト）を聴こう。Giant Clawの『SOFT CHANNEL』ジャケは本ドラマ画のパロ。　　　　　（関）

1997（FUN HOUSE）

S.E.N.S.
Flying ミセスシンデレラ OST

S.E.N.S.名義ではあるが深浦昭彦不参加。実質勝木ゆかりのソロア
ルバム（この形式は後も続く）。生ギターと「アーウー」コーラスと
いう〈Windham Hill〉系ニューエイジ "Heaven's Song 〜 Whisper Vox"、
歪なループの上に加藤JOEグループによるライヒ風シーケンスが
乗る "Nite Wing"、ラテン・パーカッションが鳴るものの低体温な
"Peep"、静謐なピアノとベースを切り裂くようなギター・ソロが特
徴的な "Pain" 等々名曲多し。〈Thrill Jockey〉から発売されてもおか
しくない90年代後半の病的な雰囲気。音響系という言葉を思い出
す。 （ブギ）

1999（Grandisc）

Miyako Koda
Jupiter

16年に〈Music From Memory〉からリイシューされた『On Retinae』が
記憶に新しい、Dip In The Pool のヴォーカリストにしてソングライ
ターである甲田益也子のソロ作。清水靖晃、Towa Tei や細野晴臣、
越智義朗等が参加した。虫や鳥の声がレイヤーされたシンセサイ
ザーのミニマル・シーケンスを練り上げる "Io"、細野プロデュー
スの "Sleep In Peace" では、日本的な「間」の美学を基調に、ジャジー
でアーバンな夜景を届ける。霊妙な言葉選びが斬新なポエトリー "A
Sea Of Love" は Visible Cloaks の『Reassemblage』収録の "Valve" でも引
用されている。 （門）

1998（東芝EMI）

千住明
アフリカの夢

アフリカの楽器やフィールドワークSEに頼ることなくあえてオー
ケストラのみでアフリカを表現するという意欲作。本作はそのま
ま TBS系人気バラエティ番組『どうぶつ奇想天外！』OSTとして使
用されていた。近年邦アンビエントにとどまらない再評価の波が
来ている高田みどりがパーカッションを担当。"大地の呼吸" での
ボレロとアフリカの中間のようなリズム・パターンが心地よい。"蜃
気楼のハンター" でのクリックの概念を経た上でのビート感も素晴
らしい。ちなみにジャケットの絵は現南スーダンのポラタカに住
む少年が描いたもの。 （ブギ）

1998（東芝EMI）

東儀秀樹
TOGISM

雅楽によるビートルズ演奏活動が原因なのか、膨大なギター・コ
レクションが原因なのか、これほど有名でありながらナチュラル
にスルーされている稀有な音楽家／雅楽師のベスト盤。90年代
CM曲の隠れた宝庫でもある。篳篥、笙、龍笛等々ほぼすべての楽
器を自宅スタジオ（一部〈東芝〉のスタジオ）で録音。"Starlight
Cruise" での『Twin Peaks』的な（キーも同じ）低域の深いシンセパッ
ドの広がりから一気に心を掴まれる。ドラムの打ち込みは90年代
後半らしからぬ格子状のパターンだが、シンセウェイヴを経由し
た現在の耳では発見が多い。 （ブギ）

1999 (SONIC PLATE)

Enitokwa
Floating Works 1996-1999

中里丈人 (a.k.a.Dub Sonic) のレーベルから発表された 2nd。96年から99年に日記のように制作された楽曲を収録。シンセ、ドラムマシン等の入力音を反復させ、イコライザー等の操作により曲を展開していくという Enitokwa の作曲様式が色濃く表れた作品。ドタバタ感のあるキックや細かく刻むハイハット等からなるビート群、浮遊感のある音像のシンセ、きらびやかな音色のスペイシーなシンセを即時的に抜き差しして、高揚感のあるアンビエント空間を提示する。幻妖な旋律と音色が印象的な "Mellow Halo" では、反復と瞑想の親和性を感取できる。　　　　　　　　　　　　（素）

1999 (Victor Entertainment)

Jungle Smile
夏色シネマ

既出のシングルやアルバムからの曲の別ヴァージョン4曲に、最後に新曲のジャズテイストが1曲加えられたミニアルバム。これまでの明るくポップな歌とは打って変わり、深いリヴァーヴがかかった、囁くようでいて力強いヴォーカル、夢幻に反復するシンセ、生活音や波のフィールド・レコーディングが加えられ、湿度を多く含んだ、世紀末の日本ならではの空気感が刻み込まれている。シースルーのジャケットにポラロイド写真風の歌詞カードが数枚に分かれて付属。活動を休止していたが、13年には12年ぶりの新曲をリリースしている！　　　　　　　　　　　　（B）

1999 (Skintone)

Susumu Yokota
Sakura

92年にドイツでデビューし、Hardfloor が所属していたことで有名なテクノ・レーベル〈Harthouse〉からのリリース、さらに伝説の音楽フェス、Love Parade に日本人として初めて出演するなど、テクノ・ミュージシャンとして高い評価を得た Susumu Yokota。そんな彼の最高傑作でありイーノも賛辞を与えたのが今作『Sakura』である。テクノ・ミュージックによくある過剰なキックをなくし、サンプリングを効果的に活用して構築される美しい音楽の中には、「Sakura」という有機的で刹那的なモチーフが機械の鼓動へ組み込まれるという奇跡がある。　　　　　　　　　　　　（の）

1999 (Acid Mothers Temple)

宇宙
佛陀...

もはや説明不要だろう、日本が世界に誇るサイケデリック・レジェンド、Acid Mothers Temple の東洋之と河端一による作品。見るからにチープなジャケットに、宇宙と仏陀といういかにもなワードが並べられており、うさん臭さとB級感は満点。シンセサイザーを一切使用しない、ギターで構築された暗黒星雲のサイケデリアに、意味深なエコーボイスが要所要所に挿入されるという、ニューエイジ音楽のパロディ的内容になっている。AMTの真骨頂ともいえるサイケデリック・ギター表現の、そのひとつの極致として見るならば一級品の出来栄え。　　　　　　　　　　　　（今）

1999 (Sony)

鼓童
童 warabe

99年の鼓童は打楽器奏者集団としての意地を見せつけたほぼ一発録音の『鼓 tsutsumi』とメロディアスな方向を強調した本作を同日発売するという長いキャリアの中でも何度目かの絶頂期。金子竜太郎作曲 "蒼き風" 冒頭での、シンセパッドとしか聴こえない音を人力で作る試みは必聴。ここではブラジルの打楽器カシシを担当。そしてエンヤとはまったく異なる方向の透明感を見事に表現した藤本容子によるひとり多重録音コーラスのブルガリア民謡カヴァー "すべての心は All hearts are cheerful" で穏やかに、気づかぬうちにこのアルバムは終わっていく。　　　　　　　　（ブギ）

1999 (東芝EMI)

東儀秀樹
from ASIA

作者自身がライナーで「ニューエイジ」と明文化しているアルバムは意外に少ないのでは。"Ground Bear" という曲名ながら Soul II Soul "Keep On Movin'"、"Back To Life" のパターンではないドラムを打ち込んでしまう天然振りがご愛嬌。曲自体は素晴らしく、スラップ風シンセ・ベースが心地よい。中国古箏演奏家の伍芳に提供した "To the EAST" での80年代マナー全開なドラムの打ち込み、タム回しは Synthwave 以降の耳で聴くと "アリ"。きらびやかなシンセが鳴る一方、宮中で年に3回しか演奏されない篳篥の独奏曲 "朝倉音取" も収録。　　　　　　　　　　　　　　　　　　（ブギ）

1999
(TSUNAMI SOUND CONSTRUCTIONS)

パードン木村
Locals

サーフィン、蕎麦打ち、大工仕事（フィッシュマンズのプライベート・スタジオの改築も施工）等を熟す自遊人、パードン木村の1st。後に参加する菊地成孔主宰のバンドでのリアル・タイム・ダブ職人としての活動が有名な彼であるが、本作ではヤン富田プロデュースのもと、モンド感あふれる異界のニューエイジ（？）を制作。DJ Quietstorm のスクラッチ、動物の鳴き声、車やバイクの走行音、"東京ブロンクス" の高橋誠一のピアノ、テレビ番組における「木村」等のサンプリングによってあらゆる世界感をナチュラルに混交し、クロノトープを超越した怪作。　　　　　　　　　　　（素）

2000 (Ze-koo)

Computer Soup
Dream Mons

高円寺のレコード屋、Los Apson? の店主、山辺圭司がプロデュースするレーベルから発表された本作は、Computer Soup による楽曲が収録されたCDとその楽曲をもとに山辺が描いた絵にヤマタカEYE、都築響一、大竹伸朗、麿赤兒、浅野忠信、小杉武久等によるポエムが添えられたイメージ・ブックからなる聴覚と視覚による作品である。睡眠中に見る夢をイメージして作られた楽曲群の抽象的で浮遊感のあるサウンドによって、聴者の精神は弛緩し、白昼夢へと緩やかに引き込まれる。この種のジャンルには珍しいトランペットの音色は枯淡な味わいをも感じさせる。　　　（素）

2000
（FAR EAST EXPERIMENTAL SOUNDS）

Jinmo
Hibarigaoka

Dub Sonic 名義での活動で知られる中里丈人主宰のレーベルから発表された芸術家、Jinmo の作品。横浜の公立知的障害児施設において毎週おこなわれていた「にこにこ音楽会」でのライブ録音であり、オーバー・ダビング等を一切おこなわずノン・ストップ、ノン・エディットで収録された。賛美歌“いつくしみ深き”をまったく違和感なく引用できてしまう優しさに満ちた音世界を1本のギターによるシンフォニックな即興演奏で作り上げた。他の日の録音も彼のHPで聴取が可能であり、臨場感あふれる2000年8月29日の録音は、彼と観客の交感をも味わえる必聴作である。　　（素）

2000（WOOD）

NICE JUJE
GALAXY HOTEL

多重人格的に様々な名義で膨大な数の作品を発表した木原隆之（a.k.a.WOODMAN）のニセ十字名義によるカセット作品。自身のレーベルから発表され（Strange Recording を標榜するもう一つのレーベル〈JAPONICA〉は buffalomckee が継承）、18年に hitachtronics と虹釜太郎により CD-R で再発。風呂のグルーヴ感の再現を試みたという本作は、ゆらゆらと揺れる湯面から立ち昇る湯煙の垣間に桃源郷を覗かせる極上のアンビエント作品。ほのかに漂うエキゾ感は、彼が傾倒した江戸文化直系の銭湯よりも非現実的なリラクゼーション体験を提供するスーパー銭湯的（？）。　　（素）

2001（free hand）

Blast Head
Head Music

東高円寺の人間交差点と称される老舗クラブバーの Grassroots で出会い、結成された Dj Hikaru と Dr.Tetsu からなるユニットの作品。中里丈人の伝説的レーベル〈Sonic Plate〉から発表された2枚の傑作に続き、自身のレーベルから発表された 3rd。30分1曲をコンセプトに作り上げられた本作は、水、光、風、木々、生きもの、その他諸々が登場する自然万歳の音空間に、過去作でも感じ取られた力強いグルーヴが同居する新境地に到達した作品。最後のパートでは、原生林で密やかにおこなわれるスピリチュアルな儀式のようなトライバルな場面も描かれる。　　（素）

2001（ongen-music）

内藤孝敏
音の詩画集 鳥たちの楽園

鳥のさえずりをサンプリングし、コンピュータ上でシンセ音源にしたものを使用したオーガニック・アンビエント作。作者の内藤孝敏はテレビドラマやミュージカルの劇伴を担当してきた大ベテランで、オルゴールものや『In The Forest』（93）などのヒーリング作品も出している。加工された鳥の声は見かけ上は違和感のないシンセ音源で、川音など自然音と合わせて素材に近いフィルレコ音源としても使用されている。作者が言うようにメシアンをはじめ多くの作曲家が鳥をテーマにした音楽を作ってきたが、これもそれに連なる鳥への愛あふれる作品。　　（ダ）

2002（ユニバーサル）

Ma-ka
APSARAS

夏川りみや上妻宏光といった地方伝統音楽をポップに仕上げる
アーティストたちのプロデュースを手がけるベテラン音楽家、京
田誠一によるプロジェクト。BSジャパンで放送されていた『水紀行』
という番組のサウンドトラックとして制作されたもの。インド神
話における水の精「Asparas」をモチーフにした作品で、スケール感
の大きいオーケストレーションが甘美な作品。西洋音楽と東洋音
楽の特徴を同時に捉えたような中庸的音楽だが、どちらかという
とアジアンテイストのほうが強い。広大な瀑布がスローモーショ
ンで落ちてゆく雄大さ。　　　　　　　　　　　　　　　　（今）

2002（P-Vine）

山本精一
Crown of Fuzzy Groove

山本精一が数年の歳月を費やして制作したアルバム。「アルゼンチ
ン音響派」（山本自身によってネーミングされたことも有名）や、
Bill Fontanaからインスパイアされて制作したという意欲作だ。全
編インストのアルバムとなっており、トライバルなビートが水面
から顔を出しては音の彼方に潜んでいき、その上に織り込まれて
いるのは本人の天上系のギターやきらめくエレクトロニクスであ
る。サウンド・スカルプチャーやサイケ、フォーク、アンビエント、
クラウト・ロックが一体となった山本精一のアンビエントな側面
のひとつの到達作。　　　　　　　　　　　　　　　　　（門）

2002（commune disc）

V.A.
Garden

六本木SuperDeluxeでの実験イベント「SOUNDROOM」の主催や、
suzukiiiiiiiii名義の活動で知られる鈴木康文のレーベルのコンピ。
音響作家のAndrew Deutsch、〈cacha*mai〉のJOYWIND、〈Headz〉の
□□□（クチロロ）、Reticia、鈴木の別名義のAEN、青山政史の別
名義のAMAGUMOによる「庭」をテーマにした楽曲を収録。様々
な庭での行事を追懐、夢想させ、聴者にとっての「庭」の再考に寄
与する。三浦康嗣と南波一海の2人組時代の録音と思われる□□□
の"The Moon"では、Pacific 231を彷彿とさせる無国籍風サウンドに
より庭での月との交信（？）の情景が浮かび上がる。　　　（素）

2003（cacha*mai）

Cassiopia
blue bird tone

伝説のレコード屋、パリペキンレコーズの店主、虹釜太郎の〈360°
records〉から発表された傑作1stや細野晴臣の〈Daisyworld Discs〉のコ
ンピへの参加でも知られるmiroque（細野の"3.6.9"に由来）の別名
義による作品。体に心地よく優しい不思議な音楽／音響をテーマ
にした自身のレーベルから発表された。琉球調のメロディから幕
を開ける本作は、カシオトーンとピアノでカラフルな世界観を提
示する。"Yanko Tank Beo"で突如現れる哀調を帯びた旋律や
"Assignable Cho Mois"における高音の装飾的な使用等、ピアノの聴
きどころが多いのも面白い。　　　　　　　　　　　　　（素）

2003（UPLINK RECORDS）

PACIFIC 231
bright future ORIGINAL SOUNDTRACK

蓮実重臣と三宅剛正のユニットによる〈Transonic Records〉からのエキゾ・ポップの傑作1st、〈Daisyworld Discs〉からのフェイク・ラウンジの傑作2ndに続く映画『アカルイミライ』のOST。「『映画音楽』ではない映画音楽」と黒沢清監督（蓮実の父、重彦の教え子でもある）が語るように、劇中曲の多くは、映像を形容する音楽ではなく、映画内で独立して存在し得る音楽である。例外的に映像とリンクする印象の"Jellyfish Theme"では、水中を揺蕩うクラゲがヴィブラフォン等による音の揺れやジャジーさの導入による旋律の揺れで表現される。　　　　　　　　　　　　　　　　　　　　（素）

2004（Novus）

Ubud
UBUD dua

アニメ版『時をかける少女』や湯浅政明『カイバ』のOSTを手がける吉田潔と、河越重義によるプロジェクト。ガムランに沖縄民謡を足した和風スパ・リゾート・ミュージックはファンタジー好きに届く親しみやすさもあるし、部屋の装いをラグジュアリーな雰囲気にすることもできる。霧がかかった解像度の高い景色（話義矛盾）、木のように固くなりゆく身体を新世界スパワールドにて骨休め。古代遺跡に似せた、その実無神論のそれっぽい像と、その横で壊されるのを待っているフェスティヴァルゲートのアンビエント感（今はもない）。お香付き。　　　　　　　　　　　（B）

2005（vector）

Installing
Installing

〈Zero Gravity〉等から発表されたドローン作品で知られるtamaru、ソロ活動やP-Model、After Dinner等での活動で知られる横川理彦、FilFla等の名義でのソロ活動やminamoでの活動で知られる杉本佳一という80、90、ゼロ年代の3人の音響作家からなるユニットの1st。佐々木敦主宰の〈Headz〉内の実験音楽レーベルより発表。tamaruのドローン奏法によるベースは暗色がかった下地を形成し、横川のヴァイオリンは流麗な情景を描き、杉本の音響系アプローチのギターは間隙に様々な彩色を施す。彼らが織り成す音空間は、豊麗なアンビエンスを提示する。　　　　　　　　　　　（素）

2005（ピンポイント）

牧野持侑
倍音浴〜 Echo of Silence

ヒーリング・ワークショップ・スペースを営むクリスタル・ボウルの演奏者によるシリーズの1作目。この後『睡眠浴』、『時空浴』、『覚醒浴』と続く。ブックレットには北カリフォルニアのニューエイジ・ショップでの出会いから本作が制作された経緯が記されており、聴いた後30分は車の運転をしないようにと注意がある。こういった倍音を聴くには音源より演奏を体験する方がよいだろうが、室内で再生すれば、生活の中で当たり前のように受けている冷蔵庫が発するノイズ等をかき消す作用がある。Eliane Radigueとの2枚同時再生も可。　　　　　　　　　　　　　　　　　　（B）

2006（P-Vine）

PARA
X-Game

想い出波止場、羅針盤、ROVO等の山本精一が結成した室内楽グループを追求するユニットの1st。メンバーは、山本（g）、YOSHITAKE EXPE（g）、千住宗臣（dr）、西滝太（key）、家口成樹（key）から成り、各々がフレーズを反復し、そのフレーズが拡散、収斂していく過程で、重層的にグルーヴを築き上げていく手法をとる。音色がスペイシーであることに加え、数学的、パズル的に構築される音空間からも多分に「宇宙」を感じられる。極上のヒーリング・ミュージック"ARABESQUE"は、ふと挿入される空白に波羅の世界へと引き込む吸引力をも感じさせる。　　　　　（素）

2006（MABOROSHI NO SEKAI）

MUMU
2005

Ground Zero、sim等の活動で知られる超絶技巧ドラマーの植村昌弘、渋さ知らズ等の中根信博（trb）、鍵盤ハーモニカ奏者として雅楽奏者とコラボもおこなう坂元一孝（key）からなるMUMUの1st。鬼怒無月、勝井祐二主宰のレーベルから発表。植村のソロ作『1999』で体現された無慈悲な音楽性を踏襲するものではあるが、ソロ作で見られた過剰な情報量は幾分か収まり、トロンボーンとキーボードの丸みのある音像で「可愛い音楽」が表現されている。イージー・リスニングにおける「イージー」さの背景を考える上でも貴重な作品。よりハードコア度が増した『2008 Live』も必聴。　　　（素）

2008（NATURALLY GUSHING）

Naturally Gushing
Naturally Gushing vol.1

テクノ系レーベル〈Sublime Records〉、〈Transonic Records〉からの発表や、橋幸夫"ゆるキャラ音頭"、ロマンポルシェ。"盗んだバイクで天城越え"、鳥取のアイドル、Chelip "Change the Power!!!"、SMAP "スーパースター★"の作曲等、幅広い活動で知られるサワサキヨシヒロの温泉アンビエント作品。地球の息吹である温泉に回帰するという強烈なコンセプトのもとに制作された。入泉に適したいわゆるヒーリング系ではない、温泉の土着的なイメージを一新させるジャジーで小粋なサウンドを提示。ネタ的であると忌避してはならない、巧緻なアレンジを体感すべし。　　　（素）

2008（Columbia）

World Standard
花音

細野晴臣も絶賛している傑作。ハナレグミや湯川潮音のプロデュースも手がける鈴木惣一朗率いるWorld Standardが'08年に発表した9thだ。デジタル・ツールを用いつつも、アコースティックな弦楽器によるバンド・サウンドを基調としたインスト作品。本作のタイトルは、蓮の花の開く音、「花音」（かのん）という響き、花の音というコンセプト、カノン形式の曲調という4つの意味を持つ。しっとりとしたアコースティック楽器で織り成す、ゆとりのある響き。聴く人を選ぶことのない、優しくムーディーなサウンドをゆったりと楽しむことができる。　　　　　　（門）

2009（BOMBER Records）

MASAKing
千変万化

電子打楽器奏者を自称し、教育まで幅広く活動するMASAKing。近藤等則IMAへの参加でも知られる富樫春生プロデュースのもと、「春夏秋冬」と「誕生〜飛翔」をテーマにした壮大なコンセプト・アルバム。千変万化という表題通り、ニューエイジからクラシック、エレクトロハウス、朗読まで様々なスタイルを取り込んでいる。また、ピコッツァ・鈴木・ゼブラーノとして、"PPAP"ピコ太郎のライブにも電子パーカッションで参加しており、使用するHandsonic（Roland製）の響きには、従来評価されてきたバレアリック的音響を更新するような差異が聴き取れる。　　　　　　(e)

2014（White Paddy Mountain）

Chihei Hatakeyama ＋ Hakobune
It Is, It Isn't

日本が世界に誇るアンビエント・ギターヒーローの共作は、2人とも体調不良の中でおこなわれたセッションを録音、編集したもの。とろけたシンセ・パッドのようなhakobuneのドローンの上を、畠山のメロディアスなフレーズが深いディレイを伴って朽ちながら過ぎ去っていく。ひたすらに甘美でまさに天上世界と呼ぶにふさわしい。畠山がミックス、マスタリングを担当したこともあり、彼のソロ作品と同様の位相が広い、どこまでも透き通る空間が生み出されたが、いつかhakobuneのアナログでこもった音像でも、彼らの世界に触れてみたいところ。　　　　　　(カ)

1980（コジマレコード）

Nariyuki Shimamoto
Prelude to...

抽象的なシンセ・サウンドにボコーダーを通したボイスのみで作られた謎の作品。ボイスには歌詞もなく作品の意味を理解するとっかかりもないが、とにかく初めて手に入れたシンセをいじくりまわして楽しんでいる喜び、初期衝動が強く感じられる。音楽的な素養もあまり感じないが、だからこそ感覚に由ったピュアな響きが貴重にも感じる。意外と暗さもなくリラックスして世界に入り込める。同名のアーティストが80年代前半の坂本龍一のラジオに音源を投稿しているが、そちらはかなり音楽的に発展しているため本作はそれ以前のものと思われる。　　　　　　(ブ)

2019（Jazzy Couscous）

V.A.
雲の向こう 2丁目

日本在住のフランス人、Alixkunによる10年間の集大成的編集盤『雲の向こう』の第2弾で、70年代から80年代にかけての日本のアンビエントをコンパイル。鈴木良雄が残した国産アンビエント・ジャズ最高峰『Touch Of Rain』からその表題曲(A2)を筆頭に、坂本龍一や大貫妙子が参加した高橋鮎生の85年名作『Memory Theatre』より"水色の鏡"(A3)、あしべゆうほ原作『クリスタル☆ドラゴン』のイメージ・アルバムとして笹путь正徳が制作した『クリスタル☆ドラゴンII』からエスノ・アンビエント"ルーン"(C2)などを収めたオブスキュアなセレクト。　　　　　　(門)

ニューエイジとは何か？　その歴史と概要、そして音楽

持田保

"Something's got a hold on me and I don't know what / It's the beginning of a new age（なにものかに捕らわれているけどそれがなんなのかはわからないんだ ／ それがニューエイジのはじまり）"

THE VELVET UNDERGROUND "New Age" より

そもそもニューエイジという概念はどこから来てどこへ向かおうとしているのか。その歴史的流れをたどると3世紀から4世紀、マニ教などに代表されるグノーシス主義にいきつくこととなる。

古代ギリシア語で「認識／知識」を意味するグノーシスは「初期キリスト教内異端派」もしくは「キリスト教とは別個のオリエント起源による東方宗教」とそれぞれの学説があるが、ともかく秘教的知識の探求を特徴としており、キリスト教からは異端として迫害された歴史を持つ。しかしグノーシスの閉ざされた知への信仰は後世の秘密結社、神秘主義者らにアンダーグラウンドで代々継承され、現代のニューエイジ思想への種をまき続けてきた。

やがて時は流れ、アメリカ独立戦争やパリ革命が勃発した18世紀末、ニューエイジという言葉自体が秘密裏に囁かれるようになる。カトリック中央協議会は、当時のフリーメイソンや薔薇十字団の秘密結社員がこの言葉を使用していたと記録している。

神智学協会の誕生

さらに年月を重ね、世界で初めてニューエイジという概念を公に広めたのがマダム・ブラヴァツキー、ヘンリー・オルコットらによって1875年、ニューヨークにて結社された神秘主義思想団体、神智学協会である。1922年に神智学協会が設立したフリーメイソン系出版社「ルシファー出版社（現ルシス・トラスト）」によって

マダム・ブラヴァツキー
（1831〜1891）

ニューエイジ思想は全世界に発信されるに至った。

神智学協会は、1859年チャールズ・ダーウィン著『種の起源』にて発表された進化論により「神は6日で世界を創造したとき、すべての生物を個別に創った」という聖書の大前提がひっくり返り、民衆のキリスト教離れとそれに伴う新たなスピリチュアリズム運動が加熱した当時のアメリカにおいて、神秘主義と進化論をミクスチャーさせた霊性進化論を発表。

カバラ、ネオプラトン主義、ヘルメス主義、仏教、ヒンドゥー教、キリスト教など古今東西の宗教思想の統合を目指し、人間には不可知とされる神々の英知を探求すること、人間は決して単なる物質的存在にあらず、その本質は霊的次元にあって自らの霊性を進化させること……。この霊性進化論というこれまでになかった新しい神的ユートピア像を築き上げた神智学協会のもとには初代インド首相ジャワハルラール・ネルーやマハトマ・ガンディー、黄金の夜明け団でも活躍する詩人ウィリアム・バトラー・イェイツ、作曲家のアレキサンドル・スクリャービン、人智学を唱えたルドルフ・シュタイナー、発明家トーマス・エジソンなど歴史的重要人物が世界から協会に集い、後には神秘思想家ジッドゥ・クリシュナムルティを輩出した。

神智学協会は分裂などを繰り返し、1930年代には活動そのものは下火となったが、彼らの霊性進化論はアシッド革命の1967年に突如復活を果たすこととなる。サマー・オブ・ラブの季節にかげりが見え始めたアメリカ西海岸におけるポスト・ヒッピー運動として……。

アクエリアスの時代へ

ヨハネ黙示録20章4節から7節において描かれる千年王国思想。あなたも新宿の片隅などで「死後さばきにあう」とプラカードを掲げた人々を見かけたことがないだろうか？　このキリスト教終末論においては当のキリスト教徒間でも複数の解釈が存在するが、ニューエイジ思想的見解ではこうだ。

「千年続いた神と悪魔の戦いが収束する20世紀末、新しい時代＝ニューエイジが到来する」

この話を西洋占星術的にリミックスすると、キリストに始まる二千年期であった「うお座の時代」が終わり、「みずがめ座の時代」が到来すると解釈される。ちなみに1967年オフ・ブロードウェイで初上演された世界初のロック・ミュージカル『ヘアー』におけるフィフス・ディメンションのヒット曲"アクエリアス"もこの「みずがめ座の時代」に由来するものである。

この「みずがめ座の時代」が20世紀末に到来することを予言していたのが誰あろう前述の神智学協会のマダム・ブラヴァツキーであったことは偶然ではな

いだろう。

ニューエイジ思想では「みずがめ座時代の到来」により既存の西洋物質主義やキリスト教的「父権主義」は終焉し「もはや古い概念を捨て去り、新しい真理を皆で追及すべき」という宇宙的流れに発展していくと主張される。

これらポスト霊性進化論の流れに心理学や東洋思想、禅、自己啓発、ニューサイエンス、エコロジー、フェミニズム、ホリスティック医療、レイキ、ネオペイガニズム、新魔女運動、UFO信仰……など、ありとあらゆる運動体が複雑かつ曖昧に絡み合いニューエイジ運動をアップデートしていく。やがて1987年（セカンド・サマー・オブ・ラブの年！）ニューエイジの先鋭的要素はマヤ歴研究家のホゼ・アグエイアスが唱えたムーブメント、ハーモニック・コンバージェンスにより頂点を迎えることとなる。

ハーモニック・コンバージェンスとは、1958年にスペイン人コルテスによって滅ぼされた南米マヤ文明の468年続くといわれた「九つの地獄」を終了させ、世界を救済するため、1987年8月16日と17日に世界中の聖地に14万4000人の動員を呼びかけたイベントだ。

結果、当日はマヤのピラミッドや米国のシャスタ山、エジプトのピラミッドなどのパワースポットに世界中のニューエイジャーが集結。目標人員をはるかに上回る動員により世界は救済され、アグエイアスは2012年12月に地球の「アセンション（次元上昇）」が訪れることを宣言する。このハーモニック・コンバージェンス成功を境にニューエイジ運動はカウンター・カルチャーとしての役割を一旦終了させ、商業主義化、大衆化していくこととなるのであった。

それではこれらアメリカのニューエイジ運動が日本にどのように文化輸入されていったかを次項で検証してみよう。

ニューエイジから精神世界へ

歴史をたどると神智学協会創始者、ヘンリー・オルコットが明治22年に来日、神智学日本ロッジが開設されるなど、一部の宗教家間で盛り上がりを見せるも、明治政府に弾圧されていた仏教復興運動が軌道に乗ると「その存在は忘れられてしまった」という。

日本にニューエイジが本格輸入されたのは1970年代後半とされ、「精神世界」という名で広がり、独自の屈折性を帯びながら世間へと広がっていった。

当時の時代背景に着目すると、敗戦後の高度経済成長が行き詰まりを見せ始め、公害問題の表面化、オイルショック、連合赤軍事件、東西冷戦の緊張感の高まり……など、日本人の集合意識としての終末観が漂うようになり、人々はこれまでの経済的豊かさから精神的な「何か」を求めるようになる。

そしてオイルショックが発生した1973年になると、五島勉著『ノストラダムスの大予言』の大ヒットやスプーン曲げ超能力で世界を熱狂させたユリ・ゲラーの来日、ネッシーやオリバー君騒動など日本列島に空前絶後のオカルト・ブームが到来。

また同時期には新新宗教ブームが訪れる。これは70年代以降台頭してきた新興宗教ブームで、阿含宗や統一教会、幸福の科学、GLA、崇教真光などが挙げられる。特徴としては信者獲得のターゲット層が都市部の核家族第二世代であり、これまでの人間関係への違和感を巧みについた勧誘が特徴。組織によっては過激な出家主義もあいまって社会問題にも発展していった。

こうした時代を背景にニューエイジ運動は日本に「精神世界」として紹介されるわけだが、この精神世界という言葉が公で用いられたのが1977年、紀伊国屋書店の特設スペースだったという。これには「平河出版『ザ・メディテーション』創刊販促にともない、精神世界コーナーが設立された」説と「たま出版創業者である瓜谷侑弘が阿含宗本販促のためにコーナー設立させた」説があるが真相は不明だ。

ともあれ紀伊国屋書店を皮切りに、1970年代後半頃から全国各所の大型書店にて精神世界コーナーが展開されるようになったのは間違いなさそうである。そのコーナーには瞑想やヨガ、神秘体験、チャネリングからニューサイエンス、心理学、密教、はたまたUFOから心霊体験まで……まさにオカルトと新宗教を経験した日本ならではのニューエイジ（＝精神世界）を展開させながら大衆文化に浸透していった。

霊性資本主義化とオウム真理教、そして癒しのスピリチュアル・ブームへ

しかし欧米のニューエイジ・ムーブメントが1960年代のアシッド革命と宗教的思想背景を持った霊性運動を土台にしていたことに対し、日本の精神世界運動はアシッド革命＝ユースカルチャーによる意識変革が不在なままバブル経済の波に飲み込まれ、資本主義システムにやすやすと回収されることとなる。

資本主義システム化された精神世界の顕著な例が自己啓発セミナーだろう。1960年代エサレン研究所などでも取り入れられていたグループ・セラピーであるセンシティビティ・トレーニング（感受性訓練ST）は精神世界ブーム以前より企業を中心に早々と日本へ輸入され、社内の人材開発メソッドとして乱用される。そこではマズローのヒューマン・ポテンシャル・ムーブメントなどを模範としながらも、オリジナルが重要視した神秘主義要素を「商品化するには分かりにくい」という理由からまるごと排除。「会社との一体感」こそが至高体験だと位置づけられスパルタ社員研修化する。そのしごきにより精神疾患者、自殺者まで出すと日本流STは社会問題に発展、その影響を受けて1970年代中頃には下火となる。

この企業向けSTに変わって、個人向けの意識改革として台頭してきたのが1974年のライフ・ダイナミック社を皮切りとする自己啓発セミナー・ブームである。「自己責任」「人生は選択である」「あなたがあなたの現実をつくる」を意識の三本柱とした日本流自己啓発スタイルはST時代のしごき体質こそソフト化されたものの「絶対的な社会システム」を前提とし、

そのシステムに自らを最適化させようとする隷属思想は日本流STとなんら変わるところはなかったといえるだろう。その合言葉は「24時間戦えますか?」であった。

また日本精神世界のゆがみの象徴として挙げられるのがオウム真理教の存在だ。オウム真理教が唱えた脱物質世界論やヨガ、瞑想、チベット密教、そして90年代初頭にかけて噂となったサティアンでのLSD大量製造とイニシエーションにおける使用、密売による90s東京ドラッグ・カルチャーへの影響……などを列挙すれば日本版サマー・オブ・ラブ(時代的にはポスト・セカンド・サマー・オブ・ラブか)継承団体といいたくもなるが、彼らの文化的貧しさと圧倒的な美意識の欠如は致命的だった。

結果1995年、オウム真理教は一連の事件を起こし組織は壊滅する。オウム事件の社会に与えた影響は甚大であり、また折からの日本バブル崩壊の影響もあって精神世界ブームはこの時期を境に衰退してしまう。

しかし2000年代に突入すると精神世界に代わり、江原啓之によるスピリチュアル・ブームが誕生する。このスピリチャル・ブームはそれまでの「霊能力」的なオカルト・イメージを払拭したカジュアルなカウンセリング・スタイルが受け、大衆から多くの支持を獲得。またテレビ番組『オーラの泉』の大ヒットにも影響し、スピリチュアルという言葉はお茶の間レベルにまで浸透。2000年代初頭にはスピリチュアル・コンベンション(通称すぴこん)に代表されるイベントも活性化し、スピリチュアル・ブームは最盛期を迎えた。

その後勢いこそ失うものの、スピリチュアルは市民権を獲得したまま日本カルチャーの一端を担い続け現在に至っている。しかしそこで人々が求めるものは「意識の変容」よりむしろ「癒し」であり、スピリチュアルは現在までカウンターとしての力は放棄したままビジネスの一環として消費システムの中にとどまり続けている。またスピリチュアルの一部から「絶対的なものへの帰属」を求め、国粋的な日本主義へと傾倒し、霊的保守化していく流れも無視できないのが現状だ。

ニューエイジ・ミュージックとは何か?

1997年カリフォルニア州サンディエゴにて信者38名の集団自殺で世界中に衝撃を与えたUFOカルト教団ヘヴンズ・ゲート。その教祖であったマーシャル・アップルホワイトと彼の伴侶ボニー・ネトルス(彼女は神智学協会員でもあった)はお互いを音階のドとシで呼び合っていたといわれる。このことが意味するものは果たして何なのだろうか。

かつて古代ギリシアの音楽理論では、音楽の調和(ハルモニア)とは宇宙の調和そのものと考えられていたという。その後ピタゴラスはこの古代ギリシア音楽理論を数学的、哲学的にシュミレーションし「天球の音楽」思想を確立する。「天球の音楽」とは宇宙における惑星の軌道運動は常にそれぞれのドローン・

ミュージックを発生させており、この数々の惑星運動がオーケストラとなって宇宙全体で爆音の和声を奏で続けている(ただし人間の耳はこの和声を知覚できない)というものだ。

そして「天球の音楽」思想において音楽とは天球が発する音楽「ムーシカ・ムーンダーナ(宇宙の音楽)」、人体が発する聴こえない音楽「ムーシカ・フマーナ(人間の音楽)」、人間が作る聴こえる音楽「ムーシカ・インストルメンターリス(器楽の音楽)」の3段階に分かれているという。われわれ人間が認知しえないこれらの領域の音楽を「聴く」ために必要なものを独天文学者ヨハネス・ケプラーは「耳ではなく精神である」と述べている。

ヨハネス・ケプラー
(1571〜1630)

ニューエイジ思想が霊性進化論やグノーシス思想より発生したものである事実を踏まえた上で、ニューエイジ・ミュージックというものを考えると「秘教的な叡智や霊性へのアクセスのための音楽」と定義される。この意味においてニューエイジ・ミュージックとは(ブライアン・イーノが述べていたように)アンビエント・ミュージックとは区別されるべきであり、むしろサイケデリック・ミュージックに近いといえよう。物質としての幻覚剤をキメて知覚領域の拡大を図るサイケデリック・ミュージックと、概念としてのスピリチュアリティをキメるニューエイジ・ミュージック。聴こえない音楽を聴こうとすること、知覚できないものを知覚しようとすること……そんなエソテリックな(秘伝的な)生き様の実践に奏でられる音楽こそがニューエイジ・ミュージックなのだ。

"なにものかに捕らわれているけどそれがなんなのかはわからないんだ / それがニューエイジのはじまり"

持田保(もちだ・たもつ)
オカルティズム、スピリチュアリズムと音楽の交わりを探求するプロジェクト「あなたの聴かない世界」書籍化マジ奮闘中の半身文筆家。著作『INDUSTRIAL MUSIC FOR INDUSTRIAL PEOPLE!!!』(DU BOOKS)発売中。BARDS TOKYO構成員

参考文献
『宇宙の調和』ヨハネス・ケプラー (岸本吉彦訳)工作舎
『神秘学オデッセイ 精神史の解読』高橋巌、荒俣宏 平河出版社
『現代オカルトの根源』太田俊寛 ちくま新書
『ドラッグ・カルチャー』
マーティン・トーゴフ(宮部あゆみ訳)清流出版
『サイケデリック神秘学』
ロバート・A・ウィルソン(浜野アキオ訳)ペヨトル工房

バレアリック・ハウスはニューエイジを発見する。
Chee Shimizu × Dubby

聞き手：河村祐介

　ニューエイジ・リバイバルのひとつの起点として、そこにDJカルチャーがある。ディガーとしてのDJたちの欲望が時にシーンを作り、そして新たなサウンド、リイシューなどを生み、それが新たなファン層を作り出してきた。今回、座談会に参加していただいた2人のDJはともに、ゼロ年代、イタリアをはじめとするオブスキュアなディスコ・ミュージックの発掘にはじまり、イタロ・ディスコの特異点ともいえるDJ、ダニエレ・バルデッリのスタイル＝"コズミック"に衝撃を受け、そこから新たなサウンド解釈のタームとしてのバレアリック、さらにはその過程にニューエイジ・ミュージックを発見し、レコード・バイイング、そしてリイシューの監修などを通じて、ニューエイジ・リバイバルのひとつのきっかけを作ってきた。現在はオンライン・レコードストア「Organic Music」、最近ではその実店舗＋古着や雑貨なども扱う「Physical Store」を杉並は下井草にオープンしたChee Shimizu、オンラインレコードストア「ONDAS by OM-Tokyo」を運営するDubbyのふたりにバレアリックとニューエイジ・ミュージックについて語っていただこう。

イタロ・ディスコ、そしてコズミック

——バレアリックという言葉はそもそもクラブ・ミュージックにおいて、80年代末の、いわゆるイビサのDJアルフレッドに端を発するような、セカンド・サマー・オブ・ラブ当時の享楽的なサウンドなどを示すような言葉でした。しかしゼロ年代後半、おふたりやまわりの方が使い始めた"バレアリック"のニュアンスや指し示すサウンドは本来の意味とは違ったモノですよね。

Chee：そう、ゼロ年代以降でダビーとやっていたことと、90年代初頭の当時の「バレアリック」は直接関連性はないかな。とはいえ、93年頃に自分がDJを始めたきっかけとなったのが、日本で活動していたイギリス人DJの存在。その人はもともとイビサでもDJをやっていたので、やはり当時は「バレアリック」といえば彼がかけていた享楽的なノリのハウスとか、トランスまではいかないけど、例えばイタロ・ハウスとかそういうものですよね。あとは、もちろん「カフェ・デル・マー」シリーズもずっとあったので、その言葉自体は頭にはあったけど。

Dubby：自分はもうちょっと下の世代になるんですが、90年代後半ぐらいに、そういった「バレアリック」のリヴァイヴァルが多少あったんですよ。いわゆる

チルアウト・ミュージックとしてのダウンテンポとか、まさに「カフェ・デル・マー」的なものというか。その後、ゼロ年代ぐらいのデンマークの〈Music For Dreams〉とかもシスコのバイヤーとして仕入れて売っていたというのもありました。当時はトランス系のレーベルが出していたアンビエントとか、ダウンテンポ系の音源とか、そういうものがバレアリックという言葉には含まれていたと思います。

Chee：でも、それもやはり90年代初頭のクラブ・ミュージックの延長線上で作られたもので、ゼロ年代後半に出てきたバレアリックといっていたものとは違うよね。

——ゼロ年代後半のバレアリック解釈の前段として、当時国内ではディスコ・ダブ、海外ではニューディスコなどと呼ばれていたDJハーヴィーやイジャット・ボーイズをひとつの起点とするようなハウスが再度見直されるようになりました。ゼロ年代中頃、それと時を同じくしてイタロ・ディスコの発掘もおこなわれていったという流れがあります。このふたつは、ハウス・ミュージックという解釈に、わりと日本で主流だったNYのディープ・ハウスともまた違った流れを生み出していくわけです。このイタロ・ディスコの発掘の中心にいたのが、当時シスコ・ハウスのバイヤーでダビーさんの同僚でもあった、ド

クター西村（悪魔の沼、現Sunline Recordsを運営）、そして現在ではレーベル〈Melody As Truth〉を運営、アーティストとしても活躍するジョニー・ナッシュ、そしてチーさんの3人によるDiscossessionでした。ウェブサイト「Masterd」で小野田雄さんがやられていたチーさんのインタビューによれば、90年代終わりにはマイブームとしてイタロ・ディスコの掘り返しをおこなっていたと。

Chee：98年ぐらいかな。それまでテクノのDJをやってたんだけど飽きてしまって。ガラージ好きの先輩に教えてもらってハウスにはまっていくんですよ。その時に聴かせてもらったのがロン・ハーディーのDJミックス音源。そこに入っていたイタロ・ディスコを見つけて、そこから掘り始めて。西村さんは、I-Fとかオランダのエレクトロ勢が掘り起こしていたイタロ・ディスコ・リバイバルで知ったみたい。自分は当時、その動きのことは全然知らなくて、アメリカ経由で知ったというか。プレ・シカゴ・ハウス的なノリもあるから、そこで興味を持ったところもあって。コースは違えど当時、ダンス・ミュージックをたどっていく中で、イタロ・ディスコに興味を持った人たちが点でいて、それが出会った。

Chee Shimizu

Dubby：自分はゼロ年代中頃には、Discossessionをフォローしていたのもあるし、もちろん自分はシスコで西村さんと働いていたので、レコード・バイングしていく中で、イタロとかを知っていくという感じですかね。

Chee：当時、プリンス・トーマスとかイジャットとかニューディスコを西村さんとダビーが扱ってたから、そこの道筋がシスコの売り場でできていったのかなと思います。

──例えば90年代においては、80年代の音色、それこそイタロ・ディスコの音色とか80年代っぽい音響感覚ってちょっとチージーというか「ナシ」な存在

だったじゃないですか？ ゼロ年代に入るとエレクトロ・クラッシュとか、エレクトロ・ディスコのリバイバルとかありましたけど。

Chee：ちょっとどころじゃないよね（笑）。相当安っぽい。90年代末に聴き始めたときはもちろん誰も聴いてなくて。あるとき佐藤くん（Fumi Sato）に、西村さんを紹介してもらったら、やっと「同じモノ聴いている人がいた」という感じになって。それが03年ぐらい。鮫さん（Rockdown）も深く掘ってたから、出会ったときには会話として、イタロ・ディスコの話題がものすごく通じる状態でしたね。そこからその手の音楽をかけるイベントを始めようと。それがDiscossessionです。でも、来ているお客さんに一般の方はあまりいなくて、DJとかバイヤー、ミュージシャン、あとはそれこそダビーとかレコード屋のスタッフ、そういう人が面白がってくれていたという印象。当時の「Module」のブッキングが、海外のニューディスコ系のDJを呼ぶときに、そこにうちらをあてがってくれたり。それでなんとなくもうちょっと外にもつながっていく感じになっていって。それが04年とか05年くらい。

──そして、このイタロを掘り返していくとイタリア・ローカルのDJ、ダニエレ・バルデッリのコズミック（彼がレジデントでプレイしていたクラブの名前でもある）というDJスタイルに出会うわけですが。

Chee：04年にジョニー・ナッシュがローマで開催されたレッドブル・ミュージック・アカデミーに参加したときに講義に来ていたのがバルデッリ。そこでミックスもたくさんもらってきてくれて、彼が帰ってきてみんなで聴いたら「なんだコレ」となったんですよ。知っている曲もあるんだけど、ものすごいピッチが遅くて。一説にはヘロインが蔓延していたから回転数を変えて、遅いビートにしてかけだしたのがきっかけらしいけど。コズミックがあったのは、80年代前半から中頃までのディスコ・シーンなんだけど、とにかくものすごいミックスをしていて。

Dubby：で、僕はいちフォロワーとして、コズミック的なスタイルにDiscossessionがなったときに「なんだなんだ、コレは」と。

Chee：それまでのイタロ・ディスコを辞めちゃって、突然「これをやろう」ってコズミックに。

──低速化したイタロ・ディスコはもちろん、そこにはニューウェイヴやプログレ、ワールド・ミュージック、さらにニューエイジ的な感覚のものも入っていたという。

Chee：そうだね。で、ネットで調べてみると、当時現場で踊っていたおじさんたちが「なつかしの」という感じで、当時のミックスをアップしてたりね。そ

れを片っ端から聴いて。

——レコード店で、当時キャプションにもそれこそコズミックという文字が出始めたという感じだと思うんですが。

河村祐介

Dubby：一般的にはなかなかでしたね。さっき言っていたようにおもしろがってくれる一部の人がいて。さらに注目されるようになったのは、ハーヴィーが再度注目されて、彼が遅いBPMでプレイをしているぞ、とか、その流れからというのはあるかも。

Chee：そのあたりでForce Of Natureのふたりとも知り合ったりという感じだよね。色々なルートからそこにつながっていたという。

——コズミックとの出会いによって変化した感覚ってありますか？例えば、過去の音源を掘っていて、知ってはいたけど、それまでナシだったものがアリになった瞬間とか。

Chee：もともとバルデッリは「the Baia Degli Angeli」というディスコでプレイしていて、76年ぐらいからそのプレイはアフロ・コズミックとか呼ばれていたようです。初めは普通にアメリカのディスコとかをかけていて、アフロやスペース・ロックっぽいものから、80年代に入るとUKのニューウェイヴや、タンジェリン・ドリームとかコンランド・シュニッツラーとかクラウト・ロックのエレクトロニックなものまでかけていて、そういうものが全部同一線上でミックスされていたんですよ。だから逆にコズミックでコレという曲はないんですよね。とにかく広大過ぎて、全体としてそれがコズミックというプレイで。

——そこから、ある意味で「ナシ」なものがなくなったという感じですか？

Chee：そっちの方が僕の場合は近いかもしれない。

セオリーはあるんだけど、かけられないものはなくなったという。例えばポリスのドラマーのアンディ・サマーズのLPがあるんだけど、正式な回転数を無視して45回転でもかけるし、逆に45回転でカットされた12インチだったらスクリューでかけるとか。そういう感覚がコズミックの特徴としては一番かな。でもコレっていう曲はないよな……。

Dubby：たしかに思い出せないな〜。プレイの仕方の全部にそういう衝撃があったから。

Chee：聴き方が変わっちゃったからね。

音色としての"バレアリック"

——その流れで、80年代のライトでクリアな音像や例えばタンジェリン・ドリームのニューエイジ的な質感の曲もアリになるとかそういう感覚もあったのではないかと。それこそ、シティ・ポップ的な音質感とかもつながると思いますが、それまでのクラブ的な音ではなく、高音の抜けがいい音とか。

Chee：そうだね。あとはTR-909とかTR-808、それにアナログ・シンセで作るみたいなクラブ・ミュージックのトラック・メイキングを、新譜でもデジタル・シンセで作るようになっていったよね。例えばヤマハのDX-7とかローランドのD-50のような音色。これがニューエイジやアンビエントの享受につながっていったと思う。

Dubby：いわゆるニューディスコ系の新譜の楽曲とかもそういうのが増えていった印象がありますね。

——そしてこのあたり、06〜07年ぐらいでしょうか、コズミックに次いで、バレアリックという名前が出てきたと思うんですが。

Dubby：そうですね。

——コズミック以降の参照元はなんでもあり、例えばスペース・ロック的なものやニューエイジ感のあるシンセ・ミュージックなんかもアリになったという状況が大きかったんですかね？

Chee：コズミックにはまって、その後飽きていく課程で、聴いたことのない音源の深掘りがはじまるんだよね。

Dubby：今までのイタロ・ディスコ〜コズミック的なものから、音色として"バレアリック"っぽいものを見つけて使うようになったというのはあったかもしれない。

Chee：そう、なんとなく共通認識で"バレアリック"っ

ていう言葉が自然と出てきたんだよね。

——当時の "バレアリック" なムードのサウンドを言葉で表すなら、ライトな音像で、そこから来る多幸感みたいなものですね。

Chee：多幸感というよりもメロウという言葉の方が近いかもしれない。もちろんもともとの "バレアリック" なノリにおいては多幸感というのは重要な要素だと思うけど、そこで僕らの共通の認識としてあったものはメロウという言葉だよ。今のメロウという感覚ともちょっと違うかもしれないけど。コズミックとかを通過したシーンから、ニューディスコの新譜でも、浮遊感のあるふんわりとしたものが出てきたんですよね。ビートの感覚にしてもハウスのイーヴン・キックではなく、もっとダウンテンポのものとか。さらにB面にアンビエントでもないんだけど、ビート抜きのミックスみたいな音源が出てきたり。

——一部のDJカルチャー発の音源にもそういう雰囲気が醸成されつつあって、そのサウンドの雰囲気を "バレアリック" と呼んだ感じですかね。

Chee：そうだね。コズミックが一段落ち着いて、そのあたりの時代。同時にその流れの中でニューエイジとか80年代のアンビエントとかも認識し始めた。それぞれ和モノも含めて、全部掘るということになったんだよね。もちろんDJなんで、そこにはなんとなくのセオリーがあって、そのセンスの中で何でも掘って聴いてみるということをやっていたんだよね。それでみんなで面白いものを見つけたら情報をシェアし合ってという。08年にウェブショップを始めて、ちょっとずつ、そういう音楽も売るようになって。

——「Organic Music」をそこでスタートされたということですね。

Chee：そんな中でダビーがロンドンに移住するんだよね。その頃かな、スペインのコンテンポラリー系のアーティストを知って、それが結構大きかったかも。

Dubby：初めに見つけたのは、東京のレコード店ですね。そこからその周辺のスペインの音楽にハマって、ロンドンに行ったときも探し続けてという。具体的に言うと後に〈Music From Memory〉から再発されている、ジョアン・ビビローニとかルイス・デルガドとかですね。

Chee：ダビーに「スペインの音楽やばいですよ」って教えてもらって。で、今のニューエイジ・リバイバルということでいうと、サウンド的にそのあたりが起点かな。バレアリックっぽいところもあるし。

Dubby：ジョニーを介して、タコ（〈Music From

Memory〉の設立者のひとり）と知り合って、そういった音源を紹介すると〈Music From Memory〉からリリースされることになって。

Chee：それがきっかけで、ヨーロッパで掘っている人間たちにもアンビエントとかニューエイジに対する意識が芽生え始めたんじゃないかな。その後、南米にダビーと一緒に行ってそういう音楽を掘り出したりとか。

Dubby：当時は本当に情報がないからとにかく探して、聴いて、フィーリングに合ったものをピックアップしていくという。

Dubby

Chee：あとは当時、八王子の「シェルター」でリスニングのパーティを始めて、そこでそういう音をかけてたんですよ。ダビーも別の日にやっていて、そういうパーティがなければこういう音を探さなかったかもしれない。そういう音源をかけられる環境があったから、そのDJのために探すっていうのが最初だよね。普通にダンスのDJだけやってたら、そこまでこういう音源はかけないしここまでハマらなかったと思う。そのDJの現場で他のDJたちと会ったときに情報共有なんかもしつつ、そこには最近ディスクガイドが出ているようないわゆる和モノの音源もあって。それがテン年代に入るぐらいの頃かな。

Dubby：自分がロンドンから帰ってきたのが11年で、その頃、海外のディガーの連中からも「どうせ日本にいるなら、日本のレコードを掘ってみた方がいい」と言われて。

Chee：もちろんその時点でも多少は聴いていたけどね。タコと〈Music From Memory〉をやっているジェイミー・ティラーが、たまたま日本にレコード掘り旅行に来ていて、おもしろいものをけっこう発見して、それもひとつのきっかけかな。それからダビーと「僕らも探そう」ってことになって、日本中のレコード

を掘りまくったよね。夢中で掘っていて、それは
ニューエイジとかアンビエント系のものだけじゃな
くて、ありとあらゆるものだったよね。そこには今
ではシティ・ポップと呼ばれるものも入っていたし。

Dubby：都心から始まって、関東近郊もすごい回っ
たよね。で、ジョニーはもちろんそういう動きを知っ
ていて、彼が働いていたセレクト・ショップの〈LL-
CC〉でそういう日本のレコードを売ろうということ
になって。すごいオシャレなセレクトショップなの
に、その売り出しの日はオープンする前にオタク連
中が列をなしているという状況で（笑）。

──こうした"バレアリック"というところから、
ニューエイジ・ミュージックもその範囲に入ってき
たということでしょうか。

Chee：とにかくコズミック以降だよね。コズミック
に感化されて、片っ端からエレクトロニック・ミュー
ジックを聴いていて、クラウス・シュルツェが一時
期関わっていた〈Innovative Communication〉のレコー
ドなんかを買うと、ジャケットに丸く「New Age」っ
て書いてあるんだよね。あとは〈Sky〉とかのレコード
にも貼ってあった。何がニューエイジだか分からな
いけど、レコードを探すとそういうものが出てきて。

──「この手のジャケットはああいう音」……みた
いなディガーの中のセオリーみたいなものが徐々に
できてくるという。

Chee：そうだね。

Dubby："バレアリック"って言いながらそういう音
源も聴いてたと思うけどタームとしての"ニューエ
イジ"は意識はしてないですよね。

──意味というよりも単純に音だけを追っていった
ら自然にという感じですよね。

Chee：そうだね。当時、音源を体系的に集めるとい
うことをやっていなくて、自分たちの感覚だけが頼
りでとにかく膨大な量を掘って聴くという。そこか
ら、買い集めたレコードの中で同じレーベルを見つ
けたりして、「ああ、またこの感じの音か。これは
ニューエイジのレーベルなんだ」ぐらいの感じで
やっと認識できるというかね。

──まさにDJカルチャーという感じですね。

Chee：そういうことですね。ニューエイジ・ミュー
ジック自体とは、たぶん特殊な出会い方をしている
と思う。簡単に言うとレコード屋に行って、おもし
ろいものを見つけたら買うということだけだから。
研究して、体系づけて音楽を道筋つけて聴いて
くような人たちにはかなわないですよ（笑）。

Chee Shimizu
1971年生まれ。DJ、選曲家、執筆家、プロデューサー、
レコードショップ運営、レコード・レーベル主宰。
2004年にDJプロジェクトDiscossessionを始動。
2007年以降は八王子のSHeLTeRをホーム・グラウ
ンドに、国内外で活躍中。リミックス/エディット・
ワークも多数。2008年にオンライン・レコードショッ
プOrganic Musicを立ち上げ、2019年に実店舗
Physical Storeをオープン。

Dubby
Cisco Records、Organic Musicのバイヤーを経て、
オンラインレコードストアOndasを立ち上げる。DJ
としては、フリースタイルなプレイで海外からのオ
ファーも多く、Noise in my Head、Growing Bin等
にミックスを提供するなど多方面で活躍。〈mule
musiq〉から和物コンピ『Midnight in Tokyo Vo.2』を
リリース。

河村祐介（かわむら・ゆうすけ）
1981年生まれ。『remix』編集部、LIQUIDROOM勤
務やふらふらとフリーを経て、2013年より、
OTOTOY編集部所属。

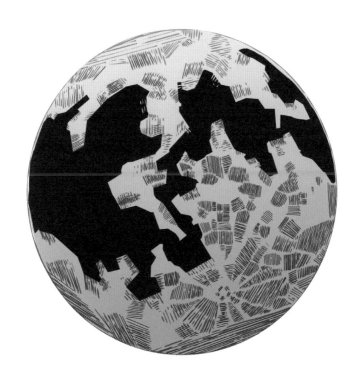

テン年代のニューエイジ
（2010〜）

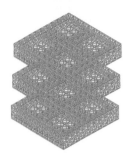

2017（RVNG）

Visible Cloaks
Reassemblage

高田みどり『鏡の向こう側』の再発と併せて、17年に世界中で大きな話題を呼ぶこととなった出世作。メンバーの1/2、Spencer Doran は名ブログ、Root Blog にも画期的なミックスの数々（『1980年〜1986年の日本の音楽』など）を寄稿したことでも知られる。本作には、かねてより彼らが尊敬していた Dip in The Pool の甲田益也子（サンプリング許諾についてのやりとりから交友が始まったそうである）やニューヨークの電子音楽家、Motion Graphics、そして、Golden Retriever の一員、Matt Carlson らがフィーチャーされた。表題は、ベトナムの映画監督、Trinh T. Minh-ha の82年同名作に由来。ハッセルの「第4世界」にも似た「Fourth World Japan」という音楽構造をもとにバーチャルに仮想複製された世界各地のアコースティック楽器や、ソフト・シンセ、DAW による合成的な音素材、そして、自身らも造詣の深い80年代の日本の環境音楽の持つ「静けさ」の風趣といった種々の要素が、グリッチするエレクトロニクスとオーガニックなサウンドスケープの中で違和感なく溶け合う。遠く離れた場所、過去と未来までをも混在させながら、聴き手の意識に対しても非常にオープン・マインドな響きである。　　　　　　　　　　　　　　　　　　（門）

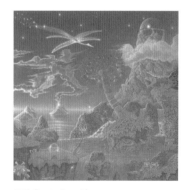

2016（Leaving Records）

Matthewdavid's Mindflight
Trust the Guide and Glide

〈Stones Throw〉を親レーベルとして持ち、LAの地下シーンで〈Brainfeeder〉らと共にジャンル間の異種交配を押し進める〈Leaving Records〉から、その主催者である Matthewdavid の16年作。ニューエイジ・ミュージックの革新と拡大を夢見る彼は、前述した先鋭的なビート・ミュージック周辺での活動と同時に、Laraaji や Carlos Niño、M Geddes Gengras など、現代において散逸してしまったニューエイジ熟練アーティストたちの「再」体系化を自身のレーベルのもとでおこなっている。そして、本作はその活動の指針となる作品である。ロサンゼルスの都市的な音楽シーンに深く関わりつつ、自宅に引きこもって本格的な瞑想、セラピーの訓練にのめり込むという、相反する文化との接触こそがニューエイジ・ミュージックの現在に新しい視座をもたらし得る可能性なのである。ヨガのBGMには饒舌過ぎ、メロディの起伏が大き過ぎる、この新世代のニューエイジ・ミュージックは、瞑想を目的とした音楽であると同時に、今までに聴いたことがないサウンドスケープを体験するための純粋なリスニング向け音楽としても設計されている。Ableton を駆使して作られた、正統なニューエイジ音楽の高解像度・リミックス版。　　　　　　　　　　　　（今）

2010（The Curatorial Club）

Chuck Person
Chuck Person's Eccojams Vol. 1

2020年1月、アンダーグラウンドな音楽を紹介し続けていたメディア、Tiny Mix Tapesが活動停止を宣言した。最後の特集「2010年代のフェイバリット100選」で第1位に選ばれたのが本作であった。2010年にOPNことDaniel Lopatinが変名でリリースしたこのミックステープでは、TOTOやJanet Jacksonらのポップスがスクリューとエコー、ループで切り刻まれ続ける。ジャンクの塊であるものの、弛緩しきったリズム、神経症的に繰り返されるヴォーカルのフレーズ、靄に包まれたアンビエンスに、気づけば恍惚とさせられる。このEccojamという編集手法に、多くのリスナーと作家が衝撃を受け、また虜となった。TMTは本作のレビューで「聴くこと、それはコミュニティの始まりであり、創造の始まりでもある」と、まるで遺言のごとく述べる。Eccojamは模倣の容易さも手伝い、作家たちは様々な異郷を描き出した（見捨てられたショッピングモール、未来都市東京etc）。それらがヴェイパーウェイヴと形容され、様々な派生ジャンルを抱えた共同体を形成し、メインストリームにまで影響を与えているのは周知の通り。テン年代以降の聴取感覚を直接／間接に刷新した、現代ニューエイジを語る上でも外せない1枚である。　　　　　　　（カ）

2011（Hippos In Tanks）

James Ferraro
Far Side Virtual

それまでローファイなドローンやコラージュをリリースしてきたJames Ferraroの転換点となった1枚。度々ヴェイパーウェイヴの始祖として引き合いに出される『Chuck Person's Eccojam Vol.1』は主にEccojamという手法を共有することでジャンルに貢献したが、本作は消費文化とミューザックを取り上げることで後続に影響を与えた。SkypeやWindowsのシステム音のサンプリングなどが、インターネット勃興期を彷彿とさせ、ノスタルジーの源泉となった面もあるだろう。だが、彼の主眼は21世紀の消費文化の批判的描写である。アップテンポなビートの上に、チープなシンセやサンプルが奔流し、露悪的なまでにポップで耳なじみのいいメロディーがあふれ出す。キッチュで不気味な奇形のテレビCM、もしくは店内BGMが、笑顔を振りまきながら訪れては次々に通り過ぎていく。常にインターネットに接続し消費を迫られる現代人は、ある意味で常にショッピングモールの中にいるようなものだ。そんな私たちにお似合いなのは、こんなミューザックではないかと想像する。消費文化への批評的視点はヴェイパーウェイヴから脱出されつつあるが、本作は今なお現代のBGMとして心地よく、そしてどこまでも虚ろに機能する。　　　　　　　（カ）

2014 (Mexican Summer)

Torn Hawk
Let's Cry And Do Pushups At The Same Time

邦題は『泣きながら腕立てしようぜ』。ブルックリンの鬼才 Luke Wyatt は主に VHS への偏愛溢れるカルト映像作品の作家として知られている。80s を素材にした、どこかヴェイパーウェイヴとも通じる猥雑な作風で、70s〜80s のオブスキュア・ファンクの発掘レーベル〈PEOPLES POTE-NTIAL UNLIMITED〉の映像コンピレーション『PPU VIDEO PARTY』のエディター等で知られている。Torn Hawk は彼の音楽作品での名義で、〈L.I.E.S.〉の 12 インチからの 80s シンセウェイヴな "Tarifa"、自身のレーベル〈Valcrond Video〉からのミニマルなエクスペリメンタルと幅は広い。本作は OPN、Weekend 等で有名な〈Mexican Summer〉からの 14 年作。本人の映像作品とも通じる、シンセウェイヴも通過したローファイな音世界が広がる。ギターを全編にフィーチャーしたスペイシーなインディー・ロックの風情もあり、Ducktails と近い雰囲気も。最初のトラック "I'm Flexible" からもうすでにリバーヴ＋ギター＆シンセのシューゲイザーばりの陶酔感。"Afterprom" もタイトル通りのトロトロさがある。シンセウェイヴに始まる "Under Wolf Rule" も途中で残響ギターが融解していく。映像作ほどの猥雑さはないが陽光へのトリップ感がある。　　（ダ）

2016 (Domino)

Motion Graphics
Motion Graphics

Oneohtrix Point Never 主宰〈Software〉からの作品も広く知られる Co La の作品制作にも関与し、17 年には坂本龍一『Async - Remodels』のリミックスにも起用。Maxmillion Dunbar や Lifted の一員としても活動しているニューヨークの電子音楽家、Joe Williams によるソロ・プロジェクト、Motion Graphics が名門〈DOMINO〉から発表したデビュー作。本作は、インターフェースの音やデバイスの告知音、家電の音といった生活と共にある音たちを組み込んだ作品。本来は、「ノスタルジアのないシンセ・ポップのレコード」として制作される予定だったが、「テクノロジーにより無限の場所へとアクセスできるアンビエント・アルバム」へと計画変更。James Ferraro や Oneothrix Point Never といったポスト・モダン・ミュージックの巨人たちをよりポップに解釈したともとれるそのサウンドは、有機的／非人間的なテクスチャーのコンビネーションから成り立っており、マリンバやクラリネット、生成的なシンセ・サウンド、ロボットの音声などが用いられた。非常に多岐に渡る音楽的要素を横断し、"Anyware" では、ジュークのリズム、"City Links" では、80 年代シンセ・ポップのエレメントも散りばめられている。　　（門）

2013 （Not On Label）

ECO VIRTUAL
ATMOSPHERES 第1

ヴェイパーウェイヴのソースとしての（90年代リゾート的な）「青空」を体現したものとしては、VEKTROIDのPrismCorp Virtual Enterprisesでの "ClearSkies™"（16年リリース。SNESのような音色を使ったヴェイパーウェイヴの傑作）などがあるが、それに「天気予報」というソースも持った典型例としては、「大気の解析と分析」、Eco Virtualがある。13年にシリーズ第1弾『Atmospheres 第1』をリリース。霧、スモッグなど天候をテーマにした作品。スムーシー＆ムーディーなサックスの入ったSade "Kiss of Life"をスクリューした "Gradient Winds"が象徴的。『Atmospheres 第2』の "Fiji Waterfalls"では光田康典によるゲーム・サントラをサンプリング。ゲーム・サントラの利用も頻出で、『Atmospheres 第3』の "気象スクールGARDEN"では植松伸夫によるFF8の曲をサンプリングしている。またこの3作目は日本語のタイトルが異質で、ヴェイパーウェイヴの主流に乗った形ともいえる。その後の『Atmospheres 第4』でもとの路線になった。10年に制作された『WILDLIFE CANADA』は、タイプラプスの雲、海、草原など、TV放映終了後を思い出させるような自主映像作品で、合成音声による説明が流れるドキュメンタリー。 （ダ）

2015 （Dream Catalogue）

2814
新しい日の誕生

ヴェイパーウェイヴ界屈指のアンビエンスを育む長編音霧職人、telepath テレパシー能力者と、2014年に誕生したヴェイパーウェイヴの一大聖地〈Dream Catalogue〉の主宰、HKEによるスーパー・グループの傑作。同ジャンルとしてはおそらく初めて、「Rolling Stone」誌で取り上げられたことをきっかけに世界中で話題を呼んだことも記憶に新しい。13年にはヴェイパーウェイヴの死亡を宣言されたりしながらも、これらのムーブメントは16年に最盛期を迎えることとなった。この頃よりHKEは、ヴェイパーウェイヴ以降を模索した音作りへとシフトしている。最初を飾る "恢復"はピアノの残響とアンビエンスによる導入から、スクリューしたビートが始まり、またピアノの残響により終わる。サイレンをはじめとした都市の喧騒が流れ、次曲へとシームレスに繋がっていく。そこには昔の曲やCMといったサンプルは廃されていて、環境音とアンビエンスのみで代替表現されている。これはbandcampのタグに「Vaporwave」はなく、「future ambient」や「dreampunk」とされていることからも伺える。スクリューするビートとジャケット・アート、曲名にだけその残り香があり、むしろアンビエントそのものに近づいた作品ともいえるかも。 （ダ）

H.Takahashi
Raum

やけのはらとP-RUFFとのアンビエント・ユニット、UNKNOWN MEの活動でもその名を広めることとなった東京の作家、H.TAKAHASHIが、鋭い審美眼でリリースを続けてきた英国のエクスペリメンタル／テクノ・レーベル〈Where To Now?〉からLP作品として発表した1枚。本作では、全編が自身のiPhoneでの制作ながらも、テクスチャー、展開、構成共に隅々まで洗練された隙のない作品へと仕上げた。かねてより彼が大きな影響を受けてきた、芦川聡や吉村弘、尾島由郎といった日本のアンビエントのパイオニアたちの作品から、サティやイーノといった家具の音楽／環境音楽の命脈までも紐解きつつ、静止画や幻想的な美しさ、そして、超越的なエネルギーを記録するために現代的なフィルターを通して実験している。限られた音素材を効果的に用いながらレイヤードされたアンビエント・サウンドは、とてもシンプルながらも耽美的だ。瞑想的なミニマリズムを底流に、静けさを纏ったピアノの音色が柔らかに触れ、Takahashi氏が今作でインスパイアされたという、カフェや公園、オフィス、地下鉄といった当たり前の東京の街並みが、無人の世界へと変貌していく様を目撃することとなる。　　　　　　　　　　　　　　　　　　　（門）

2017（Where To Now?）

Ana Roxanne
〜〜〜

サンフランシスコ生まれ、現在はロスを拠点にする東南アジア系作家のAna Roxanne。彼女の音楽のルーツは母親が聴いていた80〜90年代のディーヴァのCDで、カトリックの教会で生まれ育ち、「聖歌隊ナード」になったことにあった。13年にインドで数ヶ月過ごしたことで、歌うことへの興味を神聖化することになり、カリフォルニアはミルズ・カレッジでの音楽研究を終えた後、崇拝する音楽家たちへのオマージュ、生まれ育った風景、インターセックスとしての人生など、自身の影響のすべてをEP『〜〜〜』に注ぎ込んだ。オルガンライクな淡く低いドローンに夢見心地なヴォーカルが漂い、朗読のセクションに移る"Immortality"、ランダムな電子音が特徴的な"Slowness"、そして雨天と波の音が唸るオルガンドローンに乗る"It's A Rainy Day on The Cosmic Shore"。無機質なドローンにヴォーカルが輝く"Nocturne"、天上系のアルペジオを歌がくぐり抜ける、一種の主張も感じさせる"I'm Everey Spokly Woman"、そして団欒、聖歌、波打ち際、という故郷での一幕のようなフィールド・レコーディング"In A Small Valley"で終わる、短くも個人的な、自然音がそれを語ることができるのを感じさせる1枚。　　　　　（ダ）

2016（Not On Label）

2010（K-RAA-K³）

Dolphins Into The Future
Ke Ala Ke Kua

海洋性の美しさが際立つフィルレコ＋ニューエイジ・アンビエントな作風で、テン年代初頭に一世を風靡したベルギーの新世代音響作家、Lieven Martens Moana こと Dolphins Into The Future が10年に発表した大人気作で、幾度も再発されている。ハワイで一番のシュノーケリング・スポットとして知られ、同諸島の中でも高い透明度を誇るケアラケクア湾を舞台としており、湾内に息づく生物たちの声や様々なインストゥルメントによる演奏が粗削りでいながらもどこかオーガニックな魅力を醸している。一時代を築いた傑作として記録されるべき1枚。　　　　　　　　　（門）

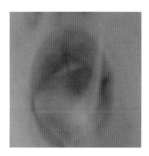

2010（De Stijl）

Hype Williams
Find Out What Happens When People Stop Being Polite, And Start Gettin Reel

〈Hippos In Tanks〉〈Hyperdub〉での活動が有名な、実在の映像監督の名を冠してしまった2人組アート系ローファイ・ユニットによる作品。チルウェイヴやシンセウェイヴといった80sシンセ影響下のプレ・ヴェイパーとして見ることができ、スクリューされた音、霧のかかったような意味深なムード、サンプリング多用、とある程度の共通点がある。ローファイとシンセへの受容はこの年代である程度できていたのかも。Perera Elsewhereの『Bizarre』(13)のリミックスも原曲を実験系アンビエント化してて必聴。　　（ダ）

2010（Animal Image Search）

Prince Rama Of Ayodhya
Architecture Of Utopia

〈Carpark Records〉や〈Joyful Noise〉といった人気レーベルからも作品を繰り出し、Julianna Barwick のリミックスも手がけているブルックリンのエレクトロ・ポップ・ユニット、Prince Rama の変名。冒頭の10分超えの大曲 "Dawn Of Astronomy" で、トリップ・ホップからトライバル、シャーマニズムまで渾然一体となったような圧巻の展開を発揮、Elvis の "Can't Help Falling in Love" をサンプリングしスクリューした "Breaking the Kitsch Barrier" でひと休みと思いきやさらなる混沌の渦へ。ラストで見せるスクリュー・ボイスのマントラはあまりにも異形。　　　　　　　　　　　　（門）

2010（Midnight Star Media）

Sky Limousine
XXX

いくつもの名義を使い分けゼロ年代終盤からテン年代初期にかけて積極的に活動し、シンセ・ポップ、アンビエント、ドローン、ノイズ、ローファイ、実験音楽、ニューエイジに至るまでのジャンルを横断したJOSH BURKEが彼の自主レーベル〈Midnight Star Media〉より Sky Limousine 名義でCD-R発売した作品。彼の作品群の中には題名のない作品も多いが今も同様である。謎めいたジャケットはニューエイジ作品にありがちなイルカのようにも見える。FMシンセによるドローン、美しいギターのフィードバック。ビートのない音の連続は癒やしの効果を与える。　　　　　（YZ）

Xiphiidae
Quaking Myth

自身のレーベル〈Housecraft Recordings〉から、滅茶苦茶な数の変名で、滅茶苦茶な数のリリースを敢行してきたJeffry Astin御大。ベルギーの〈Aguirre〉からも再発された本作はソロ・アンビエント・プロジェクトの1枚。A面はテープのヒスノイズすら美しい、膨張収縮を繰り返すローファイな音塊が味わえる。一方、B面は朽ち果てたフィールド・レコーディング上をヨレヨレ往復するパーカッションと、まばゆい光を纏うギター・ドローンの2部構成となっている。氏の名義ごとの振り幅はかなりのものであるが、この1枚だけでもその片鱗がうかがえる。　　　　　　　　　　　　　　（カ）

2010（Housecraft Recordings）

大工哲弘 大工苗子 & スカル・トゥンジュン
ガムラン・ユンタ

沖縄県の八重山地方に伝承される八重山民謡の第一人者、大工哲弘と、彼の妻であり、囃子／箏の名手、大工苗子がバリ島のガムラン楽団、スカル・トゥンジュンとコラボした作品。『久高島イザイホー』で知られる大工の盟友、宮里千里が現地での録音を担当。柔らかい音の三味線と硬い音の青銅は相反する音の印象ではある一方で、5音階からなる点や神秘的な印象を強く与える点で共通しており、違和と親和を内包した未知なるアンサンブルである。チューバやトランペットの長音を重ね合わせ、両者の間隙を埋め合わせる名アレンジの関島岳郎のリミックスも収録。　　（素）

2010（DISC AKABANA）

ADR
Solitary Pursuits

ADRことAaron David Rossはユニット、Gatekeeperの片割れとして、VangelisやB級ホラー映画のサントラをデジタル拡張した不吉なテクノを制作してきた。彼の初のソロ・アルバムとなった本作は、ビートが強いユニット名義とは異なり、さながらJohn Caroll Kirby『Travel』に先行するアナログ・シンセ旅行記となった。こちらの旅先は木星か、はたまた水星か。ハヤカワSF的世界の中で、物憂げだが心地よい宇宙遊泳が体験できる。今はニューエイジ的音像からは離れているが、OPNのツアーにキーボーディストとして参加するなど今後の動向も要注目。　　　　　　　　　　　　　（カ）

2011（Public Information）

Deep Magic
Altars Of Veneration

Sun ArawのコラボレーターとしてLaraajiとの共演に参加したり、D/P/Iとしての活動が有名なLAのコラージュ魔術師、Alex Grayによるプロジェクトの作品。Food PyramidなどをリリースするUSのカセット・レーベル〈Moon Glyph〉からのリリース。ギターと空間系エフェクト、シンセ等によるサイケデリック・ギター・アンビエントだが、急にピッチが下がったり上がったりしたり、グリッチーなサウンドが出てくる尖り具合も。基本的には穏やかな天上系サウンドで"Untitled IV"のような鳥の声（ブツ切り感あり）を重ねたニューエイジ・トラックもある。　　　　　　　　（ダ）

2011（Moon Glyph）

2011（Inner Islands）

gkfoes vjgoaf
Nature Eternal Striving

AshanやChannelersといったアンビエント名義でも活動し、新世代のニューエイジ勃興の火付け役となった名レーベル〈Inner Islands〉を主宰しているカリフォルニア・オークランド拠点のアーティスト、Sean Conradのソロ・プロジェクト、gkfoes vjgoafの初となるヴァイナル作品。10年の9月から11年の1月にかけて、カリフォルニアとニュージーランドで録音された。前作『Healings』でも披露した雄大な自然観を継承しつつ、サイケデリック・フォークや民族音楽、シャーマニックな要素なども引き込んだ神秘的なサウンドスケープを見せる。　　　　　　　　　　　　　　　（門）

2011（Amethyst Sunset）

Imaginary Softwoods
The Path of Spectrolite

Emeraldsの元メンバーであり、〈Spectrum Spools〉主宰としても重要なJohn Elliottのプロジェクトによるニューエイジ・アンビエント・アルバム。11年に〈Amethyst Sunset〉からリリースされていたが、14年にPeter Van Hoesenの〈Archives Intérieures〉からCD再発された。重なり合うアルペジオが印象的な"Rainbow Obsidian Key"、第4世界的空間からシンプルなドローンに移行する"Black Water and Ice"、きらめくシンセ・アルペジオ"Crystal Pond"と、ジャケ写と曲名も相まって身の回りの風景を描いたかのような美しくシンプルな名盤。　　　　　　　　　　　　　　　　　（ダ）

2011（Digitalis Recordings）

Jürgen Müller
Science Of The Sea

ドイツの知られざるニューエイジ／アンビエント作家のJurgen Mullerが82年に発表した激レア作品が、今は亡き米国の名門地下レーベル〈Digitalis Recordings〉とPanabriteの手によってついに再発へと漕ぎついた、という設定でリリースされた大名盤だが、実はPanabriteことNorm Chambersによる制作だったということは後日判明したお話。架空の人物という設定は抜きにしても群を抜いて素晴らしい内容。頭を無にして浸るにはまさにピッタリな際立った透明感。澄みきった海の中をボンヤリと漂うような美麗アンビエント・ミュージック。　　　　　　　　　　　（門）

2011（Rotifer Cassettes）

Seziki Tetrasheaf
Keys To Kishore

ゼロ年代後半、〈HouseCraft Recording〉と並びニューエイジに意識的だった〈Rotifer Cassettes〉が、Jeffry Astinの山城新伍的な小粋さと、破天荒なリリースの合間にIasosの3作品を再発する先輩リスペクトも忘れない姿勢でおなじみだったのはその昔。そんなRotiferの中期までの顔役がSeziki Tetrasheafであり、本作でも化学調味料たっぷりの中華料理に片栗粉をいい加減に混ぜていくようなスクリューを武器にベトベトした音作りを披露。見た目は悪いが、食べたら美味しいで食べログ高得点なサウンドは、食べ盛りのRas G好きにも大推薦。　　　　　　　　　　　　　（ド）

2011（Inner Islands）

Stag Hare
Spirit Canoes

サイケデリック／ドローン／アンビエント作品をリリースしている、ソルトレイクシティの音楽家による11年作。CDは〈Hands In The Dark〉からリリースされている。説明によれば、ジョイス『フィネガンズ・ウェイク』から構造的に影響を受けた、循環的な物語を伝える4つの曲。また「4つの方位と季節」という四元素的？な考えにも影響を受けている。本作の特徴は土着の音楽を思わせる独特なリズムのループで、それに重ねられる陽光的ドローン、溶け出していくヴォーカル、鳥のさえずり、弦楽器。「収穫祭」を想起させる牧歌的ドローン。　　　　　　　　　　　　　　　（ダ）

2012（Opal Tapes）

1991
High

スウェーデンの都市、ヨーテボリを拠点に活動。〈Ninja Tune〉傘下のレーベルで、テン年代前半に大きな人気を誇った〈Werk Discs〉からリリースされたLukidの12インチ『This Dog Can Swim』にてリミックスを手がけるなど、多角的に活動するAxel Backmanが1991名義で〈Opal Tapes〉から発表した人気カセット作品。リプレスや〈Boomkat Editions〉からのレコード化もおこなわれている。Hype Williamsや〈Beer On The Rug〉が展開したヴェイパーウェイヴ作品にも通じるローファイなアンビエント／アブストラクト・テクノ。鬱屈とした空気感の中でただ喪に服す。　　　　　　　　（門）

2012（Inner Islands）

Ashan
Ancient Forever

カリフォルニアはオークランドを拠点とし、昨今のニューエイジ新世代作品の重要なレーベル〈Inner Islands〉主宰としても知られる、音楽家／エンジニアのSean Conradによる作品。他にアンビエント寄りのChannelers、Michael HenningとのSkyminds等の名義があるが、こちらはビートのくっきりした作風といえる。本作はギター、民族系打楽器、コーラスを主軸としたPopol Vuhを彷彿とさせるフォーク・アンビエント。アメリカン・プリミティヴとニューエイジとの接点も感じる、John Faheyや〈Tompkins Square〉を好む人にもお勧めしたい作品。　　　　　　　　　　　　　　　（ダ）

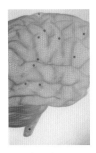

2012（Duenn）

Buchikamashi
Superbrain

ユニクロのCMやNHK『デザインあ』の仕事でも知られるアニメーション作家で、インプロ・バンド、Hi-Speedの元メンバーであるMizuhiroと、沖縄の交信師、斑釜 神（ぶちかま・しん）の共作カセット。チャネリングを通して得た霊感は、チベタンベルの荘厳な音色、ぬるめの湯加減が沁みるシンセ、小鳥のさえずる自然音を完璧に調和させることで、多幸感の塊として具現化されている。さながら冬キャンプの朝に飲む温かなスープのような充足感が得られる1枚。福岡の〈Duenn〉から少部数リリースされた後、〈Sic Sic Tapes〉から再発、現在もデジタル音源が販売中。　　　　　（カ）

2012（Hippos In Tanks）

d'Eon
Music For Keyboards Vol. I

Laurel Halo や Games（Oneohtrix Point Never & Airbird）を輩出するなどインディーなシンセ・ポップの一時代を切り開いた今は亡き名レーベル〈Hippos In Tanks〉を拠点に活動、「DIS Magazine」や「FACT」といった主要メディアにもミックスを寄稿し、Grimes ともスプリットを発表しているカナダの人気アーティスト、d'Eon が12年でデジタル・リリースした傑作。透き通ったシンセのレイヤードされたツイステッドなアンビエント・サウンドが美しい。粒子まで細やかなデジタル・レコーディング。bandcamp で投げ銭公開されているのでダウンロードしておこう。 （門）

2012（Psychic Arts）

Dragontime
Dragontime

カリフォルニア州オークランドのフィメール・ヴォーカルをフィーチャーした、サイケデリック・フォーク・グループで、シンセ・ヴォーカル担当の Kephera Moon は Brainticket の15年作にも参加した人物。本作は12年にギタリスト Matt Baldwin 等のリリース（これもよい）がある〈Psychic Arts〉からリリースされていたが、15年に〈Inner Islands〉からカセット・リリースされた。トラッド曲も交えたサイケ・フォークを基調としつつ、シンセ・ワークも素晴らしく、"Beltane"、"Ride That Train"のシンセはニューエイジ復刻の今の耳にもよい。 （ダ）

2012（Constellation Tatsu）

EN / Jefre Cantu-Ledesma
Blood

18年に活動を終えた名ブログ／レーベル〈Root Strata〉を共同主宰、現在は Visible Cloaks の Spencer Doran と共に〈Empire Of Signs〉レーベルを運営する Maxwell August Croy と James Devane による ドローン／アンビエント・ユニット、EN。そして、〈Root Strata〉の共同主宰者で、〈Shelter Press〉や〈Mexican Summer〉にも在籍するマルチ奏者、Jefre Cantu-Ledesma によるスプリット・アルバム。両者ともに避暑地的な長尺のドローン・アンビエント・サウンドを披露しているが、透明度の高い EN に対し、Ledesma の楽曲はかなりアグレッシヴでよい対比となっている。 （門）

2012（Sonic Meditations）

Expo '70
Soft Wave Continuum

Expo '70 は LA で結成された、Living Science Foundation でギターをプレイしていた Justin Wright によるプロジェクトで、03年のリリースを皮切りに活動。自身の運営するカセットの手売りが主な零細レーベル〈Sonic Meditations〉からリリース。音楽性はドローンが主体となっており、作品によってはギターやドラムが入るものがある。サイケ色の強いものもあるが、本作はシンセによるドローン・アルバム。Cluster の2ndにも近い雰囲気があり、また "Electric Waves" でのシンバル、"A1V"での鈴など金物使いがいい感じに瞑想感を出している。 （ダ）

2012（Constellation Tatsu）

Food Pyramid
Live

ミネソタ州ミネアポリスを拠点とするクラウト・ロック・バンド。東京の〈Wonderyou〉から11年にコンピレーション・アルバムが出ていたこともある。米〈Constellation Tatsu〉からカセット・リリースされた12年本作は、ミネアポリスに存在するバッケン博物館（医療関係の電気技術を展示）でのライブ音源。このバンドにはNEU!的なハンマー・ビート曲もあるが、本作は場所の関係なのか穏やかでスペイシーなクラウト・アンビエント。Ash Ra Tempelが引き合いに出されているが、もっとピースフルで〈Sky〉レーベル的な明るさを持っている。　　　　　　　　　　　　　　　　　（ダ）

2012（Inner Islands）

Hear Hums
Opens

実はAnimal Collectiveがテン年代カセット・シーンに与えた影響って、結構大きいんじゃないだろうか。アリゾナ在住の男女デュオがブルックリン・インディー・シーン影響下の1stから、実験性とポップセンスはそのままにアコースティックへ振りきった傑作2ndアルバム。シンセの使用は最低限に、生のパーカッションとアコギ、雨季のジャングルを想起させる自然音、力の抜けたコーラスが混じり合い、暖かく愛嬌のある酩酊感に包まれている。メロディはオリエンタルながら東洋趣味をギリギリ回避し、無国籍な桃源郷といった趣に仕上がっている。　　　　　　　　　　（カ）

2012（Spectrum Spools）

Motion Sickness Of Time Travel
Motion Sickness Of Time Travel

エクスペリメンタルにも近いダーク・アンビエント『Tactical Gamelan』等をカセットを中心にリリースしてきた夫のGrant Evansとの夫婦ユニット、Quiet Eveningsで静謐なドローン・アンビエントをリリースしていることでも知られる、Rachel Evansのプロジェクト、Motion Sickness Of Time Travel。カセットやハンドメイドCD-Rでのリリースも多いが、本作は〈Editions Mego〉傘下〈Spectrum Spools〉からのリリース。いずれもドローンをベースにした長尺の曲で、エレクトロニクス以外にもボイスも取り入れた、妖しくも美しいアンビエントを展開。　　　　　　　　　　　　　（ダ）

2013（Exo Tapes）

Angel 1
Liberal

〈Constellation Tatsu〉や〈1080p〉といった名レーベルからのリリースでも知られるアメリカのキーボーディストが〈Exo Tapes〉から出した13年作。すべてのサウンドがRolandのJuno HS-10で作られており、いわゆるニューエイジ的な温かみのある音色だが、ミニマルに洗練された作品となっている。緻密に構成された楽曲群はどれもポップスとしてのずば抜けた完成度を誇り、日々絶え間なく発表されるインターネット・レーベルの作品として消費されるには耐えがたい美しさ。どの時代にあっても変わることのない価値を持つであろう傑作。　　　　　　　　　　　　　　　　　（今）

2013 (Constellation Tatsu)

Bataille Solaire
Documentaires

Femminielliにも参加しているカナダのマルチ奏者、Asael Robitaille
のソロ・プロジェクト、Bataille Solaireによるデビュー作。新世代
ニューエイジが花開き、全盛期を迎えていたアンビエント・レー
ベル〈Constellation Tatsu〉にとって最良のリリースの一角。科学的ド
キュメンタリーのプリズムを通して見た、「霊的および物質的」、「動
物的および植物的」、「自然的およびデジタル的」、「微視的および
マクロ」などをテーマにしたコンセプト・アルバム。懐古趣味な合
成音声、聖地感を高めるニューエイジ、イビザな涼風までもが飛
び交う、自由でアグレッシヴなシンセ・スケープ。　　　　（門）

2013 (Beer On The Rug)

CVLTS
Intentions

テン年代カセット・シーンのメッカこと〈Beer on the Rug〉を主催す
る2人による13年作。ローファイなテープらしい録音に乗るのは、
メランコリックなサイケ・アンビエント・ドローン。徐々に抜き
足しされ高みに向かうシンセと、ノイジーなギターの絡み合いで
昇天必至な曲目も、テープ・ノイズが寄せては返す大波にな
り、聴き手を月夜の電脳大海に飲み込む3曲目が白眉。この時代の
ループ・アンビエントの理想的1枚に仕上がっている。19年現在、
レーベルのbandcampから本作含む過去の名作群が消されており、
復活が望まれてやまない。　　　　　　　　　　　　　　（カ）

2013 (Spectrum Spools)

Donato Dozzy
Plays Bee Mask

新潟は苗場で開催された12年の「THE Labyrinth」フェス（現在は群
馬で開催）での共演をきっかけにリリースされることになった、イ
タリアのDonate Dozzyによる Bee Maskの12年作『Vaporware /
Scanops』収録の"Vaporware"を7つのバージョンに再構築した作品。
それぞれ3～8分のトラックで、13分ほどの原曲が総計30分以上
になっている。フィールド・レコーディングにヴィブラフォン部
分のリフレインによるアンビエント"Vaporware 1"、ドローン・ア
ンビエントの"Vaporware 2"など、原曲の可能性を拡張したかのよ
うな実験的アンビエント作品。　　　　　　　　　　　　（ダ）

2013 (Dept Tapes)

JCCG
Eje

ヴェイパーウェイヴ～テープ～Tumblrカルチャーなポルトガル
〈Exo Tapes〉の姉妹レーベル〈ＡＱＵＡＥ〉からも幾度か再発された、
メキシコの〈Dept Tapes〉より発表の30個限定カセット・アルバム。
本作はJCCGによるギター＆エフェクターによるローファイ作品。
Loren Mazzacane、工藤冬里をインディー・ローファイ鍋に入れて煮
込みまくった感じというか、テープ・カルチャー的なミステリア
スさもある。同氏らしい自然賛美？とも相まって、ふと思い出さ
れたノスタルジア的な奇妙な感動がある。ローファイが効きつつ
も、郷愁重点な和める作品。　　　　　　　　　　　　　（ダ）

2013（Warp）

Oneohtrix Point Never
R Plus Seven

テン年代を代表する作家であるOneohtrix Point Neverが、13年に超名門〈Warp〉から発表した6作目。「Pitchfork」などの主要メディアから高い評価を受けた前作『Replica』の特徴であったサンプリング主体の音楽から、ピアノあるいはパソコンの前でメロディラインのインスピレーションを待つという「伝統的な」制作方法へと変化している。ミュージック・コンクレートを彷彿とさせる並列的な楽曲構築は健在だが、メロディというポップさに寄与する軸を中心に個々の音素材をまとめ上げ、メジャー・レーベルらしい訴求力を獲得した金字塔。　　　　　　　　　　　　　　　（今）

2013（EM Records）

Roland P. Young
Mystiphonic

Enki Bilalの問題作『ゴッド・ディーバ』リブート版OSTか？混沌された異文化がはるか未来で、あるいは過去で洗練されているような。それでいて滑らかな雑食性を持ったままで。これを作った人はどんな時間を生きてきたのだろうかと想像する。1日の中にいくつもの句読点を打つ。広告過多なミューザック変異体の汚染から、私は時間を解きほぐし、明るい光の中をただ前へと進む。海底で、万華鏡の砂に、何を見ても何かを思い出していた背中まで45分4分33秒。プラスチックが舌を圧縮し、声を衰えさせても、音楽として私たちは存在する。　　　　　　　　　　　（B）

2013（Goldtimers Tapes）

Seabat
Scattered Disc

Seabatは米国のForest ChristensonとJohn Also Bennettによるシンセ・デュオ・ユニット。10年前後から活動し、〈Constellation Tatsu〉〈Beer On The Rug〉からのリリースもある。本作はシカゴのテープ・レーベル〈Goldtimers Tapes〉から出された作品。往年のSF映画的シンフォニック・シンセ"The Human Endeavor"、重苦しいドローンから光のほうへ解放されるかのような展開"Cryogenic Awakening"、無機質なシーケンスから光差すシンセに彩られていく"Resonant Orbit"と、壮大なスペース・エイジ／サントラ的天上（突破）系シンセ作品。　　　　　　　　　　　　　　　　　　　　　　（ダ）

2013（Aguirre Records）

Transmuteo
Transmuteo

Iasosのデビュー作をカセット化している名アンビエント・カセット・レーベル〈Rotifer〉より幾度となく作品を発表してきたニューオーリンズの作家、Jonathan Dean。Transmuteoは、同氏によるマルチメディア・プロジェクトで、オーディオからビデオ、デジタル・アートまでに及ぶ活動を繰り広げている。いかにもヴェイパーウェイヴ風に映るジャケットにまず目が行くが、本作は高次の瞑想的内容となっており、精神世界の最深部へのガイド的な要素が強く、その佇まいはまるで現代版Iasos。極彩色に変化するB面の展開もただ圧巻。　　　　　　　　　　　　　　　　　　　　（門）

Tuluum Shimmering
Ulau Tau / Spirit of Sun

2013（Aguirre Records）

Tuluum Shimmering として、カセット、CD-R 等で独特の DIY な実験的民族音楽をリリースしている、英国の映像作家でもある Jake Webster。本作は発掘から現行まで取り扱うベルギー〈Aguirre Records〉からのリリース。長尺の曲が特徴的な作家で、本作も 20 分超えが 2曲という構成。ミニマル／ドローンを下地にしているが、どこかカオティックでローファイな、サイケ・ニューエイジ・フリーフォーク。ネジの外れた Deuter か Popol Vuh とでもいうべきか。bandcamp でフリー DL を含めた、過去の自主制作（長尺）を公開しているので見てみるといいだろう。 （ダ）

25,000 Kittens
25,000 Kittens

2014（Ginjoha）

〈Ginjoha〉（吟醸派）から 14年に 50本限定のカセット作品として発表。〈Headz〉のサブ・レーベル〈Unknownmix〉からデビューした日本のエクスペリメンタル・ロック・バンド、Hi-speed のメンバーとしても知られる東京出身のヴィジュアル・アーティスト／アニメーターにして、〈Ginjoha〉の創設者、Mizuhiro 氏による 25,000 Kittens の唯一作。猫の鳴き声、鳥の音、水の音といったフィルレコ素材に、センチメンタルなシンセ・ドローンが乗っかるという大変シンプルな作りでありながら、この上なく清廉なサウンドスケープと超常的な美しさに貫かれた奇跡的 1作。 （門）

A.r.t.Wilson
Overworld

2014（Growing Bin）

オーストラリア、メルボルンの Andrew Wilson は Andras Fox として、ニューエイジやバレアリックの色濃い要素をハウスやシンセ・ファンク等で表現するプロデューサーで、アシッド・ハウス等のダンス寄りの作品をリリースする András 名義も使用している。彼が A.r.t. Wilson というニューエイジ作家の香りもする名義で〈Growing Bin〉からリリースしたのは、コンテンポラリー・ダンスのために書かれた作品で、Andras Fox からニューエイジの要素をさらに抽出したような作風。本作は〈Melting Bot〉からリリースの編集盤『Soft Illusions』にも収録。 （ダ）

DSR Lines
Spoel

2014（SicSic）

15年にはこっそり Visible Cloaks のカセットも発表していたカセット・レーベル〈Hare Akedod〉を運営するベルギー・アントワープの作家、David Edren こと DSR Lines が 2014年にカセット・リリース。後に〈Black Sweat〉よりヴァイナル化もされている 1枚。ヴィンテージのアナログ・シンセによって育まれるトランシーなアンビエンスと、リズミカルで軽快な反復、すべてが予定調和のごとく奇跡の一致を見たエスノ・ニューエイジの傑作。ジャーマン・ニューエイジの精神性を継承したともいえる現代アンビエント・アンダーグラウンドの結晶的作品だ。 （門）

2014 （Noumenal Loom）

Gora Sou
Living XXL

カセット・コレクターとしても名を馳せる Marc Übel が、アーティストとしてリリースした2nd アルバム。Red Bull Music Academy 出身者らしく音作りの腕前はかなりのもので、シンセの鳴りがひたすらによい。A面は不吉なループに偽エスノなフレーズが乗り、正直地味な展開なのだが、B面が素晴らしい。頭からニュース番組のジングルのような SE が鳴り、一気に電脳ニューエイジに突入。シンセの柔らかな揺らぎと、泡のように響くローファイなサンプリングは電子の海を漂うがごとき心地よさ。中古が意外と安価で入手可能で、是非カセットで聴きたい一品。　　　　（カ）

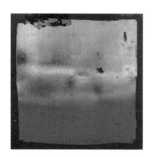

2014 （Recital）

Ian William Craig
A Turn of Breath

元オペラ歌手という経歴を持つカナダの音楽家で、自身の声やオープンリール・テープ等を使った作品が特徴。広く知られた本作のリリースは Sean McCann の〈Recital〉から。オープンリールによる、賛美歌がだんだんと崩壊していくような音は、Caretaker なんかも思い出させる廃墟的な趣きがある。また自身のボイスをフィーチャーした箇所は、James Blake 等を想起させる。録音ではあまり感じないが、ライブ映像でのインプロは美声がリアルタイムに発せられる様に圧倒されるので必見。当時の未発表音源を多数収録したデラックス盤が出ている。　　　　（ダ）

2014 （Tranquility Tapes）

Imperial Topaz
Full of Grace

カセット・レーベルによるニューエイジ・リバイバルの一翼を担っていた〈Tranquility Tapes〉から、全作品のアートワークを手がける Caroline Teagle とシンセ奏者、Zachary Zierden の男女デュオが出した LP。物憂げで澄んだ女性ヴォーカルと、仄かに粒子を発しながら揺れるシンセによって心地よいベッドルーム・サイケとなっている。Beach House にも通じるメランコリックなメロディ・センスも素晴らしい。ヴォーカルが注目されがちな作品だが、シンセとドラムの足し算で曲を展開していくのが非常に巧みで（特にB面）、そこも是非注目してほしい。　　　　（カ）

2014 （Orange Milk）

Jerry Paper
Big Pop For Chameleon World

数回の来日で日本人にも一定のファンを獲得している LA の宅録ベッドルーム・ポップ作家、Lucas Nathan こと Jerry Paper の 14 年作。Giant Claw 主宰、ヴェイパーウェイヴ関連、食品まつりリリースでも有名な〈Orange Milk〉から。"Grey Area" の PV も担当した Cole Kush と共作の謎 3D ゲームのサントラも兼ねている。本作が織り成すのは、ニューエイジも通過した、リアルとチープの狭間のシンセ（琴に似た音など）による、シンセ・ブギー。〈birdFriend〉から来日記念として、遅＆早回しアレンジ盤『BIG POP TRAVELER'S DELIGHT』もリリースされている。　　　　（ダ）

2014（Dekorder）

Kemialliset Ystävät
Alas Rattoisaa Virtaa

小国ながらも、Pan SonicやVladislav Delayをはじめ、実験音楽の巨星の数々を輩出した北欧フィンランド、やはり現行のシーンも充実している。Tomutonttuこと Jan Anderzen率いる大所帯即興フォーク集団、Kemialliset Ystävät。本作は、Goodiepalや Heatsickらがゲスト参加し、活動4年にして発表した初のアルバムとなった彼らの一番人気の作品である。風流心あふれるトイ・ポップやアヴァンギャルドなコラージュ、出自不詳の民族音楽、ダブまでも溶け合わせ、万華鏡のごとし世界観へとこしらえた1枚。　　　　　（門）

2014（Beyond Beyond Is Beyond）

Montibus Communitas
The Pilgrim to the Absolute

南米ペルーが送り出す、自然派・アンビエント・サイケデリック・ロック・バンドの至宝。東京のサイケ・バンド、幾何学模様などもリリースするUSの〈Beyond Beyond Is Beyond〉から。唐代の禅僧、石頭希遷も引用した本作は、フリーな構成、スペイシーなギター、飛び道具的フルート、ドコドコ乱打ドラムなど間違いなくフリー系クラウトの系譜で、それがフィールド・レコーディングと合わさることでドゥーミーさと清涼感が意外にも同居。特に自然音はかなりメインに据えられており、それを中心にバンドの音が溶け込み、彩りを付けていくという自然礼賛。　　　　　　（ダ）

2014（Expansive）

Pulse Emitter
Alien Vacation

Guenter Schlienz、Panabriteと並ぶ、現行3大宇宙深海シンセシスト（Tatewaki氏による提唱語）のひとり、オレゴンのベテラン作家、Pulse Emitterの14年作。ポートランドで12〜13年の冬にかけて制作したそうで、季節の哀愁がシンセから滲む。地下シーンで10年以上活動、ノイズやヴェイパーまで横断した彼だが、本作は自身のキャリアの総括的なアンビエント作品となった。SFチックな要素やトライバルなサウンドも時折覗かせながら、彼の愛してやまないシンセサイザーがアートワークのイメージにもドンピシャな「ここではないどこか」の風景を描き出す。　　　　　（門）

2014（Pygmy Animals）

RAMZi
BÉBiTES

〈RVNG〉〈1080p〉〈12th Isle〉等の名レーベルからリリースする、幻想アンビエント・ジャングルを駆け巡るモントリオールを拠点とする才媛、Phoebé Guillemotこと RAMZiによる自主レーベルからのリリース。イメージに縛られたエキゾチカでなく、世界各地の未知としてのエキゾチカを原動力にする音楽家だ。楽曲の音色を楽器的に用いるサンプリング手法、ラテンに影響を受けた特有のリズムとエフェクト、音のレイヤーによるドープな、別次元に存在する秘境の密林音世界。そこは自然と環境をテーマにしたスピリチュアルな世界でもある。　　　　　　（ダ）

2014（Heavy Space Records）

Vluba
New Mutation

超常現象アート・プロジェクト集団を名乗るアルゼンチンのVluba
は、リリース数、内容共に取っ散らかった活動をゼロ年代中頃か
ら展開中。ほとんどの作品において、グツグツ煮込むがコクがな
い呪術サウンドと、何か重要なことを言っているが肝心の内容が
聴き取りにくいウルトラの母みたいなヴォーカルで育ち悪めな
ニューエイジを披露している。スピリチュアル系のイベントには
欠かさず行くパーティー野郎気質で、Sun ArawやStephen O'Malley
とコラボしたり、UFOを呼ぶ儀式をおこなったりと常に多忙な様
子。初期には〈Chocolate Monk〉からのリリースもあり。　　（ド）

2014（ESP Institute）

Young Marco
Biology

バレアリックの重要人物のひとりでもあるオランダのプロデュー
サー／DJのYoung Marcoは、15年にJonny Nashと巨匠、Gigi Masin
と共にアンビエント・ユニット、Gaussian Curveを結成したことで
知られる。また自身のレーベル〈Safe Trip〉を運営し、重要作をリリー
スしている。本作は14年のデビュー作。バレアリック・ハウス的
な海世界"Sea World"、ミニマル・マレットとニューエイジ・シン
セが交差する"Out Of Wind"。バレアリック・ハウス"Suzaku"、
TR-808を効かせた"Can You Really Feel It?"と、フロア向けも含むバ
レアリック作。　　（ダ）

2014（No Problema Tapes）

猫 シ Corp.
Palm Mall

ヴェイパーウェイヴのラウンジ感を強調したものといわれるサブ
ジャンル、「Mall Soft」の作り手として知られるオランダのプロ
デューサーによる14年作。ヴェイパーウェイヴの持つピッチダウ
ン、ループ、エフェクトを好み、中でも「Mall Soft」は80年代の音
楽にピッチダウン＆リバーブを効かせた感じが好きなのだという。
手のひらモールと題された本作は、やはりジャケ画の建築予想図
のような、仮想のショッピング・モール譚。喧騒やBGMで彩られ
た、22分超のタイトル曲"Palm Mall"はミュージック・コンクレー
ト並。他の小曲もそれぞれに「Mall Soft」を表現。　　（ダ）

2015（Not On Label）

01100001 S.T.A.R.D.U.S.T. Subsidiary
Arcadia Campus: Virtual Tour

ロンドン（カナダ・オンタリオ州）の作家により、15年にセルフ・
リリースされた本作は「2015年にマスタリング、2095年に録音さ
れた」とのこと。デトロイトの〈FANTASY☆DELUXE〉からも数回
カセット・リリースがなされた。ソニーのテレコでキャプチャさ
れた本作は、アートとデザインのテレパス教育施設「アルカディア・
リージョナル」のキャンパス・ツアー。SNESゲームを思わせる
BGM、機械音声のガイド。没入感の高いバーチャル・ユートピア。
"Late Night Java"における『シムシティ 2000』からの引用もどこか納
得のいく世界観。　　（ダ）

2015（葉か菜色レコーズ）

Anton Senchi
Lounge Paradise

Awankanaこと Antonio Smith は21世紀になるとジャズ、トランス、ダブ等様々な音楽を吸収し Anton Senchi 名義で新しい音楽の追及を開始する。ネットに大量の音源をアップし続け、15年に本作をリリース。様々な音のテクスチャーが張り巡らされた感覚的なこの構成は Mono Fontana とも比較されるが、よりデジタル的。しかしサンプリングのループや4つ打ちビートも泡沫のように浮かび上がっては消えていき、ダンス・ミュージックにはならず聴き手をリラックスさせる効果へ昇華させている。音の感覚の冴え方は相変わらず。光あふれる究極の名盤。　　　　　　　　　　（ブ）

2015（Constellation Tatsu）

Dang Olsen Dream Tape
Just Roll

LA在住のイラストレーターのプロジェクトで、サイケデリックなアートワークも本人作。ジャケットからはポップな作風が想像されるが、中身はトロトロに溶けたローファイ・シンセが支配する極彩色のアンビエントである。南国風のパーカッションとサンプリングも控えめだが効果的で、天上のリゾート地にでも迷い込んだかのよう。作家自身が眠るための音楽を狙っているそうで、入眠音楽としてもオススメ。最近活動がないと思ったら、『Zonkers Regional』というこれまたドラッギーなテレビ番組の制作に関わっているそうで、そちらも気になるところ。　　　　　（カ）

2015（Circle Star Records）

Diva
Divinity In Thee

Flying Lotus 主宰の大名門〈Brainfeeder〉にも在籍するその夫、Matthewdavid が「ニュー・ニューエイジャー」としてビート・ミュージックからニューエイジ再興を横断している真横で、自身もライフスタイルやファッションに至るまでニューエイジへと没入する、ひと際ぶっ飛んだその嫁こと Diva の 3rd。ここ数年、活動をあまり耳にしないが、かつては Ariel Pink's Haunted Graffiti や Sun Araw のツアーにも同行。神聖にして可憐なヴィジュアル・イメージとその包容力、瞑想的なシンセのサウンドがニューエイジの始祖、Iasos とインディーなシンセ・ポップの邂逅をも思わせる。　　（門）

2015（Antinote）

Domenique Dumont
Comme ça

仏〈ANTINOTE〉からのリリースで、当初は謎のコンポーザーとの触れ込みだったが、最近ラトビアの Arturs Liepins と Anete Stuce のデュオであることが明かされた Domenique Dumont の 05年作。チャカポコとしたチープなリズムにラウンジーな上モノ、ときにふわっとした女性ヴォーカル等が乗っかり、イギリスの Pram のようなエキゾチカ・ラウンジ・ポップという趣き。表題曲 "Comme ça" は洒落たラウンジ・ポップといっても遜色ない出来、ラストを飾るオールド・ムード音楽的なトロトロ感あふれる "Le Château de Corail" は必聴。エキゾチカ・ファンもどうぞ。　　　　　　（ダ）

2015（Carpi Records）

Former Selves
Selige Sehnsucht

タイトルはゲーテの晩年の詩「昇天のあこがれ」から。解釈は諸説あるが、自ら炎に飛び込み焼かれる蛾をモチーフに、死と復活を歌った神秘的な作品だ。テン年代を代表するアンビエント・ギター作家は、この題にふさわしい演奏を披露している。ノイズ分多めで鬱蒼とした前半部が、徐々に甘美で光彩あふれるアンビエンスに塗り替えられる表題曲は、まるで炎に焼かれ真っ白な灰から再び生まれ変わる魂を描くかのよう。創作はそのたびに作家の自己変容＝死を必要とする。本作にこもった気迫からは、美に殉教せんとする作家の覚悟がうかがい知れる。　　　　　　（カ）

2015（Western Viny）

Kaitlyn Aurelia Smith
Euclid

ブックラ・モジュラー・シンセの使い手、アメリカはオーカス島生まれの Kaitlyn Aurelia Smith による 15 年作。Animal Collective や Battles のツアーにも同行した実力派。『FRKWYS Vol.13:Sunergy』で Suzanne Ciani との新旧女流モジュラー・シンセ共演も果たした。本作は名門〈Western Vinyl〉からのリリースで、Terry Riley やユークリッド幾何学からも影響を受けた、トライバル要素もありヴォーカルも楽器的に取り入れたニューエイジ・シンセ作品。前半の陽光バレアリック曲群と、後半 "Labyrinth" のパート 12 にも及ぶニューエイジ大作。　　　　　　（ダ）

2015（Sacred Phrases）

Kara-Lis Coverdale
Aftertouches

教会でオルガニストの仕事も務め、Tim Hecker の諸作品への参加や 18 年の来日公演時にもバック演奏を担当したモントリオールの女性作曲家、Kara-Lis Coverdale。5 歳でピアノを始め即興を学び、13 歳の頃から教会のオルガン奏者やミュージック・ディレクターとして活動、Lee Bannon や How To Dress Well といった著名作家の作品にも参加。シミュレートされたストリングスとコーラス、シンセサイザーを駆使。白昼堂々と天上突入なオブスキュア・シンセ・ミニマル "Touch me & die" で瞬く間に昇天。近年の Tim Hecker の作品が好きならマスト！　　　　　　（門）

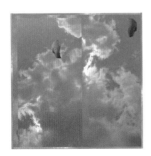

2015（Aguirre）

Komodo Haunts
Suijin

La Monte Young から New Dreams Ltd. まで、実験音楽を中心にリリースを行うベルギーの名門レーベル〈Aguirre Records〉から出た 15 年作。Terry Riley を彷彿とさせるサイケデリックな手触りのドローン。タイトルの『Suijin』はそのまま神道の水神を意味し、ライナーノーツでも「水」の表現にこだわった映画監督であるアンドレイ・タルコフスキーの映像との親和性について言及されている。生楽器とデジタル機材の両方を駆使したサウンドが特徴で、爪弾くギターと分離感はそのままに様々な音が重ねられるラストトラックが特に見事である。　　　　　　（今）

Mark McGuire
Beyond Belief

05年のEmeralds結成、13年の脱退に関わらず、自分自身の音源を録り続けていた。ソロとしてのメジャーデビュー作、〈Editions Mego〉からの10年作『Living With Yourself』では彼自身のギターヒーローであるManuel Göttschingの影響濃いサウンドとなった。前作に引き続きインディー名門〈Secretly Canadian〉傘下〈Dead Ocean〉から、15年リリースの本作『Beyond Belief』ではクラウト・ロックの影響は完全に消化され、音だけでなく本人のヴォーカルも雄弁に語る、インディー・ロックを内包した天上系サウンドをさらに深化した作品。 　　　　　　　　　　　　　　　　　　　　（ダ）

2015（Dead Oceans）

Sean McCann
Ten Impressions for Piano & Strings

ニューエイジから前衛まで、あらゆる角度からひたすら音楽の深海へと潜る名ブログであり、レーベルも展開、Oneohtrix Point NeverやGrouperといった重要作家たちの作品もリリースした名門〈Root Strata〉にLAのドローン／アンビエントの名手、Sean McCannが残した15年作。ピアノとストリングスを駆使した10章からなる1枚。前作『Music For Private Ensemble』の有機的な生演奏から、よりセンチメンタルな色彩を強めた耽美派モダン・クラシカル／アンビエントへとシフト。イーノやHarold Budd直系に、天上踏破な音景色を描き出したキャリア重要作。 　　　　　　　（門）

2015（Root Strata）

Sparkling Wide Pressure
Clouds & Stairs

ギターによるアンビエントといえば、hakobuneらのドローンか、クラウト・ロック影響下のスペーシーなソロが思い浮かぶ。ゼロ年代後期から活動するFrank Baughはこのどちらでもないギターを奏でる。テープを通したアルペジオをパッドのように使ったり、リング・モジュレーターで曇らせたコード弾きをパーカッション的に鳴らしたりと聴き手を飽きさせない。それでいてシンセ・ドローンやフィールド・レコーディング、Daniel Johnstonのようなヴォーカルを組み合わせ、どこか懐かしく暖かい音風景を見せてくれる。宅録マジックが詰まった傑作。 　　　　　　　　（カ）

2015（No Kings）

Ssaliva
Be Me

Cupp Cave名義などですでに実験的な音楽をリリースしている、ベルギーのFrançois Boulanger／ Ssalivaによる15年作で、Georgeaの『Immute』等もリリースする同ベルギーの〈Ekster〉からのリリース。重厚な凍てつくアンビエント細片の"Sampo"で幕を開け、Ash Ra Tempelの静かな曲も思い出す、ミュート・ギターのようなパルスとシンセの"Overland"など、どこかエレガントさと重厚さを持ちつつもシュール。"Guilt"、"Hexspeak"はOPNも想起させる強い音色の曲。神聖ささえ感じる圧を持った"Fugue"は必聴。〈Melting Bot〉の日本盤も出ている。 　　　　　　　　　　　（ダ）

2015（Ekster）

2015（Melody As Truth）

Suzanne Kraft
Talk From Home

米国はLA出身、現在オランダのアムステルダム在住の人気アーティストであり、Jonny Nashとの共同主宰の〈Melody As Truth〉レーベルを拠点に活動している現行バレアリック／ニューエイジ脈の最重要アクト、Suzanne Kraftは、Odd NumbersやPharaohsといったグループにも参加していたDiego Herreraのソロ・プロジェクト。以前のHerreraの作品からもこのような情緒に富んだ表現が見られていたが、本作ではついにセンチメンタルな要素を発揮。レーベルメイトのJonny Nashの作風と共振しつつ、より電子的かつアンビエント的なテクスチャーを描いている。　　　　　　　　（門）

2015（Illuminated Paths）

X.Y.R.
El Dorado

X.Y.R.は、ロシア・サンクトペテルブルグを拠点に活動するアンビエント作家、Vladimir Karpovによるソロ・プロジェクト。〈Constellation Tatsu〉や〈Not Not Fun〉といった人気の高いカセット・レーベルからも作品を発表してきた。ソ連製のシンセサイザーや木製のフルート、おもちゃの打楽器というユニークな取り合わせで制作された本作は、Popol Vuhへのロシアからの回答ともいえるもので、スロウなリズム感覚と絞った音を軸に「コスミッシェ・ムジーク」(宇宙音楽)直系の雄麗なアンビエント・ワールドを生み出した。（門）

2015（Self-Released）

おきあがり赤ちゃん
akachan from heaven

楽器経験のない58歳の男性が、赤ちゃんをあやすためのガラガラとおきあがりこぼしに魅了され、これらを用いて作り上げた作品。音色や響きに個体差があるおきあがりこぼしを複数用い、これらを傾けることにより奏でられる音色にエフェクトをかけて、大人にまでも癒しを与えるヒーリング・ミュージックを完成させた。他方、本作の音空間は、E.A.R.等のSonic Boomを彷彿させるサイケデリック感とも形容され、不規則に鳴り響くおきあがりこぼしの音色や、時折挿入されるスペイシーな処理がなされたガラガラの音色によって妖異な雰囲気も醸し出す。　　　　　　（素）

2015（Sweet Dreams Press）

川手直人
デモデモデ−デモデとモデのパラレル・ワールド−

名バンド、Maher Shalal Hash Bazの一員にして、イングランド・ブリストルの音楽を日本でも積極的に紹介してきた日英文化の橋渡し人、川手直人による近未来のファンタジー絵巻的大傑作。物語篇と音楽篇の2篇から構成されており、奇想天外な大展開でやりたい放題の童話とサイケデリックなBGMの取り合わせがどうかしている物語篇より幕開け。続く音楽篇では、まるで和製Jerry Paperと言えそうなくらいファンシーなベッドルーム・ポップ・サウンドを展開、中毒必至。川手氏はbandcampにて自主作品を投げ銭で発表しておりそちらも要チェック。　　　　　　　（門）

2016（Silver Lake）

Aquarium
Luxury Water Jewels

昨今大きな人気を集めているテクノ・レーベル〈Natural Sciences〉からのデビュー作『Midnight At The Tokyo Central』が世界的に大きなヒットを飛ばした、ミステリアスだったプロデューサー（SNSのアイコンがバナナの乗った猫）、外神田deepspaceがAquarium名義で発表した傑作。Ramziが密林ならば、こちらは熱帯雨林といった具合で、豊潤なアンビエント・テクスチャーを土台に、鳥や虫の声や水の音といった自然音のフィルレコを織り交ぜ、シネマティックかつヒプノティックな世界観を発揮。ハウス畑の彼の音楽は優雅にチルアウトしている。 （門）

2016（Growing Bin）

Bartosz Kruczyński
Baltic Beat

信頼の独レーベル〈Growing Bin〉が送り出す、Earth Trax としても活動する、ポーランド・ワルシャワのクリエイター、Bartosz Kruczyński によるバルト海西岸からのミニマル・アンビエント『Baltic Beat』。90年代も思い出す、自然風景のストレートなジャケ写が美しい。表題曲 "Baltic Beat" はエコー・ギターがノスタルジックに響き、マリンバがミニマルに盛り上げる、確固とした展開も感じられる大作。鳥たちがさえずるニューエイジ・ビート "Parco Degli Acquedotti"、小波が打ち寄せる "Supplement 1" と自然の音も美しい、叙情もあふれる傑作。 （ダ）

2016（Hologram Bay）

Blank Banshee
MEGA

bandcampでの超人気作にもなった12年のリリース『Blank Banshee 0』で、MacやWindows 95の起動音、ゼルダの伝説といった90年代の素材をトラップに乗せた音楽や世界観が、ヴェイパーウェイヴのエッセンシャルな要素になった。3rdである16年リリースの本作『MEGA』は、Eメールの自動応答を使い、謎めいたストーリーの断片を送るという、代替現実ゲームのようなプロモーションがなされたようだ。「アンビエントと踊れるトラップのバランス」と表される作風がさらに深化し、サンプリングもより自然に。ヴェイパーウェイヴからの旅立ちを模索した作品のひとつといえるだろう。 （ダ）

2016（Leaving Records）

Carlos Niño & Friends
Flutes, Echoes, It's All Happening!

近年再評価が著しいニューエイジ音楽ではあるものの、はっきりと「ニューエイジ音楽作品」として謳った新作は僅かだ。そんな数少ない作品の中のひとつである、Carlos Niño & Friends の4枚目のアルバム。1、7曲目においては、ニューエイジ・アーティストの始祖であるIasosをフィーチャーしている。自然音や浮遊する感覚、シンフォニックな展開を披露。さらに、ジャズ・ビートやヒップホップも抱擁している。DJのようにジャンルに固着しない本作のあり方は、これから生まれるであろう新たなニューエイジ音楽の先駆けともいえよう。 （C）

2016（International Feel）

CFCF
On Vacation

Marc Barrott 主宰、ウルグアイ発、現在はイビザ拠点のバレアリック・レーベル〈International Feel〉の第2弾で、モントリオール出身のCFCF こと Michael Silver による EP。〈1080p〉からのニューエイジを意識した11年作『The Colours of Life』等バレアリック／ニューエイジを感じさせる作品を制作しているが、本作はスムース・ジャズ等バンドモノを意識した作品になっている。管楽器を導入したバレアリック・ジャズの"Sate Padang"、ダウンテンポ・ファンク"Pleasure Centre"、特にアコーディオンが旅情を感じさせる"Arto"は出色の出来。　　　　　　　　　　　　　　　　　　　　　　　（ダ）

2016（Antinote）

D.K.
Island of Dreams

フランス人ミュージシャンを中心にリリースしている〈Antitone〉からの16年作。ゆったりとしたリズムが織り成す夢見心地なグルーヴと、多幸感あふれるトロピカルなシンセサイザーで包み込む音像はバレアリックの正統な系譜だが、時折響いてくる空虚なサウンド・エフェクトや、ゆらゆらと不気味に揺れるシンセサイザーのリフが、ヴェイパーウェイヴを通過したニューエイジ音楽のディストピア的憂鬱さを浮かび上がらせる。アルバムの後半を飾る軽やかなアーバン・チューン"Raindrops"を含めたアルバム全体の完成度も抜群に高水準。　　　　　　　　　　　　　　（今）

2016（SEXES）

Don't DJ
Authentic Exoticism

ポリリズミック・トライバル・テクノを展開するベルリンのプロデューサー、Florian Meyer こと Don't DJ。その名のごとく、ターンテーブルをレコード以外で使用することに定評があり、97年に参加した前衛音楽集団、Institut Für Feinmotorik のメンバーとしてもその技を発揮した。ポリリズミックな循環するリズム（ターンテーブルの回転）への探求が表れたこの EP は、自身のレーベル〈SEXES〉からのリリース。アフリカンなデジタル・パーカッションの重層的なリズムがグルグルし、遠くからは虫の鳴き声が聴こえる密林系エキゾ・バレアリック作。　　　　　　　　　　　　　　　（ダ）

2016（Boomkat）

Elysia Crampton
Moth / Lake

E+E 名義の活動で知られる Elysia Crampton が Boomkat 傘下のレーベル〈Boomkat Editions〉からリリースした15年作。Arca や Lotic、Total Freedom といった、新世代ダンス・ミュージックの音楽家たちと共に語られることが多い作家である。今作は湿った土を想起させるプリミティヴでスカスカなビートが特徴的な"Moth"と、奴隷として南米に渡ったアフロ・アメリカンが労働歌として現地で確立した Saya という舞踏音楽を彼女なりに再構築した"Lake"で構成された2曲入りシングル。テン年代のダンス・ミュージックを通過したニュー・アンビエント。　　　　　　　　　　（今）

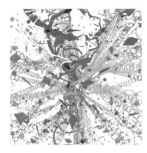

2016（FTD）

Georgia
Import Fruit

UK新鋭レーベル〈FTD〉からの、NYチャイナタウンのクリエイティ
ヴ・スタジオを営むBrian CloseとJustin Trippによる本作EPは、実
験的でありつつも人懐っこいシュールなエレクトロニック作品。
"Planned Dialogue"はエレクトロニクスによるハープ、ツィター、
尺八音が乱打される、打ち込みドープ・ニューエイジ。低音が怪
しさを加速させる密林系ワールド音楽"Actual Behaviour"、打ち込み
時代ザッパを思わせるようなマレット＋金物の乱打密林系"Baila
Decision"、そしてラストは"Planned Earth"の意外な王道ニューエイ
ジ・アンビエントで終わる。　　　　　　　　　　　　　　（ダ）

2016（Not Not Fun）

Les Halles
Transient

ルームメイトであったMagnétophoniqueと共にテン年代ニューエイ
ジ・ミュージックの一大聖地的カセット・レーベル〈Carpi Records〉
を運営していた仏・リヨンのコラージュ・ミュージック作家、Les
Hallesが16年に初となるLPで発表した作品。インディアン風のフ
ルートによる酩酊感たっぷりなミニマルなループが、ぷかぷかと
泡沫を浮かべて無重力を漂うサイケデリックな箱庭民族音楽世界。
そして、TASCAMによって録音されたソフトなテクスチャーが、
幻想的な大自然と聖地感も高めている。間違いなくDolphins Into
The Futureファンにも薦められる1枚。　　　　　　　　　　（門）

2016（Beer On The Rug）

LOCATION SERVICES
IN PASSING

ヴェイパーウェイヴをはじめとした作品を送り出してきたレーベ
ル〈Beer On The Rug〉からの、アメリカはポートランドのデュオの
作品。Facebookにアップされている写真を参照すると、一方がハー
プにエフェクトをかけつつ演奏し、もう一方はフレットレス・ベー
スを演奏という様子。William AckermanやJohn Fahey、Hans Reichel（特
に『Coco Bolo Nights』）等ソロ・ギター音楽家が紡ぎ出してきた雰囲
気、またはEberhard Weber『Penduram』をエフェクトで宇宙的にし
たような音世界。ソロ・ギター、ハープ好きはもちろん、〈ECM〉
系を好む人も引き込まれるだろう。　　　　　　　　　　　（ダ）

2016（International Feel）

Mark Barrott
Sketches from an Island 2

現行バレアリック・シーンに欠かせない〈International Feel〉主宰。
09年にウルグアイで立ち上がり、12年からはイビザ拠点のレーベ
ルで、DJ Harveyなどセールス面でも良好な人気レーベル。作り手
としては90年代にドラムンベースで成功していた彼だが、イビザ
移住後バレアリックを本格的に作り始める。手持ちのシンセサイ
ザーを売っぱらい、前作から環境を一新した本作は蕩けるトロピ
カル曲"Driving To Cap Negret"を筆頭にギターが気持ちいい。ジャ
ケ画の風景のようなピアノ曲"Forgotten Island"は人のいない未踏の
楽園を想起させる。　　　　　　　　　　　　　　　　　　（ダ）

135

2016（The Death Of Rave）

Sam Kidel
Disruptive Muzak

VesselやKahnといったブリストル地下音楽シーンの異才たちによる
コレクティヴ、Young Echoのメンバーが〈Boomkat〉傘下〈The Death
Of Rave〉から出した16年作。「破壊的ミューザック」というタイト
ルの通り、実際の企業や公官庁に電話をかけ、電話口で流れた音
楽や対応の音声に対抗（？）して、自作のアンビエントを流したも
の。あくまで「ミューザック的」な手触りながら、ざらざらする金
属的ビートや、予想に反する展開などが盛り込まれている。サポー
ト・センターのやるせないイラつく待ち時間に聴くミューザック
の耳障りさは確かにこんな感じだ。　　　　　　　　　　　（今）

2016（Growing Bin）

Shy Layers
Shy Layers

Shy Layersはブルックリンのプロデューサー、JD Walshのプロジェ
クト。本作は過去の15年作『Shy Layers』、16年作『2』から選曲、リ
マスターされ〈Growing Bin〉からアナログ・リリースされたもの。
ギター、ドラムによるバンド形態を基本とし、そこにシンセやエ
フェクト処理されたヴォーカルなどが加わり、またピチカート・
ギターやハーモニクスを使った乾湿の表現により温かな温度／湿
度感を作り出す。特に『2』の曲 "Stabilized Waves"、"Too Far Out"、
"Holding It Back" は日差しのきつい日に聴きたい曲。エキゾな "Bees
And Bamboo" もよい。　　　　　　　　　　　　　　　　（ダ）

2016（Sounds Of The Dawn）

Sign Libra
Closer to the Equator

ラトビア国立歌劇場で公演されたBCCのネイチャー・ドキュメン
タリーの音楽なども手がけているラトビアの女性作家Sign Libra。
16年に〈Sounds Of The Dawn〉からデジタル・リリースした作品で、
フランスの〈Antinote〉から12インチ化もされている。前述のドキュ
メンタリーに強く影響された本作は、自然界の生き物たちの生涯
を自身の世界へと投影するというコンセプトの1枚。〈Antinote〉マ
ナーなバレアリック／アンビエントハウス観を発揮しながら、サ
ンプリングした自身の歌声やハミングするシンセの美麗サウンド
を存分に披露。　　　　　　　　　　　　　　　　　　　（門）

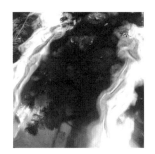

2016（Codes）

Sky H1
Motion

ブリュッセルの才媛が〈Pan〉のサブレーベル〈Codes〉からリリース
したEP。とあるインタビューでDJ／プロデューサーのMumdance
が、「ウェイトレス・グライムはグライムにニューエイジ、エクス
ペリメンタル、ドローン等をミックスしたもの」と語っていたが、
まさにそのコンセプトを体現する1枚といえる。雲間から射す光の
ような恍惚感あふれるシンセとポスト・インターネット的サンプ
リング・センスが作る電脳夢幻世界。空間系エフェクトによる心
地よい浮遊感がありながらも、抑制が効いており、緊張感を保っ
ているのも好感が持てる。　　　　　　　　　　　　　　（カ）

136

2016（Tonkatsu Records）

Skylark Quartet
Lark City

Orlando、Franz、Hayden、Roland から成る（とされる）カルテットの1st。プロデュースをヴァンデルヴァイザーの Sam Sfirri、オブザーブを HOSE、中尾勘二トリオ、THEY LIVE 等の宇波拓が担う。宇波主宰の〈Tonkatsu Record〉から発表された本作は、すべての曲が Carmichael と Mercer による "Skylark" であるとクレジットされているが、それが「hibari に愛の在り処を問うジャズ・ナンバー」であるかを訝しむなどナンセンスである。Shakatak の亡霊が彷徨うようであるとも形容される虚無感に満ちたサウンドでゆったりと不確かに進行する（とされる）。　　　　　　　　　　　（素）

2016（Kranky）

Steve Hauschildt
Strands

元 Emeralds でもあり、バンド解散後はアンビエント作家としてソロ活動している Steve Hauschildt。Emeralds 在籍中から続くソロ活動は、老舗〈Kranky〉からの 11 作目『Tragedy & Geometry』で広く知られることに。同レーベルからの本作は、故郷クリーヴランドの、カヤホガ川の汚染と火災から着想を得た作品。重厚なシンセ・アンビエント "Horizon Of Appearances" で幕を開け、Klaus Schulze も思わせる凍てつくシーケンス "Same River Twice"、淡々とした曲の中で際立つドラマティックな "Ketracel" と、ゆっくりとしたドライさの中で情景も感じさせる作品。　　　　　　　　（ダ）

2016（Not Not Fun）

Wave Temples
Isle Enchanted

テープ〜インターネット・カルチャーとニューエイジ・カルチャーの出会い的な、熱帯と海と遺跡、島々への信仰を描く Wave Temples。13 年前後からの「熱帯幻覚」な作品は〈Dept Tapes〉〈Illuminated Paths〉等からリリースされ、本作は名門〈Not Not Fun〉からのリリース。ポリネシアの島々で夏の 3 日間にわたり録音されたフィールド・レコーディングとローファイ・ニューエイジ・アルバム。波音と鳥たちの鳴き声と、原住民を幻視するシームレスな "Isle Enchanted" の 2 部構成になっている。ローファイの魔力と噛み合った作品。　　　　　　　　　　　　　　（ダ）

2016（bblisss）

V.A.
bblisss

現行音響ダブの聖地〈West Mineral〉からも登場した uon こと DJ Paradise と Ulla Straus、〈Beer On The Rug〉にもカセットを残す Exael の変名、Naemi、そして、Huerco S. こと Pendant が参加。夢現の中に天上を現出させる Ulla Anona の "Moon" で洗われ、続く、Pendant による 12k ミーツ音響ダブの没入度の "Des Vieux Temples" で座禅を組み、夢の果て漂う幻想アンビエント、Naemi の "Procel（Original Mix）" で物思いに沈む、どこまでもチルアウト・ミュージックな大傑作。〈PAN〉リリースのオブスキュア・アンビエント集『Mono No Aware』とは対となる 1 作。　　　　　　　　（門）

2017（Berceuse Heroique）

Benoit B
Japonaiserie

〈Banlieue〉や〈Permalnk〉といった尖鋭的なレーベルにも在籍し、Side Projectなる別名義やGohanとのデュオ、Al Jerryではガバやシンセウェイヴも作っているベルリンの作家、Benoit B。ロンドン地下テクノの聖地〈Berceuse Heroique〉に残された音源の中では数少ないニューエイジ作品。少し影のある音場を、タイトで軽快なマシン・ビートの反復や、ガムラン、ベルといった音素材をシミュレートしたエキゾなシンセ・サウンドが厳かに舞う。ゴッホからインスパイアを受けているそうで、デジタルな仮想世界の中に黄金の国ジパングを再現するかのよう。 　　　　　　　　　　　（門）

2017（Drag City）

Bitchin Bajas
Bajas Fresh

シカゴのサイケデリック・ロックバンド、CaveのギタリストとしてプレイしていたCooper Crainによるサイド・プロジェクトのトリオによるミニマル・アンビエント作。Caveからおなじみ〈Drag City〉からのリリース。Terry Rileyのような天上系ミニマルも展開しながら、スピリチュアル・ジャズへの志向も見せる作品。Sun RaのカヴァーミーツRileyな、"Angels And Demons At Play"、田中徳崇、Ghostの馬頭將器も迎えた、Alice Coltrane的天上系セッションの記録"Yonaguni"等を収録。レア曲を追加した日本限定CDも出ている。 　　　　　　　　　　　　　　　（ダ）

2017（Not Not Fun）

Canada Effervescent
Crystalline

架空の人物なのでは？と思うことは創作ではままあることだが、Canada EffervecentことDenis Tremblayもそれに当たる。70年代から活動する仏国のニューエイジ作家なのだが、Discogsでデビュー作を誰も所持しておらず架空説が強い。80sニューエイジャーを意識した変名を持った作家は存在するので、変な話ではないが。その作家の最新作という触れ込みの本作は、シンセ・ハープのきらめくアンビエント"Onde"をはじめとした美しいミニマル・シンセ・アンビエント。bandcampで聴ける77年作とされる『Themes Injun』はサイケ・オルガン・ドローン傑作。 　　　　　　　（ダ）

2017（Wolf Music）

Dana Westover
Virtues of the Impossible

とても単調ながらただならぬすごみを持ったフォーク作を72年カナダでリリースしていたDanaはベトナム戦争の徴兵逃れで米国から亡命していたらしい。帰国し90年頃にはボストンで2ndをリリース。単調なコード進行だった1stから楽曲の表情を広げるというより、むしろ単調さをより押し進めミニマル・ミュージック化していった珍しいSSW。本作になると歌も減らし、アコギとピアノの余韻を存分に聴かせ、それを堪能できる高音質であることが作品のアイデンティティにすらなっている。ケレン味のない音ですごみを感じさせるのは45年前と変わらず。 　　　　　　　（ブ）

2017（Sun Ark Records）

Galaxy Express 555
Natural Mind

「Orange Milk & Noumenal Loom ミーツ幻想アンビエント」とでもい
うべきだろうか。555名義での〈Constellation Tatsu〉や〈White Paddy
Mountain〉などからの諸作でも知られるミネアポリスの Chris Farstad
によるソロ・プロジェクト。本作は、Sun Araw 主宰の〈Sun Ark〉か
ら限定リリースした1枚。みずみずしく色彩豊かなシンセ・ワーク
を中心にフィルレコやスピリチュアルな心象風景を織り交ぜた瞑
想的アンビエント傑作。〈John Cage Trust〉によるライセンスを受け、
John Cage の『Dereau, No. 11』をカヴァー・アートとして用いている。
（門）

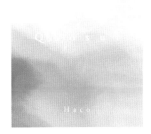

2017（Someone Good）

Haco
Qoosui

名作『Souvenir Cassette』がついに再発された、日本のアングラ・シー
ンが誇る一大金字塔的アヴァン・ポップ・バンド、After Dinner の
歌姫にして、元祖音響系女子ともいわれた Haco が名門〈Room40〉
より発表した作品。本作には、チェコの実験電子音楽家として広
く知られている Gurun Gurun の Tarnovski と、広島の3ピースバンド、
Speaker Gain Teardrop の stabilo が参加した。電子音が生み出す清流。
リリシズムが息づく清らかな歌声と、自然美に包まれるようなみず
みずしいアンビエンス、音と音が調和し合い、潤いにあふれる音
世界が作り上げられている。
（門）

2017（Posh Isolation）

Internazionale
The Pale and the Colourful

ゼロ年代後半から数多の名義で活動。シンセウェイヴ・デュオ、
Rosen & Spyddet の一員としても知られるコペンハーゲンの地下の
要注意人物、Mikkel Valentin Dunkerley が、Internazionale 名義にて
コペンハーゲンの実験音楽シーンの重要レーベル〈Posh Isolation〉より
リリースした17年作。重層的なシンセが覆い被さるような音の鳴
り。瞑想音楽と官能的な音色が合わさった陶酔感に、螺旋状にた
だただ美しい背徳感も十分に聴こえる。ジレンマの中にありなが
ら、これこそが現代のアンビエント・ドローンの世界なのだと直感、
あるいは実感するはず。
（門）

2017（OUTSIDE INSIGHT）

John Carroll Kirby
Travel

Blood Orange や Solange との共作でも知られる LA のプロデューサー
／キーボーディストのソロ1st作。マチュピチュ、インド洋上の孤島、
モロッコの港町、雪の降る19世紀の上海といった実在と架空の空
間、時代が重なり合う旅行記として制作された。霊性あふれるシ
ンセの多幸感とみずみずしく跳ねるパーカッション、召喚された
現地人の幽霊のようなヴォーカルが桃源郷を描き出す。どの楽器
も非常にソフトに調理され、ミックスの巧さにも舌を巻く。日本
のエキゾチカ解釈を通過した再解釈として、細野晴臣『Omni Sight
Seeing』の現代形とも評価できる。
（カ）

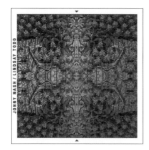

2017（Island Of The Gods）

Jonny Nash & Lindsay Todd
Fauna Mapping

バレアリックの聖地的レーベル〈Melody As Truth〉を率いる Jonny Nash と、エディンバラの〈Firecracker〉主宰の Lindsay Todd が組んだインドネシア・バリ島での録音。「エキゾティック」という踏み出した表現を巧みに避け、島の植物相や動物相、気候の個人的解釈を試みている。本作では、バリ島に息づく生物たちの録音を利用し、酷暑の中、昆虫と田んぼの中で過ごした彼らは自然の中で発見した音のライブラリーを、様々な電子楽器やアコースティック楽器で増幅、解体、再構築した。気づけば、常夏の密林も別世界へと変貌している極上チルアウト体験。　　　　　　　　　（門）

2017（369sound）

MIROKU × MIDORI KAWANO
Symphony Of The Universe

民族楽器を中心にナチュラルでアンビエントな音を創造する自然音楽家であり、EVISBEATSの実兄でもある MIROKU と、水曜日のカンパネラ、プリミ恥部、大原櫻子、加山雄三、DE DE MOUSE、モーニング娘。'14等のアートワークを手がける視覚ディレクターの河野未彩によるコラボ作品（音楽を MIROKU、アートワークを河野）。宇宙の星々をテーマに作られた本作は、シンセサイザーの永続的な長音で、人智を超えた無限の宇宙空間をイメージさせる。左右のパンニングも効果的で、目を瞑りヘッドフォンで聴けば、脳内に流星群が広がる。満天の星空の下で体感したい作品。　　（素）

2017（Orange Milk）

Nico Niquo
In A Silent Way

Giant Claw と Seth Graham主宰〈Orange Milk〉からの15年のデビュー作『Epitaph』でも知られるメルボルンのプロデューサー。レーベルのイベントで来日も果たしている。17年作『In A Silent Way』（マイルス元ネタ？）はグライムの影響をニューエイジ／アンビエントに昇華した作品。レーベル・レビューによれば「見えないキックの潜むグライム」で、主に "He Loved Him Madly" と "Arbor Arco" にシンセとベースのドロップとして、よく表れている。表題曲 "In A Silent Way" はアルペジオを主体にゆっくり昇り詰めていく天上系アンビエント。　　　　　　　　　　　　　　　　　　　　　（ダ）

2017（葉か菜色レコーズ）

NoGoodTea
Basking Night

誰にも聴かせるつもりもなく淡々と自宅録音で数百曲も録音をし続けていた中、ある日そんな趣味を友人に話し、それから徐々にネットに音源をアップし始めたという。もともとはラルクやルナシー等の良質なヴィジュアル系等を好んで聴いていたそうだが、バンドを組むこともなく、いざひとりで音楽を作るとなるとこのような抽象的なギター多重録音曲もできた。シリアスな空気感に時折人を舐めたような音も挿入されるし、演奏は上手いが各楽器のテンポを同期させない箇所も頻発し、どこまでが意図なのか読めず、しかし結果複雑な構造美を見せる。　　　　　　　（ブ）

Rhucle
Fantastic Garden

Rhucle（ルク）は13年から活動する日本のトラックメイカーで、現在は東京を拠点に活動中。現在に至るまでの作品数は40を超え、〈Beer On The Rug〉をはじめ様々なレーベルからリリースされている（自身もレーベル〈Alien Garage〉を運営中）。本作は気温を一変させるかのような、時間のゆっくり流れる冷やしシンセと、虫、鳥の鳴き声、波音といったフィールド・レコーディングを主軸にした甘美なアンビエント。フィールド・レコーディングはピンポイントでなく全編にわたり繰り広げられており、自然音とシンセの甘美な組み合わせが聴ける。 （ダ）

2017（Beer On The Rug）

Ross Alexander
Bugandan Sacred Places

端境の音楽世界の「今」を探るロンドンの名門〈Discrepant〉傘下のカセット・レーベル〈Sucata Tapes〉から登場したRoss Alexanderなる詳細不明のシンセシストのデビュー作。ウガンダの王族らにとって、神聖な空間で演奏された一連の録音であり、ミュージシャンのAlbert Sempekeとの瞑想儀式のセッションや、ドラム・サークル、Nilotika Collectiveによる音素材、そして、虫の声などのフィルレコを背景に添え、YAMAHA DX7がシミュレートする濃密なシンセ・アンビエンスに導かれるように東アフリカ奥地のトワイライト・ゾーンを踏破する。 （門）

2017（Sucata Tapes）

Soda Lite
Rêveries in terra lerpa

サーフ・ミュージックやハワイアン・ミュージックなどを中心にリリースを行うアメリカの〈Hi Tide Record〉からカセット・テープの形態で発表された17年作。王道アンビエントの名門レーベル〈Constellation Tatsu〉からのリリースもあるオーストラリア在住の作者が、Wurundjeriという民族が代々守り継いできた神聖な土地で作り上げた作品。幽かな小川のせせらぎから始まる本作は、ゆらゆら揺れるキーボードとハープを中心に据え、いまだ一度も文明に割譲されたことのない、鳥類が常に頭上を優雅に旋回する豊かな谷の神秘性を描き出す。 （今）

2017（Hi Tide Record）

SUGAI KEN
UkabazUmorezU

〈EM Records〉や〈Lullabies For Insomniacs〉といった良質レーベルからのリリースを経て、ついに現代の最高峰レーベル〈RVNG〉にたどり着いた日本人作家の6作目。ニューエイジ新世代の日本における筆頭と目されることが多い彼だが、その理由は日本独自の文化を視座においたユニークなニューエイジ解釈にある。個人の霊性、精神性の向上を目的としたニューエイジを、菅井は日本土着の文化を用いて作り換えている。柳女が語りかけてくる“障り柳”や、老婆が不明瞭な嗄れた声で何かを語る“贋扇拍子”など、日本における霊＝怪談文脈での解釈が特に光る。 （今）

2017（RVNG Int.）

2017（New Atlantis）

V.A.
New Atlantis Volume 1

『New Atlantis』という Frank Perry の84年のアルバムからその名前を取られたそれは、15年のアンビエントとニューエイジに特化したパーティから始まった。ロンドンのプロデューサー、Deadboy はニューエイジ・ファンと共にパーティを毎月主催。それはリラックスした緩いパーティで、ソーシャル的な側面もあった。17年に記念すべきレーベルとして初リリースとなった本作は、現主宰であるロンドンの India Jordan や、RAMZi も参加したこともある New World Science、Deadboy の別名義、J.V. Lightbody 等そこでの仲間たちで作られた手作り感のあるリリース。　　　　　　　　　　（ダ）

2018（Sun Ark Records）

Aylu
Serum

名カセット・レーベル〈Orange Milk〉からもテープ作品を発表していたアルゼンチンの女性作家（しかも美人）である Aylu。前作までのサイケデリックなジューク／フットワーク路線から転じて、テン年代以降のニューエイジ世界へと踏み込んだ作品。〈Raster Noton〉や〈Editions Mego〉、〈Orange Milk〉といったレーベルの先鋭的な世界観が融合。繊細なビート感を基調に、潤う電子音と自身の歌声がミクロな音世界を育んでいる。細菌世界の Visible Cloaks もしくは Sugai Ken ともいうべき、異質なキュートさを孕んだサウンドが大変個性的だ。　　　　　　　　　　　　　　　（門）

2018（Leaving Records）

Cool Maritime
Sharing Waves

Kaitlyn Aurelia Smith の夫であり、映像作家としても活動している電子音楽家の18年作。アメリカの有名ヒップホップ・レーベル〈Stone Throw〉のサブ・レーベル〈Leaving〉からのリリース。吉村弘『GREEN』に通ずるような、ミニマルで瞑想的なシンセサイザーで描かれる穏やかなサウンドスケープは、湿った森での散策を想起させる。レーベルメイトである Matthewdavid や Tomutonttu らによるリミックス・アルバムもリリースされており、都市と自然の対比を聴くことができる。18年に「FACT」誌のベスト・アンビエントにも選出された。　　　　　　　　　　　　　　　　　　（今）

2018（Kranky）

Dedekind Cut
Tahoe

Pitchfork や Tiny Mix Tapes といった主要メディアの年間ベスト企画に選出されるなど、高い評価を受けた『$uccessor』に続く2作目。前作の印象が強く、Chino Amobi や Yves Tumor など並びポスト・インダストリアル～新世代ミュージック・コンクレート周辺の人物として位置付けられることが多い Dedekind Cut だが、今作は暴力的なビートやノイズを排除したドローン～アンビエントの音像。しかし、そこに従来のニューエイジ的な楽観や生暖かい心地よさといった特徴はなく、破壊と混沌の後に残った真っ黒な夜空だけがぽっかりと佇んでいる。　　　　　　　　　　　　（今）

2018（Related States）

Ezra Feinberg
Pentimento and Others

フォーク・ロック・バンドとして名を馳せていたサンフランシスコの Citay の一員だった Ezra Feinberg。親友の死をきっかけに同バンドは解散、彼は音楽から身を引いてブルックリンへと移住。そして、家族を作り、精神分析学者として仕事に打ち込みながらも、喪失から前に進むように本作を制作。Citay からの旧友らに加え、Pete Grant も参加。ニューエイジからミニマル、アパラチアン・フォークと多様な方面からアプローチした密度の濃さがありつつも、アコースティック楽器の温かみが前面に出ていて、それがこの音楽の親しみやすさのゆえんといえる。 　　　　　　（門）

2018（Western Viny）

Joseph Shabason
Anne

The War On Drugs や Destroyer 等のインディー・ロックのバンドに参加し、シンセ・ポップ・ユニット Diana のメンバーでもある、カナダのサックス奏者／コンポーザーの Joseph Shabason によるソロ作品。ゼロ年代初頭からインディー・ロックをリリースしてきた〈Western Vinyl〉からのリリース。ニューエイジ／アンビエントに寄り添ったシンセ表現に、自身のエフェクトの効いたサックスやオカリナ、フィールド録音等が乗っかる、〈ECM〉諸作にも通ずるアンビエント・ジャズともいえる作品。Gigi Masin を迎えた "November" をはじめ、ゲストも多い。 　　　　　　（ダ）

2018（Root Strata）

Kagami
Kagami

18年の Visible Cloaks 枠！〈Root Strata〉主宰者の Maxwell August Croy と Jared Blum（Vision Heat）による新ユニット、Kagami のデビュー作にして〈Root Strata〉最終作。アートワークは、Holly Waxwing や Visible Cloaks も手がけていることで知られるマルチメディア・アーティストの Brenna Murphy が担当。本邦の名門〈Better Days〉作品への憧憬、抜けのいいシンセ、瞑想空間へと音場を変貌させるアンビエンスの美しさに呑まれるばかりだ。黄金期の任天堂サントラから現行ニューエイジ、シンセウェイヴが繋がった奇跡の1枚。 　　　　　　（門）

2018（Groovement Organic Series）

Kaoru Inoue
Em Paz

Chari Chari 名義でリリースしたエキゾ・バレアリックな98年デビュー作『Spring to Summer』で知られる、DJ／プロデューサーの Kaoru Inoue によるアンビエント／ニューエイジ志向の作品。ポルトガルを拠点とする〈Groovement〉の、よりオーガニックとライブ・ジャムにフォーカスしたサブレーベルから。波の音より始まるアンビエント "Wave Introduction" で引き込まれ、Popol Vuh も想起させる片田舎的ワールド風チル曲 "Sunset Salute" で平和な時間に包まれる。ラストのトロピカル・フュージョン "Ceifa" の突き抜けた飄々とした安堵感が気持ちを軽快にする。 　　　　　　（ダ）

2018（Khotin Industries）

Khotin
Beautiful You

バンクーバーの現行ハウス・シーンの担い手が、18年にカセット
で自主リリースした作品。涼しげでミステリアス。音響への深い
理解と愛情を感じ、クラブ・シーンからニューエイジ／アンビエ
ント・ファンまで間違いなく満足できるアルバムである。自然と
エレクトロニクスは相反するようで、非常に親和性が高いという
ことをこのアルバムが示してくれている。イントロに収録された
楽曲"Welcome"の最後に読み上げられる「Beautiful you! Thanks for the
smile.」というコメントが乾ききった胸に刺さってくる。翌年には
めでたくLPでもリリースされた。　　　　　　　　　　　　（Y）

2018（Ken Oath Records）

Matthew Hayes & Joel Trigg
Elegant Universe

夢見心地なディープ・ハウス〜アンビエントな良作の数々を残す
豪州の名レーベルである〈Analogue Attic〉に在籍するメルボルンの
ジャズ・ベーシスト、Matthew Hayesと、同地のピアニスト／作曲
家であり、教師でもあるJoel Triggによる18年カセット作。〈ECM〉
や〈Windham Hill〉のニューエイジ的作品も思い起こさせるアンビ
エント・クラシカル傑作で、過ぎ行く夏の日へと捧げたい、ジャジー
なアンビエントに仕上がっている。繊細ながらも、温かい手触り
のベースやギター、シンセなどを基調に、自然音なども織り交ぜ、
しっとりと聴かせてくれる。　　　　　　　　　　　　　　（門）

2018（Evening Chants）

Meitei / 冥丁
Kwaidan / 怪談

フリーランスの作曲家として活動開始、様々なジャンルの音楽を
横断してきた広島の要注目作家、冥丁。過去2年間にわたって、京
都で暮らしたことが、彼の現在のサウンドへと多大な影響を及ぼ
し、（失われた）日本の雰囲気へとフォーカスしたことで現在の名
義へと至る。小泉八雲の怪談や水木しげる、宮崎駿から受けた大
きなインスピレーションや、ローファイ・ヒップホップの要素も
織り交ぜながら、日本の怪談へと息づくフォークロアをアンビエ
ントの微熱へと落とし込み異形のサウンドを育んだ、テン年代ア
ンビエント・サウンドの一大境地的作品。　　　　　　　　（門）

2018（Discrepant）

Monopoly Child Star Searchers
Make Mine, Macaw

インターネット・アンダーグラウンド時代のヒーローことJames
Ferraroとのユニット、The Skatersの活動でも知られ、Typhonian
HighlifeやSpencer Clarkといった様々な名義でも多くの作品を繰り
出すMonopoly Child Star Searchers。10年にリリースしていた同名の
CD-Rを完全に再構築したという1枚。海洋性のアンビエント・サ
ウンドをバックに、フィルレコ素材やバリ島のガムランなどを
フィーチャーした卒倒エキゾ・ミュージック。幻想的なパーカッ
ションで弾き出すアップビートなリズムへと乗せ、息を呑むよう
な桃源郷世界が広がる。　　　　　　　　　　　　　　　　（門）

2018（Be Why）

Opium Moon
Opium Moon

現行ニューエイジを知る上で非常に便利なのがグラミー賞ニューエイジ部門ノミネート一覧。そして19年にSteve Roach、Jim Kimo Westといった強豪を抑え見事受賞したのがヴァイオリン、サントゥール、フレットレス・ベース（4弦をDに下げる変則チューニング）、パーカッションという異色カルテット、Opium Moonの1stアルバム。中近東の音階を軸にした演奏。グループ名に反し阿片および薬物的トリップ感とは無縁に聴こえる。19年はコンスタントにシングルを発表。ちなみにグラミー賞にニューエイジ部門が創設されたのは87年から。　　　　　　　　　　　　（ブギ）

2018（EM Records）

Takao
Stealth

日本は大阪の骨太に発掘を続ける〈EM Records〉からの18年のこのリリースは、新世代の作曲家、Takaoによるデビュー作（もとはbandcampの自主リリース）。「空想的パソコン室内楽」とのレーベル・レビュー通り、室内楽的アプローチをニューエイジ・リバイバル以降の感性でクリエイトしたかのような作品。大半が2分前後の小曲という特徴があり、アンビエントとしては珍しい。しかし風景が現れては消えていくのを見ているような喜びがある。空間的ドローン曲 “Stealth” をはじめ、弱音も考慮したダイナミクスを感じさせるところがあり、飽きさせない。　　　　　　　（ダ）

2018（Music From Memory）

Terekke
Improvisational Loops

NY出身のプロデューサー、TerekkeことMatt Gardnerの2ndで、オランダの人気レーベル〈Music From Memory〉から。本作の制作は、12年にNYのヨガ・スタジオの授業で録音したことから始まったとのことで、実質的にもニューエイジ志向。一部は15年リリースの顔文字EPのリエディットとのこと。1stで見せていたリズムも息を潜め、ほぼ全編ビート感のないアンビエント。どこかくぐもったような（ローファイ・ハウスの製作者でもある）、ジャケ通りの淡い音世界。唯一ビート感を感じる “Arrpfaded” もミニマル・シーケンスによるアンビエント。　　　　　　　　　　　　（ダ）

2018（Videogamemusic）

Uio Loi
Template

「箱庭サイズのVisible Cloaks」なんじゃないかと一聴してビビったものだった。Uio LoiことKyle Yerhotは、ミネソタ州の作曲家／サウンド・デザイナーで、Nujabesの “Perfect Circle（Featuring Shing02）” のREMIXやRBMAウェブサイトのBGMとサウンド・デザインも手がけている。本作は、Bloombergの制作したレトロ・ビデオゲーム『American Mall』のOST。小気味よく粒だったシンセの音色はゼロ年代のエレクトロニカにも似た響愁を描いていくが、適度に音数が抑えられているのもいい。現在、デジタル・リリースのみの作品なのでフィジカル化が待望される。　　　　（門）

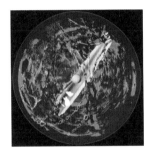

2018（Motion Ward）

Ultrafog
How Those Fires Burned That Are No Longer

東京の次世代アンダーグラウンドの牙城〈Solitude Solutions〉や日本でショーケースも開かれたスペインのカセット・レーベル〈Angoisse〉にも在籍する東京の気鋭作家。先鋭的イベント「IN HA」を共同主宰し、東京のDJ、Mari Sakuraiとはエクスペリメンタル・サイケ・バンド、BOMBORIでも活動していた。The Caretakerと Yves Tumor、Ovalの中間点とも称された作品で、Basic Channel 〜 Rod Modellといった音響ダブ／アンビエントの命脈から〈Posh Isolation〉への憧憬さえもが渾然一体となり、冷ややかで非現実的な響きの中から深い情念が浮かび上がる。　　　　　　　（門）

2018（マキノ出版）

ゆほびか
18年6月号

ニューエイジを考える上で雑誌「ゆほびか」のチェックは欠かせない。特にテン年代以降、『試してガッテン』イズムを高め、聴くだけで視力が回復するCD、運がよくなるCD、黒髪が生えてくるCD、部屋をパワースポットにする聖地の音響CD等を連発。「ロト6で5回連続当選！ 血糖値は正常になり仕事も次々決まった」という体験談の掲載もあり、マナーズ・サウンド（サイマティクス音響振動療法）等の音楽療法の革新は当面止まる気配なし。最近では音入り／音なしバージョンが出るなど、音すら不要になり始めている。　　　　　　　（ド）

2019（Last Resort）

G.S. Schray
First Appearance

ロンドンのインターネット・ラジオ発のレーベル〈Last Resort〉の第1弾も飾った、オハイオのGabriel S.Schrayによるアンビエント／アブストラクト2nd。一部を除いてすべて自身の演奏で、残響感のあるギターがそこそこの比重を占め、レーベル紹介で引き合いに出されているようにDurutti Columnっぽさを感じるが、スペイシーな〈ECM〉系、特にBill Frisellあたりの雰囲気も強く感じる。ジャケットもどことなくそれっぽい。"The Unused Detail"なんかはモロなダブだが、全体的にドラムの抜き差しやベースにダビーさがある。ミニマルなドラムがなんか不思議。　　　　　　　（ダ）

2019（We Release Whatever The Fuck
We Want Records）

Gareth Quinn Redmond
Laistigh den Ghleo

誉れ高き日本の80年代アンビエント／環境音楽における屈指の名作のひとつ、芦川聡『Still Way』から多大なインスパイアを受けているアイルランドの新鋭アンビエント作家、Gareth Quinn Redmondの17年作。元々自主制作のデジタル作品として配信されていたが〈WRWTFWW Records〉が見出し、ヴァイナル化されることに。可憐なピアノとストリングス、端正なミニマリズム、日本の環境音楽に秘められた引きの美学や静けさを支柱としながらも、異国らしくそこかしこにエスニックな香りもする。アイルランドからのジャパニーズ・アンビエントへの見事な回答。　　　　　　　（門）

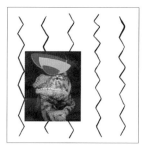

2019（Shelter Press）

JAB
Erg Herbe

19年重要作。Visible Cloaks のリリース等もおこなう現行ニューエイジ・シーンを担うレーベル〈RVNG〉のメンバーでもある John Also Bennett のソロ・デビュー作。中国の竹笛や純正律のエレクトロニクスによって作られた珠玉のニューエイジ／アンビエント作品集。終始圧倒的なオリジナリティで「ついに来たか」という感じ。今後このアーティストは絶対に見逃さないようにしようと思っている。ジャケットのカメレオンもかわいい。どの曲も本当に素晴らしいが、"Planner's Beauty" や "A Little Breeze" 等は必聴。語り継がれるべき名作。　　　　　　　　　　　　　　　　　　　　　　　（Y）

2019（Hausu Mountain ）

M. Geddes Gengras
I Am The Last of That Green and Warm

ヒプノティック・ポップ・バンド、Pocahaunted や Sun Araw の Cameron Stallones らとのプロダクション・チーム、Duppy Gun などでの活動をはじめ、精力的に活動してきた米国の実験作家、M. Geddes Gengras の19年作。前作、前々作と温かみのあるテクスチャーで構築されたアンビエント・サウンドを展開してきたが、その延長線上ともいえる本作はテン年代の終焉を前にして、自身のキャリアを総括したともいえる集大成的仕上がりとなった。オーガニックかつスピリチュアルな音素材をシンセ・サウンドへと織り交ぜ、第4世界の園へと聴衆をいざなう。　　　　　　　　　　（門）

2019（Seance Centre）

Scott Gailey
Polysensuality

Yu Su や Regularfantasy などのカナダ産地下ハウス脈との共作や〈RVNG〉のカセット・コンピ『Peaceful Protest』への参加も知られる Scott Gailey。太平洋岸の熱帯雨林の奥深くにあるキャビンで発見された R. Murray Schafer（サウンドスケープの提唱者）の著書『The Tuning of the World』からインスパイアされた 1st。Visible Cloaks や Motion Graphics らの作品と比べるとかなり過小評価されているようにも感じるが、淡彩なシンセ・アンビエンス／ドローンと、活き活きとしたフィルレコ素材の対比を軸に、超常的なサウンドスケープをシミュレートした傑作。　　　　　　　　　　　　　（門）

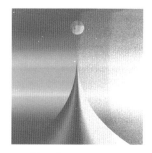

2019（Cascine）

Seahawks
Eyes Of The Moon

ニューエイジの巨匠、Laraaji や Peaking Lights といった名アクトともコラボレーションした経歴を持つ英国のダウンテンポ／エレクトロニック・デュオ、Seahawks による19年の最新アルバム。夢見心地なインディー・アクトを発掘することに定評のある〈Cascin〉からの作品ということもあり、チルウェイヴ〜ポスト・インターネット以降の世界観も模索した無限の奥行きが感じられる1作に。合成音声やサンプル、リズム・マシンなどはごく点描的に用いたのみで、あくまで主役のシンセ・アンビエンスのどこまでも純白な響きが美しく呼吸する。　　　　　　　　　　　　　　　　　　（門）

2019 （Self-Released）

TAKAKO MINEKAWA & IPPEI MATSUI
UNTITLED

いわゆる「渋谷系」出身であり、Dustin Wong とのコラボでも知られる嶺川貴子と、BREAKfAST、TEASI、わすれろ草等での活動や画家としての活動でも知られる松井一平のコラボ作品。音楽を嶺川、アートワーク（すべて手描きの一点もの）を松井が担当。全編にわたりロサンゼルスの嶺川宅で録音された本作は、温容のあるアナログ機材の音の反復や重畳、ガラス筒によるハウリング音等からなるシンプルな構成ではあるものの、包容力のあるサウンドスケープを実現。牧歌的な雰囲気を醸し出すスティール・ギター風の音色や昔話の語りのようなヴォーカルも効果的。　　　　　（素）

2019 （Presto!?）

Tasho Ishi
Dentsu2060

11年頃から活動する匿名集団、BACONやファッションブランド、TOGAのイメージ音楽など、BRF名義での活動を経て発表された本作。UKグライムを作っていた彼が一転、武満徹の"ノヴェンバー・ステップス"を参照しながら制作した"Dentsu 2060"は、EDM的な高揚感とニューエイジ的な静謐さといった相反する要素を合わせ持ち、本人が話す通り霊的に手繰り寄せる感覚が現代の怪談音楽として提示される。デスクトップ／ソフトウェアの時代に、何台も高級ハードウェアを用いて制作された点も異質。ジャケットに映るのは、Web漫画サイト「トーチ」の編集長。　　　　（e）

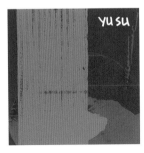

2019 （Second Circle）

Yu Su
泉出通川为谷 / Roll With The Punches

Scott Johnson Gailey とのデュオ、You're Me 名義では今は亡き〈1080p〉にも傑作カセットを残し、ソロとしても〈PPU〉や〈Arcane〉といった目利きレーベルから注目度の高いリリースを繰り出していた中国出身＆バンクーバー拠点の女性作家、Yu Su が〈Second Circle〉より発表した19年EP。カナダ産アウトサイダー・ハウスの聖地〈Mood Hut〉主宰の Pender Street Steppers の参加（A2）も好印象。Khotin や D. Tiffany などに代表されるニューエイジ的色彩と浮遊感に富んだカナダ産の地下ハウス観を継承した、夢見心地のダウンテンポ・トラックス。　　　　　　（門）

「チル」と「ニューエイジ」の距離
オルタナティヴR&B勃興と
ニューエイジ／アンビエント再評価の底流

TOMC

Spotifyは「Lean Back Listening」(腰を落ち着けた＝前のめりではないリスニング)と呼ばれるトレンドを業界にもたらしたとされる。これはリスナーが気分／ライフスタイルに合致するプレイリストを通じて、アーティストやアルバムを意識せず音楽を受容できるストリーミングサービス特有の傾向を指している。この潮流の中でジャンルというよりもムード〜タグとしての「チル」という価値観がBGM〜ミューザックとしての利便性も手伝って爆発的に普及し、ストリーミングが業界の主要な収入源となった現在、大きな存在感を放っている。

この「チル」の視点は「音楽を壁紙のように扱っている」「Spotifyの野心の産物」と時に非難される一方、例えば80年代後半にアレックス・パターソン[*1](The Orb)らが育んだ「チル・アウト」がピンク・フロイドやマイク・オールドフィールドらプログレッシヴ・ロック勢にカムダウンの効用を見出したように、ジャズやヒップホップ〜R&Bに新たな価値観をもたらしたともいえる。現在、批評面／セールス面双方で隆盛を極めるオルタナティヴR&Bはフランク・オーシャン『Nostalgia, Ultra』[1]、ドレイク『Take Care』[2]、ザ・ウィークエンド『House of Balloons』[3]など11年リリースの諸作品がプロトタイプとなり、フォロワーの洗練とストリーミングサービスの成長期がシンクロする中で(ゼロ年代のインディー・ロックさながらに)多様な音楽性を飲み込みながら現在も成長を続けている。

オルタナティヴR&Bの多くの作品に見られるアウトライン——リバーブ等エフェクト処理を施した上モノ、フィルターをかけたビート、テクニカルではない静的なコード進行、基本的に100BPM未満〜減多に120BPMを超えないテンポ設定、対人関係と自省〜精神世界に関する歌詞——はゼロ年代末に流行したチルウェイヴ〜ドリームポップ、およびその源流であるニューエイジ／アンビエントの諸作品とも

1

2

3

共通している。これらは2010年代半ば以降ジャンルを超え、ストリーミングサービスで成功を収める上で定番のコーディネートとして膾炙していった。

往時のニューエイジは現代の「チル」さながらに賛否両論を呼んだ呼称であった。同名の思想運動に共鳴する形で現代音楽やジャズ〜世界各地の伝統音楽などを飲み込み勃興したこのジャンルは、当初瞑想やリラクゼーションを目的として制作された流れから、70年代後半より次第にイージーリスニングの一種としても聴衆を獲得し始める。市場は拡大し続け、87年にはグラミー賞に「最優秀ニューエイジ・アルバム部門」が創設されるに至るが、その頃には専ら「制作コストの低さに託つけた粗製乱造произ手しい」「商業的意図の下で作られた」サウンドだと囁かれるようになっていた。結果的にエンヤ〜パット・メセニーらごく一部のポップフィールドでの成功者を除き、90年代には大多数のミュージシャンが市場縮小に伴いインディーズへの転身を余儀なくされ、ジャンル単位では注目されない時代が続くことになる。

19年末の時点で、Spotifyの公式大型プレイリストで表記「ニューエイジ(New Age)」をタイトルに冠したものは見受けられない一方、表記「アンビエント(Ambient)」については数十万人のフォロワーを擁する「Ambient Relaxation」「Peaceful Indie Ambient」をはじめ多数存在している。これらにはいわゆるニューエイジに該当するものも大量に選曲され[*2]、プレイリスト入りした楽曲はいずれも数千万回超の再生数を叩き出している。プレイリストの解説文には基本的にChill(もしくはRelax)といった語句が含まれており、ニューエイジをカテゴリ上吸収しつつあるアンビエントもまた、現代の「チル」の文脈に組み込まれているといえる。

もっとも、歴史を辿ればアンビエントも『Music for

149

Airports』（78）の時点でブライアン・イーノにより「As ignorable as it is interesting」（興味深いが無視できる）という「Lean Back Listening」に近い思想が表明されており、アンビエントは長い成熟期を経て理念の成就と、（ジャンル一体としては）初の大々的な商業的成功の両立を果たしたともいえよう。この流れと平行した日本産ニューエイジ／アンビエントの名盤再発、ならびに〈Light In The Attic〉による編集盤のグラミー賞ノミネート（おおむね報道ではほとんど言及されないが、ビルボード・ニューエイジ・チャート年間5位）というトピックも記憶に新しいところである。

　ここまで、以下の2点について述べてきた。
① 　ストリーミングの時代に跋扈するムード〜タグとしての「チル」は多様な音楽ジャンルを再定義し、オルタナティヴR&Bの隆盛にも寄与した。そして、その音楽性の大枠はニューエイジ／アンビエントに由来する。
② 　久しく不遇をかこったニューエイジは、少なくともSpotifyにおいては[＊3]アンビエントに包合されることで「チル」の価値観と高い親和性を発揮し、改めて脚光を浴びている。

　最後に、この中でまだ触れられていない、（アンビエントではなく）ニューエイジの影響が色濃く見られる現行の音楽作品をいくつか挙げておきたい。先に触れたオルタナティヴR&Bの始祖にしてトップランナーのひとり、フランク・オーシャンの近年の制作パートナーであるヴィーガンの『Text While Driving If You Want to Meet God!』（19）[4]は1〜2分台のミニマルなシンセトラックが71曲連なる構成となっており、要所での叙情的なコードワークと細かな譜割のメロディも相まって久石譲をはじめ、80年代のジャパニーズ・ニューエイジを延々とザッピングしているような不思議な音楽体験をもたらしてくれる。また、インタビューでかねてから瞑想や催眠などのトピックへの強い関心を表明しているジミー・エドガーの近年のコラボレート作──特にパイラー・セタとの『Moments of Reality』（18）[5]、マシーンドラムとの『ZOOSPA』（19）[6]はいずれもニューエイジ直流のメロディックで陶酔的なムードと現代的なキレ、コンプ感のある音作りを両立しており、後者ではR&B〜ベースミュージックとのごく自然な融合にも成功している。
　徐々に90年代IDMの再評価も進む昨今、上記のようないまだ「チル」（≒現行アンビエント需要）が回収しきれていない領域を参照する動きが見られつつあり、これは必然的にアンビエントと似て非なる「ニューエイジ」の回顧へと繋がっている。2020年代

はこうした傾向の加速と、それに伴う「チル」の一層の多様化に期待したい。

＊1　彼はジミー・コーティ（The KLF）のキャリア最初期における重要なパートナーであり、『Chill Out』（90）の制作にも大きく関与している。

＊2　専らドローン・アンビエントに近いニュアンスを持つ「Spotifyフレンドリー」なニューエイジが選曲される。

＊3　YouTubeにおいてはクリスチャン・ラッセン等に通ずる鮮やかな自然画の一枚絵や、長時間定点撮影された自然風景にニューエイジ音楽を乗せた動画が「ニューエイジ（New Age）」を含むタイトルで多数投稿されているが、大多数の再生回数がSpotifyのそれと1〜2桁以上の差があることから本稿ではこのカルチャーへの言及は割愛する。

4

5

6

参考文献
Newport, John P.（1998）, *The New Age Movement and the Biblical Worldview: Conflict and Dialogue* William B. Eerdmans Publishing
Pelly, Liz（2017）, *The Problem with Muzak* The Baffler（2019.12.13 最終閲覧）https://thebaffler.com/salvos/the-problem-with-muzak-pelly
Neasman, Brandon（2012）, *Changing of the guard: How Frank Ocean, Miguel and more helped R&B find its soul again* The Grio（2019.12.13 最終閲覧）https://thegrio.com/2012/10/04/changing-of-the-guard-how-frank-ocean-miguel-and-more-helped-rb-find-its-soul-again
Eno, Brian（1978）, *Ambient Music.（liner notes from the initial American release of "Music for Airports"）* PVC 7908（AMB 001）

TOMC（トムシー）
サウンドコラージュプロデューサー／DJ。環境音と古今の楽曲スタイルを織り交ぜた楽曲制作を得意とし、アルバム『Yesternow Once Now』（17）は「アヴァランチーズ meets ブレインフィーダー」と称され注目を集める。近年はローファイ・ヒップホップやドローン・アンビエントに接近したEP群のリリースを経て、島根・出雲のレーベル〈Local Visions〉よりヨシカワミノリとの共演作『Reality』（20）を発表、シティポップとアンビエント〜オルタナティヴR&Bの折衷を試みている。井上陽水のバレアリック解釈をはじめ、ニューエイジやレアグルーヴへの造詣に根ざしたSpotifyプレイリスターとしての顔も持つ。
Twitter/Instagram/Spotify/SoundCloud／@tstomc

ルーツ・オブ・ニューエイジ

（〜 1974）

1956 (Moondog Records)

Moondog
Snaketime Series

NYのマンハッタン6丁目にバイキング姿で佇むあまりにオリジナ
ルな音楽を奏でた唯一無二の鬼才、Moondogによる初期傑作で、
自主リリースされた作品（同年にジャズの名門〈PRESIAGE〉から発
売）。とにかく音楽史上これほどまでに特定の音楽言語から逸脱し
た人は稀で、その解脱的キャラクターやルックスを含め、フォロ
ワーが見当たらない。各種パーカッションを中心としたミニマル
な楽想が多いが、動物のいななきなどと入り交じる "Tree Trail" な
どはかなりニューエイジ先取りテイスト。日本人妻のスズコのナ
レーションが入る曲もやっぱりすごい。　　　　　　　　（柴）

1958 (Columbia)

Ravi Shankar
The Sounds Of India

The Beatlesへの明確な影響を見るまでもなく、Ravi Shankarはシター
ルとインド伝統音楽の魅力を西欧社会に広めた立役者である。こ
れはもともと58年に出された彼の西洋マーケット向けの初期作品。
1曲目で、自らインド伝統音楽の語法について英語で説明している
こともあり、多くの人にとってまたとない入門編になった。66年
にはラーガ・ロック調のジャケットに差し替えて再発売され、か
なり売れたらしい。69年にはウッドストック・フェスティバルに
も出演、オリエンタリズム的欲求を満たすための格好のタレント
となった。　　　　　　　　　　　　　　　　　　　　　（柴）

1961 (Del-Fi Records)

Eden Ahbez
Eden's Island

Nat King Coleのヒットでも知られる "Nature Boy" の作曲家、Eden
Ahbezによる61年作。当時の流行たるビートニクや禅を志向しなが
らも、61年という段階で後のヒッピー・ムーブメントの雛形とい
うべきライフスタイルを実践していたことでも有名。本作はArthur
Lyman風のエキゾ・ミュージックに瞑想的な語りや歌が入るという
もの。サイケデリックかといわれるとそうでもないような気もす
るが、その奥底にあるディープなニューエイジ的指向にハッとす
る。いかにもニューエイジ・コミュニティのグルめいたルックス
も素敵。The Beach Boysへの影響も。　　　　　　　　　　（柴）

1964 (Epic)

Raymond Scott
Soothing Sounds For Baby Volume 1:
1 to 6 Months

Raymond Scottこそは電子楽器によるヒーリング・ミュージックを
最も早い段階で商業的に実践した人物。実際に赤ん坊がこれを
聴いてどのような反応を示したかはナゾめいているが、発売から
60年近くが経つ今でも、我々大人のリスナーを慰撫する（という
より、この時代にこんなものが作られていたなんて！と興奮する）。
ミニマルな電子音の反復的なレイヤーに寄り添うように様々な音
素が遊ぶ様は、まさに「人肌の電子音」。こんな素晴らしい音楽を
残してくれて、本当にありがとうございます。　　　　　　（柴）

1965（ESP Disk）

Sun Ra
The Heliocentric Worlds Of Sun Ra, Vol. I

その膨大なディスコグラフィーの中にあっても特に名作との評価
が高い作品。タイトルを直訳するなら「Sun Raの太陽中心論的世
界」。うーん、これだけでもう。その内容もものすごく、同時期の
フリー・ジャズ・アクトたちが朴訥とした存在に思えてくるよう
なアヴァンギャルド＆スピリチュアルさ。だが、John Coltraneのよ
うにヘヴィーになり過ぎないポップさがあるのもSun Raならでは
の可愛気であり、魅力だと思う。ファンカデリック／パーラメン
トなどを経由し、『ブラック・パンサー』まで流れるアフロ・フュー
チャリズムの源流としても是非。　　　　　　　　　　　　（柴）

1965（Verve Records）

Tony Scott
Music For Zen Meditation And Other Joys

クラリネット奏者のTony Scottが唯是震一（琴）と山本邦山（尺八）
を交えて制作した、禅ジャズ寄info。その聴き心地は、同時代ジャ
ズのエッジーさからは遠く、むしろ後年のニューエイジ的な円や
かさに支配されているように思う。特に琴の音の支配力というの
は本当にすごく、ほとんど「和食レストラン 華屋与兵衛」で流れて
いそうな世界（に今となっては聴こえる）を作り出してしまってい
る。エスニシティへのアプローチの安直ぶりを感じさせながらも、
結局のところうっとりと聴かせてしまうという点でも、後年の
ニューエイジ音楽に通じる。　　　　　　　　　　　　　　（柴）

1967（Mercury）

Dr. Timothy Leary
Turn On, Tune In, Drop Out
（The Original Motion Picture Soundtrack）

サイケデリックとLSDの高僧、Timothy Learyが自身の同名著書に
続き制作したカオスな5本立て映画のためのサントラ。そもそもこ
れ以前に〈ESP-disk〉から同内容のスポークンワード作がリリースさ
れていたり、この盤の存在自体が非常に胡散臭い。内容は、博士
のありがたい意識拡張向け講義の背景で意外にも思慮深いサイケ
デリック・サウンドが鳴り渡るというもので、結構アブストラクト。
そのあたりがもろニューエイジ風に聴こえるし、実際のところ後
進に与えた影響力も（思想面で）大きかった。　　　　　　　（柴）

1968（Capitol Records）

The Beach Boys
Friends

グル、Maharishi Mahesh YogiはThe Beatlesだけでなく、The Beach
Boysのメンバーをも惹きつけた。その直接的な影響が表れたのが
本作で、ちょっと聴きはそれまでのThe Beach Boysに通じる穏やか
なポップスのようだが（最高です）、随所にニューエイジ的思想が
見え隠れする。一番ハマっていたのが最も保守的に思えるMike
Loveだというのもニューエイジ思想のある局面を物語っているよ
うで面白い。Dennis WilsonはCharles Mansonとも繋がっていたり、
何かと物騒で抹香臭い話題に事欠かない人たちだ。Brianの主治医
も極めて胡散臭い人だったし。　　　　　　　　　　　　　（柴）

1968（Vanguard）

John Fahey
The Yellow Princess

いわゆる「ポスト・ロック」以降の再評価においてその存在の大きさがクローズアップされた John Fahey。アメリカ的霊性とアカデミックなアティチュード、そして環境音楽的とすらいえる甘美な音響は、彼こそが後に連なるギター・ニューエイジの開祖であることを教えてくれる。闊達なフィンガー・ピッキングはどこか「俗」の匂いが乏しく妙に透徹しており、覚醒的な響きすら湛えている。時折覗かせるコラージュ的な手法も非常に理知的。こうした批評的な視座や毒のようなものは、例えば William Ackerman などには見出すことのできない類のもの。　　　　　　　　　（柴）

1968（ESP Disk）

Seventh Sons
Raga（4 A.M. At Frank's）

NY をベースとした〈ESP Disk〉はフリー・ジャズをはじめとした様々な先鋭的音楽を紹介するレーベルだが、いわゆるラーガ風＝インド音楽趣味の作品を手がけるのも早かった。実は Seventh Sons による本作の録音も、64年という早さ（68年に初リリース）。後に The Byrds がラーガ・ロックに着手するのが約2年後であることを考えると、おそらく史上最も早い実験だったかもしれない。音楽内容としては、フルートなどを織り交ぜた非常にダラダラしたフォーク・ジャム・セッションで、異様に長い曲尺含め、なかなかに瞑想的。CS&N っぽさもすでにある。　　　　　　（柴）

1968（Limelight）

The Sound Of Feeling
Spleen

これもまたモンド・ミュージック文脈や、A2 "HEX" がピチカート・ファイヴ "DARLING OF DISCOTHEQUE" のネタであることなどからそちら方面でも高名な盤なのだが、よくよく聴くとやけに瞑想的かつ霊妙なアルバムである。冒頭、Donovan のカヴァー "Hurdy Gurdy Man" における沈鬱な瞑想感、Simon & Garfunkel の名曲カヴァー "The Sound of Silence" におけるホーリーな和音構成もかなりニューエイジ先取り的だと思うが、どうでしょうか。姉妹2人の歌唱もクラシックの素養を感じさせるもので、そのあたりも手伝って妖精的な雰囲気がある。　　　　　　　　　　（柴）

1969（Warner Bros.）

The Grateful Dead
Live / Dead

「アシッド・テスト」のハウス・バンド的存在だった The Grateful Dead は、キャリア初期からライブ演奏の素晴らしさに定評があったが、本作こそがその評価を決定付けたといっていい。今、ヒッピーというものの表象として真っ先に挙がるのが Dead 的なるものであることに明らかなように、その遺伝子は、自覚的か無自覚かにかかわらず、ニューエイジ運動ならびにその音楽へも確実に影響を及ぼしている。しかし、本当にため息の出るような演奏。これを実際に生で聴いたら、そりゃあ意識拡張や神秘を信じたくなるのも道理だろう、という世界。　　　　　　　　（柴）

1969（Warner Bros.）

Louise Huebner
Louise Huebner's Seduction Through Witchcraft

Louise Huebnerは有名な米国人魔女で、タレントとしても人気があっ
たヒッピー向け宜保愛子のような人。彼女の芝居がかった呪術的
な語りも面白いのだが、本作の主役は電子音を務めたLouis & Bebe
Barronだろう。彼らは著名な映画『禁断の惑星』の電子音も手がけ
た初期商業電子音響作家として非常に重要な存在だが、ニューエ
イジ時代に接続する本作のような仕事も手がけた。ひゅいーん、
みょーん、というどこか牧歌的なエレクトロニック・サウンドが
素晴らしく、よくあるコケ威し的効果音とは一線を画した繊細な
音響意識を聴かせる。　　　　　　　　　　　　　　　　（柴）

1969（Columbia）

Miles Davis
In A Silent Way

Miles Davisは根本において理知と透徹の人ゆえ、ニューエイジ音楽
との関わりを直接的に論じることはおそらく控えなくてはならな
い。しかし、モード・ジャズの手法を電気楽器を持ち寄って極限
化したような本作での音楽的方法論が、後のニューエイジに「雰囲
気」の部分を引っこ抜かれる形で（結構無自覚に）援用されたとい
うのもありうる話に思える。Milesはどちらかというと「革新的ニ
ヒリスト」とでもいうべき人だと思うので、音楽にも闘争的な厳し
さがあるのだ。弟子筋には、バンド名からしてズバリなMahavishnu
Orchestraなどもいますが。　　　　　　　　　　　　（柴）

1969（A&M Records）

The Signs Of Zodiac
Aquarius

別項コラムでも言及しているが、Mort Garsonは現代のヒーリング・
ミュージックの始祖のひとりといっていいだろう。これは69年に
全12星座分リリースされたシリーズのうちの1枚（まあ、どれも似
たような内容なのだが…）。語り＋シンセサイザーという現在まで
続くヒーリング・ミュージックの定形のひとつを決定付けたとい
う意味でも意義深い。この頃のモーグ・シンセサイザーのサウン
ド特有の円やかな音像も実に優しい。フレーズ的にはかなり保守
的な部分があるのも確かで、そういうことも含めて後のニューエ
イジ的だといえる。　　　　　　　　　　　　　　　　（柴）

1969（Columbia Masterworks）

Terry Riley
A Rainbow in Curved Air

説明不要の世界4大ミニマリスト、Terry Rileyによる69年発表の大
傑作。オルガンのミニマルフレーズに浮遊感たっぷりの電気楽器
が重ねられていく。即興で延々と続いていくのだが非常にサイケ
デリックで快楽度が高いサウンドになっている。インド音楽や民
族音楽からの影響もあるようで瞑想的なドローンまでも楽しめる。
素敵じゃないか。SFCの名作『スーパードンキーコング2』のサント
ラにも通ずるものがあるような……（気のせい？）。「曲がった空
気の中の虹」というタイトルもズバリ。ミニマル・ミュージック界
に燦然と輝く金字塔。一家に一枚！　　　　　　　　　（青）

1970（Columbia）

Bruce Haack
The Electric Lucifer

1931年カナダに生まれたBruce Haackは、ダンサーのEster Nelsonと共作した〈Dimention5〉レーベルからの作品でも名高いが、サイケデリック意識との交歓（ニューエイジらしさ）ということでいえば、何においても本作だろう（唯一のメジャー発作品）。マネージャーからの勧めでサイケデリック文化にハマったBruceだったが、ここでの彼のサウンドはそうした文化からの影響をいびつな形で吐き出したような突然変異性に彩られている。各種電子楽器の音色は時に鋭く時に優しく、その多重レイヤーの処理のマッドぶりは、この先も決して色褪せない。　　　　　　　　　　　（柴）

1970（Apple Records）

John Lennon
Plastic Ono Band

The Beatlesのメンバーは、Maharishi Mahesh Yogiへの師事（George以外は懐疑的だったが）などをはじめとして、ニューエイジ的実践への興味を隠そうとしない若者たちだった。ソロ・アクトとして苦悩と共に独り立ちしようとしたJohn Lennonがすがったのが、心理学者のArthur Janov博士による「プライマル・セラピー」（原初療法）であった。幼少期の痛みを思い切り吐き出すことを是とするこのセラピーによってJohnとYokoは浄化され、新たな表現と（社会活動）へ向かうことになる。「Mother」と連呼する同名曲からして、本作には同セラピーからの影響が実に顕著。　　　　　　（柴）

1970（Liberty）

Popol Vuh
Affenstunde

シンセは当時は新時代の楽器として登場したので、宇宙や未来世界を描くために頻繁に用いられた。そんな中、自然の風景描写や精神世界を描くためにシンセを早々に用いた本作はニューエイジ音楽の元祖のひとつとして欠かせない作品であろう。しかし本作は聴く者を穏やかにさせるような音ではなく、夜の湖畔、原始の地球などを描き、自然界への畏怖の念を強めさせるような描写が中心の無調の音楽。A面3曲目などはかすかに聴こえる音の定位なども非常に繊細に操っており、感覚が冴えた構成が隠されていて音を観察する楽しさも教えてくれる。　　　　　　　（ブ）

1970（Harvest）

Third Ear Band
Third Ear Band

Third Ear Bandは、その出自もあってプログレッシヴ・ロックの方面で語られることが多いが、その実、当時の英プログレ・シーンからは浮遊したかなり特異な存在だったといえる。2ndアルバムとなる本作は、“Air”、“Earth”、“Fire”、“Water”という収録曲名に見られるように、よりプリミティヴで土着的な志向を打ち出した作品で、音楽的にもミニマル度が強い。また、時に環境音と器楽音がミックスされる様も、後のニューエイジに通じる要素を感じさせる。だがやはり、彼らの音楽はどこか厳しさがあり、そこが個人的には好み。　　　　　　　　　　　　　　　（柴）

Mu
Mu

空想上の大陸「ムー」をその名に据えたバンドによる71年作。60年代からFapardokly、H.M.S.Bountyといったサイケデリック・バンドを主宰した鬼才、Merrell Fankhauserが後にCaptain BeefheartのMagic BandのメンバーとなるJeff Cottonと組んだバンドで、一聴するとフツーのブルース・ロックのように聴こえるが、やけにクールな演奏やアレンジにどこか決然とした覚醒感が漂っており、「ニューエイジ・ロック」とでも呼びたくなる。Merrell Fankhauserは後にハワイへ移住、トロピカルな歌モノニューエイジへ接近した。それらも必聴。　　　　　　　　　　　　　　　　　　　　　　　　（柴）

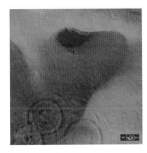

Pink Floyd
Meddle

Pink Floydの音楽は、欧米（特に北米）ではヒッピー文化と絡めて捉えられていることが多い。確かに他のプログレッシヴ・ロック・バンドと比べてもかなり霊幻というか、雰囲気重視っぽい緩さもあったりするし、中期まではメディテーショナルな曲も多い。大作志向の曲も面白いが、以外にもポップな短尺曲もヒッピーたちに人気があるのだった。映画『エブリバディ・ウォンツ・サム‼世界はボクらの手の中に』中の瞑想シーンで本作収録の"Fearless"（最高）が使われていたのも象徴的。これと〈Private Music〉の世界は全然遠くない。　　　　　　　　　　　　　　　　　　　　　　（柴）

Achim Reichel & Machines
Echo

エコー・ギターという手法を用いていた時期の2枚目の作品。Ashraと比較されることも多いが実際にやっていることは違っていてAshraがショート・ディレイを用いた反復ミニマルであるのに対し、ARはロングディレイによる輪唱的奏法で、フレーズがどんどん変化していく。また、この手法に重きを置かず、絶対音楽ではなくあくまで標題音楽としてこの手法を作品の一部に用いていた点も大きな違い。流麗に変化していくギターのフレーズに環境音のSEや耳心地よい音色の加工を重ねていき、後の音響派を20年以上先取りしたようなセンスが光る。　　　　　　　　　　（ブ）

Beaver & Krause
Gandharva

名コンピ『The Zodiac Cosmic Sounds』にも参加したPaul BeaverとBernie Krauseの米デュオによる代表作。当時人気アーティストのセッションへ引っ張りだこだったシンセサイザー技師としての面目躍如たる内容で、モーグを中心とした電子音によるアンビエント先取り的な実験や、往時ならではのサイケデリックなブルース・ロックやスワンプ・ロック、あるいはチェンバー・ミュージックに電子音をまぶした曲などもある。同時期のドイツにおける実験などと比較するとかなり牧歌的というか、無思想というか。だが、むしろそれが好ましく、ニューエイジ的でもある。　　　　　（柴）

1972 (Destiny Records)

Bobby Brown
The Enlightening Beam Of Axonda

ハワイ在住のシンガーソングライター、Bobby Brown による72年作。ギターやシタールに加え電子楽器をも操るマルチ・ミュージシャンである彼が作るトリップ・ミュージックは、同時代のナマちょろいアシッド・フォーク作品を全て蹴散らすようなベリー・ドープなサイケデリック絵巻。例えるなら、Tim Buckley と Cyrus Faryar を足してさらにサイケデリックかつスピリチュアルにしたようなドロドロのひとりメディテーション世界。それでいながら、妙に人懐っこいポップなトロピカルさが充満しているのも特徴で、末永く聴きたい名盤といえよう。 (柴)

1972 (Melocord)

Dom
Edge of time

雑誌の広告でアヴァンギャルド・バンドの募集がかけられていたことを機にデュッセルドルフのバンドがインディー・リリースしたLP。バンドは当初 Pink Floyd の影響が強かったが、録音時レーベル・オーナーの意向によりエコー・マシンの使用が禁止され、結果アコースティック楽器を主体にしたスッキリと聴きやすいアブストラクトな名演を聴かせる作品に仕上がった。当時の西洋人らしい東洋志向な瞑想音楽。オリジナルとして出回っているほとんどの盤は本物に激似のブートなので注意！ブートはマト番に「130211」という余計な数列が刻まれている。 (ブ)

1972 (Island Records)

Henry Wolff, Nancy Hennings With Drew Gladstone
Tibetan Bells

チベタン・ベル（ティンシャ）の超ロング・サステインが聴くものの意識を確実に「あちら側」へ運び込む、ルーツ・オブ・ニューエイジ屈指の名盤。民族楽器奏者の Hennry Wolff と、そのパートナーである Nancy Herrings を中心とした作品で、西洋のヒッピー／ニューエイジ界隈にチベット音楽の深遠な魅力を紹介した。聴くだけで香の薫りがただよってくるような世界は、ある種の緊張感も強く湛えており、そのあたりが後年の弛緩したエスニック系ニューエイジ作品と本作をくっきり分け隔てている。 (柴)

1972 (Ohr)

Klaus Schulze
Irrlicht

ドイツはベルリンで70年代から活動する、シンセ・アンビエントの大御所。喜多郎などのプロデュース、レーベル〈Innovative Communication〉主宰などの功績で知られる。作家としては、ベルリン・スクールの他勢力と比べると軽やかなシーケンスが少なく、ワーグナーに影響を受けたといわれる重厚なスタイルが特徴。デビュー作『Irrlicht』はそれが顕著で、重苦しいダーク・シンフォニック・アンビエント。軽めなら75年の『Mirage』が素晴らしい涼感ある避暑アンビエントだが、やはり天上系というよりダーク寄りなのがゲッチングとの違いか。 (ダ)

1972（Pilz）

Popol Vuh
Hosianna Mantra

当時もこの世で最も美しいレコードと評されたという本作。シンセからピアノに持ち変えて女性ヴォーカルも採用。ヴァイオリン奏法＋エコーのレスポール、12弦アコギ、タンプーラ等が彩る演奏は少ない音数で完璧な音世界を描ききっており、感覚の冴え方は当時のドラッグ・カルチャーの賜物であろうが、奏者たちの才覚もあって、と信じたい。音楽性は大きく変化したが、すべての宗教の根源は同一である、という思想から付けられたバンド名がそのままであるとおり描かれる世界の本質は継続している。「天は空にない、心の中にある」という歌詞もそれを示唆する。　　（ブ）

1973（Zebra）

Achim Reichel（A.R）
A.R.4

ARの、あるいは人類のたどり着いたひとつの音楽的極致。エコー・ギターを中心とした多人数ジャムが僅かな隙もなく繰り広げられる。どこまでが構成されたものでどこまでが即興なのか分からないほど巧みな演奏だ。選ばれた音色はどれも柔らかく、くるくると踊る音の粒が全身の毛穴から入ってくる感覚はとても快楽的だが、淡々と刻まれるビートはダンスのためのものではなく歌詞と共に瞑想へいざなうもので、聴く者の空間に対する感覚を徐々に冴え渡らせて広げていく。B面では水音のSEに演奏を寄り添わせて時間の流れを描いていき、より環境音楽的に。　　（ブ）

1973（Just Sunshine Records）

Arica
Heaven

『The Holy Mountain』を撮影する前のホドロフスキーにも強い影響を及ぼしているボリビア人神秘思想家、Oscar Ichazoによって創設されたアリカ研究所ことArica School（Arica Institute）。その精神エクササイズの一環として、NYのスタジオにて真夏の夜に演奏者やダンサーからなる100人もの信徒が集まり、夜明けまで演奏。素朴な感情で身体が経験することを意図した音楽であり、リラックスして全身で聴き、自分の内的世界へと没入するようにとライナーに書かれている。クレジットはないが、その後ニューエイジ界で名手となる演奏者も参加したという。　　（門）

1973（RCA Victor）

Brainticket
Celestial Ocean

ドイツで活動していたスイス人のJoel Vandroogenbroeckをフューチャーしたグループ。1stはクラウト・ロックの中でも特別に混沌とした派手なサウンドであったが、2ndでジャズ・ロック色を強めやや落ち着き、本作では一転、天上の極楽サウンドを開花。シタール等の東洋の楽器も使うが古代エジプトにインスパイを受けたコンセプチャルな作品。前作までの刺激的なサウンドはすべて排除され、ロック色も衰退。清涼感を与える心地よい音色がチョイスされて積み重ねられていくインスト作。イタリアで当初リリースされたが同年のドイツ盤のほうが高音質。　　（ブ）

1973（Denon）

篠崎史子
ハープの個展

ハープ奏者の篠崎と、武満徹、坪能克裕、小杉武久それぞれとのコラボ曲が収録されている現代音楽作品。武満との曲はテープの再生音を交えた即興演奏のようで不協和音も厭わない音の探り合い。本書のテーマにはふさわしくない音かもしれないが鳥の声のSE等が挿入されてこれも環境音楽の源流のひとつか。アニメ・サントラの作曲でも知られる坪能克裕との曲も同様に即興。小杉との曲は意外にハープは規則性のある綺麗な和音も奏でつつ小杉のキャッチウェイブによる抽象的な電子音が環境音のように彩りを添えてレトロなニューエイジ・サウンドで魅せる。　　　　（ブ）

1974（Cycle）

Baba Yaga
Collage

Baba Yaga は独ハード・ロック・バンド My Solid Ground の元メンバー、Ingo Werner が始めたプロジェクトで、同年にもう1枚LPをリリースしているが各LPでバンド・メンバーが Ingo 以外全員違う。もう1枚のほうがジャズ・ロック的であったのに対し本作はシンセにシタールやタブラ等の東洋楽器を織り交ぜたニューエイジのひとつの典型的な編成を先取りした抽象音楽。しかし、時のクラウト・ロック的な重く暗い雰囲気を持っており洗練にはまだ達していない実験音楽的な様相をしている。だが瞑想音楽としての機能を十分果たしてくれる。意外とありそうでない音だ。　　　　（ブ）

1974（Octopus Studio）

Gunner Møller Pedersen
STONED

Jim O'rourke からお墨付きの1枚。デンマーク王立音楽アカデミーで学び、英国留学時には Cornelius Cardew に師事した電子音楽家。後のデンマーク電子音楽協会を設立し、レコーディング・スタジオ〈Octopus Studio〉も運営するデンマーク電子音楽界の巨匠だ。色々なサウンドが入ってきながらも水際で鳴っているような音を採譜し、エレクトロニクスで様々な音色の音を展開。静と動を行ったり来たりするダイナミズムが圧倒的。統一された音色ではなく、様々な音色が行きかい、時代を超えた普遍性さえも感じさせる1枚。　　　　（門）

1974（Atman Music & Recordings）

Moolah
Woe Ye Demons Possessed

NYに住む Maurice Roberson と Walter Burns の2人がMOOLAHとしてリリースした作品で、今では Iasos と並びニューエイジの始祖の一角として崇められている作品。後のニューエイジ音楽の一般的なイメージからするとかなりスピリチュアル、というかおどろおどろしい内容で、このムーブメントがアンダーグラウンドなサブカルチャーを出自としていることを物語る。パーカッションの乱れ打ちや複層的なドローン音、ヴォーカルなど、どこをとっても普通にカッコいい。05年には日本の〈EM Records〉から再発盤も。ありがとうございます。　　　　（柴）

1974 (Folkways Records)

Vaclav Nelhybel
Outer Space Music

吹奏楽曲のコンポーズなどによりその世界でも著名なチェコの現代音楽作家による電子音楽集。もともと50年代末の電子効果音集を74年に再発したものがこれ。特筆すべきはオンド・マルトノを使用しているところで、シンセサイザーの先祖ともいうべきこのプリミティヴな電子楽器にありがちなファニーな雰囲気を排除、極めてストリクトな音創りをおこなっている。タイトルに明らかなようにコズミックな題材を扱っているが、同時期のスペース・エイジ・バチェラー・パッド・ミュージックよりはるかにシリアスで、その妙にコンシャスな具合が不気味かつ霊幻。 （柴）

1974 (BRAIN / Metronome)

Yatha Shidhra
A meditation mass

Achim Reichelのプロデュースによって残された当バンド唯一のLPは、幅広い音楽性を持ったAchimの感性の中でもAR3やAR4の頃の東洋志向がバンドの方向性とも相まって強く打ち出された作風となっている。風景描写をするシンセのSEにロック・バンドの楽器編成でそれに寄り添った演奏をしていく瞑想的な長編曲を4編収録。Ash Ra Tempelのようなヘヴィ・サウンドが飛び出すくだりもあるが、基本的には反復による穏やかな音だ。中心人物のFichter兄弟は後にDream World名義でLPを出しているが、本作のような未整理な混沌さはなくなった。 （ブ）

1991 (RPM Records)

Joe Meek & The Blue Men
I Hear A New World

The TornadosやJohn Leytonなど多くのアーティストのプロデュースで名を知られたJoe Meekが、地球外の宇宙空間に存在するであろう音を再現する、という実に奔放な発想のもと、60年に制作した（にもかかわらずあまりにもアンチコマーシャルな内容ゆえ正式発売が見送られてしまった）作品（の発掘再発盤）。かねてよりモンド・ミュージック界隈でもこの盤を珍重する向きがあるが、極めてパーソナルなニューエイジ音楽の始原という意味においても非常に貴重。ふよふよ飛び交う電子音と謎めいた音響効果、ヘナヘナのヴォーカル。すべてが儚く、美しい。 （柴）

1998 (Captain Trip Records)

Yahowha 13
God And Hair - Yahowha Collection

60年代に米カリフォルニアで誕生したYahowa13は、Father Yodと呼ばれる人物を総帥とするニューエイジ・コミューン。愛と平和、菜食主義など、当時のヒッピー思想と共振した彼らは、特に明文化された教義というものを持たず、音楽によってその教えを信者に垂れた。レコードを盛んに制作したが、当然ながら後年激レア化。それら作品を丹念に寄せ集めたものが、このボックスセットだ。音楽的には、意外にも「普通」なサイケ・ロックを中心としているが、時折聴かせるドローン的音像やフリーキーな展開は、流石新興宗教団体もの、と思わせるところがある。 （柴）

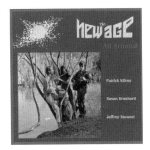

2007（RD Records）

The New Age
All Around

アシッド・フォーク名盤『Light Of Day』（66）で知られるPat Kilroy
がSuzan Graubardと作り上げ67年にリリースが予定されていたもの
の、Kilroyの突然の死によってお蔵入りとなってしまった作品の発
掘リイシュー盤。何よりそのユニット名だけでここで取り上げな
いわけにはいかない。音楽的にはラーガ色入り交じるアシッド・
フォークというべきものだが、モロッコなどへの旅の中で得た「印
象」も織り込まれているので、若干非西欧的なテイストも聴かれる。
そういわれてみると、Graubardによるフルートの演奏もどこかジュ
ジュ・ミュージック的。　　　　　　　　　　　　　　　　（柴）

2014（ABKCO）

Alejandro Jodorowsky
The Holy Mountain - The Original Soundtrack

チリ出身の映画監督、Alejandro Jodorowskyによる伝説的カルト映画
（73年公開）のスコアを、後年になってサウンドトラック盤として
発掘発売したもの。映画も大概な内容だが（褒めてます）、その劇
伴音楽も聴き逃してはならない。Jodorowsky本人が作曲したという
楽曲の奥ゆかしいニューエイジ感もさることながら、注目すべき
はあのDon Cherryの参加だろう。そういわれると同時期の彼によ
るトライバルで瞑想的な作風に通じるところを嗅ぎ取れる。しか
し、やっぱり映画を観てナンボだと思うので、前作『エル・トポ』
とあわせて御覧ください。　　　　　　　　　　　　　　（柴）

2015（Scissor Tail）

Bruce Langhorne
The Hired Hand

71年公開の米映画『さすらいのカウボーイ』（原題：『The Hired
Hand』監督／主演：Peter Fonda）のサウンドトラック再発盤（04年
にCDとして初出）で、「ミスター・タンブリンマン」ことBruce
Langhorneによる楽曲とその演奏を収めたもの。全編極上のミニマ
ル・アコースティック・アメリカーナで、その「音響派」を先取り
したような音楽は同時期のJohn Faheyにも通じるような、深く、
そして幽玄極まりない世界。アメリカン・ニューシネマらしいビ
ターさも◎。これを一般向けに聴きやすく薄めると、William
Ackermanの音楽になる？　　　　　　　　　　　　　　　（柴）

1970（MGM Records）

V.A.
Zabriskie Point
（Original Motion Picture Soundtrack）

Michelangelo Antonioni監督が米国を舞台に学生運動やヒッピー文化
を描いた映画『砂丘』のサウンド・トラック盤。Pink Floydや
Grateful Dead、John Fahey等、この章の他箇所にも登場するアーティ
ストたちの楽曲が収録されている。Pink Floydによる書き下ろし2
曲も素晴らしいが、白眉はGrateful Deadのリード・ギタリストJerry
Garciaによるエレキ・ギター・インスト小品の"Love Scene"。彼の
繊細なセンスが美しく結晶し、アンビエント的であるとすらいえ
る。映画そのものも、この時代の混沌とした雰囲気を実にクール
に映像化しており、必見。　　　　　　　　　　　　　　（柴）

電子音楽とヒーリング・ミュージック
——その始原と発展

柴崎祐二

　現在まで続く電子音楽の具体的始原は、戦後まもなく西ドイツの放送局内スタジオにて勃興したカールハインツ・シュトックハウゼンらによる各種実験や、同時期に隆盛することになったフランス国営放送スタジオにておこなわれた、ピエール・シェフェールを開祖とするいわゆる「ミュージック・コンクレート」などに求めることができる。

　その発生には脈々と続く現代音楽の土壌が存在していたゆえ、初期電子音楽工房で作られていた音楽は、やはり徹底して非通俗的な性質のものであった。そのため、オシレーター音の変遷や各種処理、テープ・コラージュ等の技術がすぐさまポピュラー音楽界へ伝播することはなかった。

　しかしながら徐々に、在野の野心的な民間作家／技師たちの間でそうしたテクノロジーを取り入れる動きも少なからず興ってくる。こうした技術が早い段階で商用的に導入されたのは、その始原とも関連するように、CM等も含む放送用音源、あるいはSF映画やドラマ等のいわゆる効果音楽〜サウンドトラック制作現場においてだった。商業録音に電子音楽制作技術が浸透していくにつれて、その独特なサウンドの様々な活用法が各現場で実践されていくことになった。

　1908年生まれのレイモンド・スコットは、ジュリアード音楽院卒業後、30年代からCBSの音楽監督を務めていたベテランで、40年代からすでに自己流のマルチトラック録音をおこなう創意工夫の人だった。50年代には自身で作り上げた「エレクトロニウム」なる自動演奏楽器を発明／実用するなど、職業作曲家として早くから電子音楽を実践していた彼だが、その名を後世に（カルト的に再評価されたことで）残すことになった作品がある。『Soothing Sounds for Baby』[1]と題された全3枚のレコード・シリーズ（64）は、おそらく歴史上最も早い段階で明確に「ヒーリング」的な目的を持って商用制作された電子音楽作品だろう（当初はラジオ配布用のレコードだった）。0歳からの幼児の睡眠導入と鎮静を謳った各作には、現代の耳で聴いても実に素晴らしい音楽的成果が記録されている。単音／複音の持続や単純なフレーズの反復

といった電子音楽における特性が快眠や神経の慰撫に効果をあげうるということを実践の側から裏付けようとした本作は、あらゆる電子ヒーリング・ミュージックの始祖といってもいいかもしれない。

　そして、非デジタル時代の電子音楽史において最も革新的な影響力を持った楽器であるモーグ・シンセサイザーの登場により、それまで特殊な技術と研鑽を積んだものでなくてはコントロールが困難であるとされていた電子音の世界に、大きな裾野が広がることとなった（とはいえ、初期のモーグ・シンセサイザーのモジュラー・システム操作にもかなりの鍛錬を必要としたが）。そんな中で、ヒーリング的用途にフォーカスしたシンセサイザー作品も現れ始める。1924年生まれのモート・ガーソンは、ポップス系の編曲家として活動していたが、60年代後半から自身の電子音楽スタジオを設立、CM音楽の制作などを手がけていた。そんな彼が、折からのサイケデリック・ムーブメントを受けて〈Elektra〉レーベルにて制作したアルバム『The Zodiac Cosmic Sounds』（67）は、モーグ・シンセサイザーも導入されたナレーション入りサイケデリック・ポップという様相で、スマッシュヒットを記録。それに引き続いて69年に制作された全12作のシリーズ「The Signs Of Zodiac」[2]では、シンセサイザー等によるさらにミニマルで穏やかな電子音と、各種星座やアクエリアス・エイジへの意識変容を語りかけるナレーションが流れ出る、これぞまさしく初期電子ヒーリング・ミュージックの雛型といえるものだ。サイケデリック・ムーブメントと習合しながら実践的思想／ライフ・スタイルとしてのニューエイジが発展しつつあった時代だけに、本シリーズを音楽運動としてのニューエイジの重要なルーツのひとつと見なすことも可能だろう。

　また、初期ニューエイジ音楽におけるヒーリング・ミュージック要素という観点では、スティーヴ・ハルパーンの存在も忘れてはならない。もうひとりの開祖（とされる）ヤソスがスピリチュアリズムや瞑想へ明確かつ自覚的に傾倒している作家だとすると、初期作品『Spectrum Suite』[3]を起点として、ハルパーンはよりカジュアルにリラクゼーション効果を企図

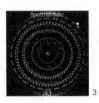

1　　　　　　　2　　　　　　　3　　　　　　　4

した作品を作り続けてきた人だろう。メイン楽器と
して「電気」ピアノたるフェンダー・ローズ（この楽
器も元来前線の兵士たちをその音で慰安する目的で
発明されたもの）を使用することから、彼のことを
純粋に「電子」音楽の文脈から論じることは難しいか
もしれないが、後年になってシンセサイザーを導入
してからの作品は米本国でも継続的に支持されてい
るし、内外の後進ヒーリング音楽作家への絶大な影
響力を鑑みるなら、ここで取り上げないわけにはい
かない。浮遊感を伴った温かな和音をドローン音と
共に旋回させながら、ゆっくりと楽想を立ち上がら
せていく様は、同時期に生まれたブライアン・イー
ノによる「アンビエント」とも聴感上かなり広く通じるも
のに感じられる（もちろん、思想的にはまったく隔
たったものなのだが）。

　さて、その後80年代にかけて、ニューエイジ音楽
の全盛時代と重なるように様々な具体的効能を謳っ
たヒーリング・ミュージックが生み出されるわけだ
が、そうした状況は、何より手頃なデジタル・シン
セサイザーの登場やそれに伴うMIDI規格の普及な
ど、電子楽器のインフラが安価かつ広く整備されて
いったことによって実現化したものだった。最後に、
そういった背景も意識しながら、我が国における電
子音楽とヒーリング・ミュージックの発展について
も目を向けてみよう。

　ここ日本の初期電子音楽も、欧米と同じく放送局
（NHK）のスタジオやアカデミックな世界に牽引され
ていたが、やはりシンセサイザーの輸入によって徐々
にポピュラー音楽界にも「電子的」なサウンドが闖入
していくこととなった（特に冨田勲の活躍は象徴的
だろう）。そんな中、国内で最も早い時期にヒーリン
グ効果を明確に謳った商業作品を作り上げた人が伊
藤詳だ。ファー・イースト・ファミリー・バンドの
メンバーでもあった彼が79年に発売したアルバム『や
すらぎを、君に』[4]は、予備校からの委嘱で制作さ
れた受験生向けのヒーリング・ミュージックで（当
時は「マインド・ミュージック」と自称していた）、
鎮静や睡眠導入効果が期待されている。同時期、同
じくファー・イースト・ファミリー・バンド出身の

喜多郎がソロ・アーティストとして華々しく活躍を
開始していたことなどもあって、和製ニューエイジ・
ブームが巻き起ころうとしていた中、伊藤はあえて
作家性から遊離した実用音楽方面へと進み、和製電
子ヒーリング音楽を開闢することとなったというの
が興味深い。また同じくファー・イースト・ファミ
リー・バンド出身の宮下富実夫は、より自覚的にシ
ンセサイザーによるヒーリング・ミュージックを志
向し、特に80年代半ば以降多くの作品を残すことと
なった。ここに至ってまさしく、5章で取り上げら
れている「俗流アンビエント」の世界が花開くわけだ
が、こうした状況にも、前述のような機材の廉価化
や規格普及による制作上の簡便性の向上が大きく関
わっていることは自明であるのだった（いかにもシ
ンセサイザーの「プリセット音」、という音色が使用
されている作品は数え切れない）。

　こうしてその始原とその後の展開を見ていくと、
電子音を用いたヒーリング・ミュージックの発展史
というのはつまり、電子楽器や技法の普及／俗化の
歴史でもあるといってみることも可能だろう。

柴崎祐二（しばさき・ゆうじ）
1983年埼玉県生まれ。2006年よりレコード業界で
制作／宣伝業務に携わり、多くの作品のA&Rディレ
クターを担当。2018年、ネットレーベル〈Local
Visions〉より、DJミックス『大衆のための音楽：日
本の商業アンビエントの世界』を発表し、それまで
歴史に埋もれていた日本のヒーリング・ミュージッ
クを現代的な視点から捉え直す「俗流アンビエント」
という概念を提唱。また、CDオンリー時代の「忘れ
られた」音楽を紹介する購入記「CDさん太郎」を個人
ブログで展開。編共著にlightmellowbu『オブスキュ
ア・シティポップ・ディスクガイド』（DU BOOKS）
がある。
Twitter：@shibasakiyuji

俗流アンビエント

1983（Express）

松武秀樹
眠れる夜

4人目のYMOこと、シンセサイザー・プログラマーの松武秀樹が制作した、入眠導入アンビエントの傑作で、カセット・テープとしてリリースされたもの。「羊が一匹、羊が二匹…」のナレーション入りのタイトル曲とそのインスト版を収録した宣伝用7インチもカットされた。MOOG IIIc、E μ を駆使した松武流アンビエントを心ゆくまで味わえる作品としてカルト的な人気を博していたが、〈LIGHT IN THE ATTIC〉からの『Kankyo Ongaku』へ同インスト版が収録されたことにより、世界的な注目も高まっている。商品目的は俗流だが、音楽内容はシリアス。　　　　　　　　　　　　（柴）

1986（Sony）

住谷智
不思議の森 FOREST MARVELOUSLY

住谷智はこれ以前にもソニーから「TATA」という実験的電子音楽（効果音？）シリーズをリリースしている人物だが、ここでは心理的ランドスケープとしての「不思議の森」をテーマに据え、森に響く環境音と電子音の融合による特異な環境音楽を試みている。異様に高音に寄ったフレーズ構成とミックスが耳に痛く、リラクゼーションというより覚醒を呼び起こそうとしているようなときもある。分かりやすくいえば、かなり現代音楽寄り。音楽に限らずかなりの学識のある方のようで、非常にペダンチックなセルフ・ライナーノーツが付いている。　　　　　　　　　　　　　　（柴）

1988（東芝EMI）

INOYAMALAND
セルフ・コントロール・ミュージック 不眠〈スリープ・リラクゼーション〉

名盤『Danzindan-Pojidon』（P.66掲載）への再評価も留まることを知らないINOYAMALANDだが、彼らも俗流アンビエント文化の波に飲まれた時代があった。〈東芝EMI〉発の同作並びに同シリーズは、伝え聞くところによると、アーティスト自身の意図とはまったく関係なく音源が使用されたものらしい。なんとも当時らしい話。音楽内容は流石としかいえない高内容で、『Danzindan-Pojidon』をより高精細かつメディテーショナルにしたような珠玉のアンビエント。本シリーズは他に鈴木さえ子氏が制作（これもアーティストは不関知？）したものがあったり、油断ならない。　　　　　（柴）

1988（Sony）

V.A.
アルファ波分析によるストレス解消の音楽 ―車の渋滞時イライラ解消のために―

α波はこの時代の俗流アンビエント超定番のテーマで、玉石混交色々な作品があるのだが、オムニバス形式となる本シリーズはその収録内容のばらつき加減も含めて面白い。ヘルシーな優等生フュージョンをきめる鈴木行一も面白いのだが、『CHAOS ZONE』（P.168掲載）の森本浩正と同じく現代音楽畑出身の山本純ノ介が参加しているというのがミソ。特に森本はやりたい放題な仕事ぶりで、M5"眠気を吹っ飛ばせ！"は、こんな仕事を引き受けてやっている自らの鬱憤を吹き飛ばすかのようなアヴァンギャルドな内容。坂本龍一『Esperanto』がごとし。　　　　　　　　　　（柴）

ALBATROSS
α波・1/fゆらぎ 〜空からのおくりもの〜

70年代初頭よりTV番組用の編曲などで活動してきた長谷川武。一般的にはほぼ無名だが、俗流アンビエント界ではかなりの目撃頻度を誇る重要人物で、特にこの〈アポロン音工〉発の「α波 1/fゆらぎ」シリーズでの仕事は注目に値する。学生時代のマンドリン演奏からクラシックへ傾倒していったという経歴の通り、メロディーはかなり保守的なのだが、この時代ならではのデジタル・シンセサイザーのサウンドと融合することによって、かえって独特の作風となった。白眉はチター音楽風のM6。偶然にもジャーマン・プログレ的な幽玄ミニマル世界が出現する。　　　　　（柴）

矢吹紫帆
Forest land
1/fゆらぎによるサウンドエステティック

1/fゆらぎである。矢吹紫帆はP.65掲載の『からだは宇宙のメッセージ』が国外再発されるなど近年特に再注目されているシンセシスト。80年代後半から大量のヒーリングCDを〈アポロン音工〉に残しているが、これはカネボウ化粧品内の美容研究所監修のもとリリースされた「サウンドエステティック」を謳う作品群の1枚。エステサロンというのは、実際にこうしたヒーリング・ミュージックが実践的に使用されている場でもあり、本作のような商品がリリースされるのも納得。内容は矢吹らしいパストラル・シンセ・サウンドの応酬。素晴らしい。　　　　　（柴）

YUHKI
BIRDS EYE VIEW ―創造力の開発―

元HEAVY METAL ARMY〜 EASTERN ORBITの中島優貴は、一時期キング・レコード発のヒーリング音楽シリーズ「サウンズ・オブ・トランキリティ」を中心として、数々の変名で多数の作品を残している。これもその中の1枚で、メタル上がりらしいスケールによる情感豊かな（歌謡的とすらいえる）メロディーは、まさしく王道の俗流アンビエント！という感じ。これは「創造力の開発」を謳っているが、その他様々な効能に応じて（いるのかどうかは不問にしよう）、作品を作りまくった中島優貴こそ、俗流アンビエント界絶対の帝王だ。　　　　　（柴）

YUMIKO
Mind Throat Picture

元東急エージェンシーという異色の経歴を持つ超能力者、高塚光が全作詞とサイキック・クリエイター（どんな仕事？）を務めた、歌手、YUMIKOのアルバム（YUMIKO自身も謎めいた人だが、高塚門下生？のようだ）。とにかく冒頭のタイトル曲が素晴らしい。明らかに10ccの"I'm not in love"を意識した曲想とイコライジングで、深過ぎるリヴァーブの中、YUMIKOがサイキックな詞を歌う。他曲もなかなかの出来で、歌モノアンビエント・アルバムとして高水準。全編曲を手がけた御園生涼彦は、伝説のネオ・モッズ・バンド、THE ROOKIESのその人か!?　　　　　（柴）

1990 (Victor)

大野恭史
眠り マインド・コントロール・ミュージック

90年代初頭ビクターが展開した「マインド・コントロール・ミュージック」シリーズは、全20作を数える同社のヒット企画。その音楽を一手に引き受けたのが作曲家の大野恭史。かなり広範な作風を持つ人だが、この（おそらく）シリーズ第1作では、非常に鎮静的かつミニマルなアンビエントを展開する。輪郭の曖昧な単音／和音がゆったりとたゆたっていく様は、数ある俗流アンビエントの中でも屈指の品格。シリーズ名の通り、可聴領域外周波数帯におけるサブリミナル・メッセージ入りを謳っている。俗流アンビエント入門編にどうぞ。　　　　　　　　　　　　　　　（柴）

1990 (Epic / Sony)

小室哲哉 & Mr.マリック
Psychic Entertainment Sound -Mr. Maric World

『Digitalian is eating breakfast』に引き続いて制作されたTKのアルバムで、なんとMr.マリックとのコラボ。シンクラヴィア等を駆使したサウンドが鮮烈で、同時期のTK作の映画音楽にも通じる和レアリックなカッコよさ（日向大介も参加している）。実質マリックはM6の1曲のみ参加なのだが、それがアンビエント的に白眉。バイノーラル録音されたマリックのハンド・パワー語りが聴くものの周りをぐるぐると回り怖いのだが、そこに付けられたサウンドが素晴らしい。TKほどのアーティストからしたらこんなものお茶の子さいさいだろうが…。　　　　　　　　　　　　　　　（柴）

1990 (Sony)

森本浩正
CHAOS ZONE

P.166でも言及した森本浩正はシリアスな現代音楽を出自とする人なので、この章に含めるのは適当でないかもしれない。だが本作は、ローランドの開発した「サウンド・スペース」なるバイノーラル再生を高精度で実現するプロセッサーのデモンストレーションも兼ねてる商用作品のため、こちらで紹介。なんといっても素晴らしいのはM1 "Fantastic Chaos Part-1"。ローランド製シンセU-20によるデジタル質感たっぷりのフレーズがゆっくりと反復していく。その他の曲は森本の出自を反映した現代音楽色強いもの。これらも相当いい。　　　　　　　　　　　　　　　　　　　　（柴）

1993 (テイチク)

小久保隆
風のオアシスII 〜森と水の物語〜

P.67掲載の『Get At The Wave』が海外レーベルから再発されたことを起点として、小久保隆への再評価はとどまるところをしらない。ある種の濃密な「作家性」を放つ人でもあり、その卓越した音響意識は90年代以降も研ぎ澄まされていった。これはテイチクと組んで繰り出された「イオン・シリーズ」の中の1枚。どれも素晴らしいが、本作の美しさは抜群だと思う。クリスタルなシンセサイザーとミニマルな構成、洗練されたメロディ・センス。CDには資生堂とのコラボによって、香り付きのインサートがつく。これがまた芳しい（どこか懐かしい）。　　　　　　　　　　　　　　（柴）

1993（グリーンエナジー）

不明
めざま CD

睡眠導入効果を謳うCDは数多くあるが、「寝付きもよくなる上、思い通りの時間に起床できるようになる」とは実に珍しく、欲張りだ。一種の催眠療法に基づいて監修されているようで、非常に胡散臭い男性のナレーションがほぼ全編にわたって挿入されている。最終的に「私はその時刻になるとひとりでにスッキリと目が覚めると心の中に焼き付けてください」と告げられるのだが、それって結局は心の持ちようでは？という疑問が湧いてくるのをグッと抑えることが肝要だ。オケはごくアブストラクトなアンビエント。ナレーションなしVer.がほしい。　　　　　　　　　　　　（柴）

1994（アポロン）

植地雅也
〜特効音薬〜 サブリミナル効果による
集中力強化

アルバム1枚の中に聴感上では聴き取ることのできない音量、周波数、速度でナレーションを3600万回収録していると謳う、いわゆる「サブリミナル系」俗流アンビエントの代表的シリーズ。そのサブリミナル効果が実際に現われるのか　そもそも本当にそんな音が入っているのかを問うのは無粋だ。連作通してなかなか聴きどころの多いシリーズなのだが、特にこちらは素晴らしい。終始波打ちの音がバックグラウンドで鳴る中、実に思慮深いシンセサイザーのフレーズがたゆたっていく。M1"微動"は確実にイーノの『Music for Films』オマージュ。　　　　　　　　　　　　　　　　　　　　（柴）

1994（King Records）

内山肇、渡辺雅二
お経瞑想音楽／真言声明

マジモンのお坊さんによる真言声明とアンビエント・テクノ的サウンドが合体した、ある種の和モノ・ニューエイジ最北端。これ以外にも宗派の違ったお経を乗せたCDも出ている。和に寄せ過ぎたニューエイジというのは往々にして地雷なものが多いのだが、これは非常に洗練されていて聴きやすい。もはやThe Orb的であるとすらいえる正統派なアンビエント美学にあふれているように思うのだが。音楽を手がけた内山肇は、2CELLOSなどともコラボレーションするコンポーザー。渡辺雅二も吉川忠英らのR.E.M.SWIMMING CLUB BANDでキーボードを担当した才人。　　（柴）

1994（Della）

かわさきみれい
アイソトニック・サウンド〜アクア

〈Della〉は「俗流アンビエント界の〈ブルー・ノート〉」とでもいうべき名門で、数多くのオリジナル・シリーズを展開、そのリリース量もハンパではないのだが、とりわけこの「アイソトニック・サウンド」シリーズは同社の看板的存在といえよう。正直各作玉石混交とう感じなのだが、アニメ系音楽も手がけているかわさきみれい作によるこれは、なかなかに上質。自然界の1/fゆらぎと調和する音楽を提供する同シリーズの中でもアンビエント的心地よさという点では抜群の出来栄えかと。当時はかなり売れたシリーズのようで、各地のブックオフで頻繁に見かける。　　　　（柴）

1994（Della）

かわさきみれい
超トリップ・サウンド ～ザ・マリファナCD

かわさきみれい氏制作作品からもう1枚。いわゆる「ミュージック・ドラッグ」といわれるニッチなジャンルの作品で、そのものずばりマリファナを摂取したときの意識変容を音楽を聴くだけで体験できると謳う、非常に怪しげなもの。先掲の『アイソトニック・サウンド～アクア』と同じ作家とは思えない露悪的かつアブストラクトなアンビエント・テクノ／トランスが全3曲収録されている。クラブ使用でなくあくまでホーム・リスニングを想定されて作られたものなので、ビート感が乏しく、余計に捉えどころのない印象に。男子中学生向け。　　　　　　　　　　　　　　　　　（柴）

1995（Della）

アロエ
アロエ ～ その不思議なサウンド

アロエは、旧くから数多くの薬効で知られる植物だが、この時期空前のアロエ・ブームが巻き興ったことを記憶している方も多いだろう（我が家でも育てて食べてました）。そのアロエの効能を耳からも摂取しようというのがこのCD。アロエの葉の表面に電位測定器を取り付け、その測定値を電子音楽化したもの。演奏者はアロエになるわけだが、意外なほどに音楽的にちゃんとしている（？）。全編にわたりポコポコ～ファーンとアクアな音が行ったり来たりする内容で、少なくとも「誰それが作ったこういうアンビエントです」と言われたら納得してしまいそう。　　　（柴）

1996（Sony）

西脇睦宏
脳内革命～βエンドルフィンへのいざない～
心にやすらぎを

田園都市厚生病院院長（当時）の春山茂雄による『脳内革命』は、社会現象ともいえる大ブームを巻き起こした本。今では語られる内容のニューエイジ性が批判されたりもしている。当然こうした状況を当時の音楽業界が黙って見ているはずもなく、便乗商品が多数作られた。これはフォーク・ロック・バンド丘蒸汽の元メンバーでありオルゴール作家でもある西脇睦宏が制作したもの。ものすごくゆったりとした拍感覚をもった実に上質のアンビエントで、初めて聴いたときはまさに秘宝を掘り当てた気分に。時折入る和楽器（のプリセット音）はちょっとキツイ。　　　　　（柴）

1990年代初頭？
（日本ソフロロジー法研究会）

ティンカーベル
ソフロロジー式分娩
（イメージトレーニングためのBGM）

ソフロロジー式分娩という分娩法のイメトレを妊婦さんがおこなう際に聴くCDということらしい。残念ながら筆者は分娩に通じていないのでよく分からないのだが、心身をリラックス状態に置くことが重視されているらしく、ここに収録されている曲も穏やかなピアノ曲（をシンセサイザーで演奏したもの）。いわゆるライト・クラシック風のよくある俗流アンビエントなのだが、19分頃、突如ヘンデル風の大仰なブリッジが差し込まれる（いきんで～的なこと？）終盤にかけてはややドラマチック。作曲にクレジットされる「ティンカーベル」が何者なのかもまったく謎。　　　（柴）

1990年代初頭？
（J.F. ラピスクラブ事業部）

不明
NEW α SOUND H DEVELOPING YOUR CHARM SERIES.

86年から東京を拠点にヘルス・ケア商材やパワー・ストーンなどの販売を扱うラピスクラブが、おそらく90年代初頭に制作したオリジナル・ヒーリング音楽シリーズ中の1枚。ネットに散らばる情報から察するに当時販売されていたビューティ・ケア商品に付属するような形で頒布されていた模様。ミニマルでガムラン的なシンセの反復と奥ゆかしいビートを伴うM1、同じくシンセのクリスタルなトーンに極めて膨よかな低音がからみそうでからまなく、突然に打楽器が打ち鳴らされたりするフルクサス的なM3。まさかの傑作。誰が作っているんだろう…。　　　　　　　　　（柴）

1992（グリーンエナジー）

ヘンリー川原
臨死体験 / NEAR DEATH

〈グリーンエナジー〉というレーベルは、この時期沢山の俗流アンビエントを産出した名門（？）なのだが、業界の中でも特にチージーな企画をリリースしまくることで有名。これは臨死体験を疑似体験できるという触れ込みの作品で、同様の悪ノリ系作品を多く手がけるヘンリー川原によるもの。ジャケットがTangerine Dreamの『PHAEDRA』に酷似しているが、内容も本家をすごく適当にしたような感じ。多分意図的だと思うのだが、M1の1:30付近にめちゃくちゃ爆音で「ギー！」というノイズが収録されており、心臓が竦んで本当に死にそうになる。悪質。　　　　　　　（柴）

2000年代初頭？　（DHC）

小泉空弦
DHC Sound Collection
瞑想のためのヒーリングサウンド

DHCが会員のために制作したオリジナル・ヒーリングCD（04年に一般向けにも発売された）。音楽は小泉空弦氏。54年札幌生まれの彼は、70年代中頃よりブリティッシュ・ロックに魅了され音楽活動をおこなうようになったというだけあり、ここでの作風もかなり70年代初頭のPink Floydっぽい。ギターのトーンなど、David Gilmourそのもの。白眉はメドレー形式のM1で、明らかに『ウマグマ』～『おせっかい』期のPink Floydを意識しているように感じる。そのため、どちらかというとヒーリングというより、全編に妙なる緊張感が漂う結果に。　　　　　　　　　　　（柴）

2002年頃？　（ダイソー）

不明
アンビエント・リラクゼーション 2
ネイチャー・シンフォニー

100円ショップのダイソーがおそらく02年頃に販売していたオリジナル制作のアンビエントCD。その事実だけで驚愕だが、製作者も非公開という謎めきっぷり。おそらくプロの取っ払い仕事か何かで契約上公表できないのかな、などと推察。その内容だが、これが恐ろしく質の高いアンビエントで、イーノ調のM1から同時代のアンビエント・テクノを完全に昇華しきったM2など、本当に素晴らしい。本作は2なのだが、1もなかなかよい。ダイソーからは、同じくアノニマスなフュージョン・シリーズ「デジタルサウンド・リラクゼーション」というのもある。　　　　　　　　（柴）

171

クラブシーンで起きたニューエイジ・リバイバル

動物豆知識bot

クラブでニューエイジが流れ出したのは21世紀に入ってから。特にイタロ・ディスコやディスコダブ（和製英語）の流行の最中にコズミックと呼ばれるDJスタイルが再評価されて以降のことである。

前史として、2001年に作られたDJ HarveyのミックスCD『Sarcastic Study Masters Vol.2』[1]がある。このCDは、オールジャンルに選曲をおこないながら、レコードの回転数を変え、ビートを混ぜ、効果音を足して、新たなグルーヴを生み出すコズミックをよみがえらせた傑作で、本人いわく"5年先"をいっていた。ディスコ・リエディットで知られたHarveyは、95年に初めておこなったイタリアのディスコ「COSMIC」（コズミックの名前の由来）でレジデントDJらのミックステープをもらい、コズミックの魅力を知ったという。Harveyが聴いたであろう、コズミックの創始者Daniel Baldelliや、イタリアのレジェンドBeppe Loda、T.B.C.（Claudio Tosi Brandi）、Moz-art（Claudio Rispoli）などの80年代当時のコズミックDJのミックステープを聴くと、すでにニューウェイヴやレゲエやプログレを織り交ぜ、ディスコ／ハウスではない音楽もスローモーに変質させながらハウスのようにつないでいる。

ターンテーブルにのるレコードが特定ジャンルに限定されない面白さに気づいたDJ達はあらゆる音楽を検討し始めた。レアグルーヴが主にソウル、ジャズ、ファンク、フュージョンの発掘運動だとすれば、コズミックは対象をオールジャンルに広げた発掘運動となる。ここにはイタロ・ディスコ再評価という、洗練とは真逆の感覚が蔓延していた当時のクラブシーンのムードも反映されている。イタロというシンセを多用したサウンドへの注目から、やがてシンセサイザー・ミュージック全般へ対象が広がり、これがオルタナティヴな視点でニューエイジが選盤される

ひとつのきっかけとなった。

ゼロ年代に日本を拠点に活動していたスコットランドのアーティストJonny Nashが、04年10月にローマで開催されたRed Bull Music Academyに足を運び、講師として出演したDaniel Baldelliからミックステープを大量に受け取り、日本に持ち帰った。そのテープを聴いたDr.NishimuraとChee Shimizuがパーティ「Discosession」でコズミックをプレイに反映させ、注目を集める。彼らが「スタジオ・ボイス」（06年6月号）誌上でコズミックをテーマに選盤したリストには、すでにTangelin DreamやKlaus Schulzeだけでなく、Vangelisや喜多郎、Shadowfaxが選ばれている。

DiscosessionがクルーのJonnyやZeckyと共に、音源制作やリミックスをおこなっていくプロダクションチームになっていく一方で、Cheeは07年頃よりクラブ、八王子SHeLTeRでノンビート／リスニング・スタイルのDJをスタートさせた。コズミックを経てダンス・ミュージックから一旦離れたCheeの選曲は、オブスキュア・ディスコからオブスキュア・サウンドへと射程を広げ、08年に開店したオンラインレコードショップ「Organic Music」や、13年の書籍『obscure sound』[2]のラインナップに反映されている。

さかのぼれば、イタロ・ディスコ再評価の先駆けはオランダのDJ I-Fが00年に出したミックスCD『Mixed Up In The Hague Vol.1』である。そのI-Fが率いていたイタロ／エレクトロを発信するネットラジオ番組「CBS（Cybarnetic-Broadcasting System）」のメインDJのひとりだったTako Reyengaは、Discosessionの05年欧州ツアーで一緒になり親交を深め、翌年に日本に招聘されている。TakoはAbel Nagengastと一緒に12年にアムステルダムにレコード店「Red Light Records」を開店、同年にIlias Pitsiosとレーベル〈Into The Light〉を、13年にはAbel、Jamie Tillerとレーベル〈Music

1　2　3

From Memory〉を始めている。これらはDJ視点が介在しながらも、リスニング向けの作品が混在しており、ダンス・ミュージックを通過したニューエイジの再評価を打ち出している。同種の動きは、07年からMP3ブログ「Growing Bin」（Cheeもミックスを提供していた）を運営していたドイツのレコードディガー、Bassoが12年に始めたオンラインストア／レーベル〈Growing Bin Records〉にも見られる。BassoはLovefingersのニューディスコレーベル〈Blackdisco〉や〈ESP Institute〉からリエディット作品をリリースしていたが、自身のレーベルではニューエイジを並列に扱っている。

　こうしたイタロ・ディスコ／コズミック以降のニューエイジ再評価を第一波とすれば、13年のコンピ『I Am the Center』【3】以降の、第二波となるのが〈Leaving Records〉と〈New Atlantis〉だろう。

　〈Leaving Records〉は、Flying Lotus主宰のレーベル〈Brainfeeder〉からノイジーで実験的な音響作品を出していたLAビートシーンの異端児、Matthewdavidが運営するレーベル。鬱病に悩んだ時期に聴いたニューエイジのセラピー効果に気づき、かつてのニューエイジが持っていた力を現代に提示しようと15年に「Modern New Age」という名のシリーズを開始した。16年のソロアルバム『Trust The Guide and Glide』も多分にニューエイジの影響が感じられ、実験的な電子音響の果てにニューエイジのサウンドスケープが存在することを示している。

　〈New Atlantis〉は、ロンドンのネットラジオ「Radar Radio」でグライム・プロデューサーのDeadboyとIndia JordanがDJを務める番組で、17年からはレーベル名でもある。Deadboyは、MP3ブログ「Sounds of the dawn」「Crystal Vibrations」などで知ったニューエイジを、自身のUKファンキーやグライムと結合す

るトラックを15年から作り始める。その流れで15年6月から月一で始めたパーティが「ambient social」である。このパーティはクラブではなくカフェ風に、踊るのではなくお茶を飲んでくつろぐスタイルを意図したもので、クラブ派のリスニングへの接近の例である。ここに集まったMurlo、Yamaneko、Tom Lea（Local Action）などが、作品にニューエイジのテイストを加えるようになっていった。なお、興味深いのは「ambient social」では、アンビエントやニューエイジの他にゲーム音楽や映像も一緒に流れていた点だ。おそらくゲーム音楽に見られるデジタルシンセ風の質感に、シンセサイザー・ミュージックとしてのニューエイジとの類似性を見出していると思われる。

　他にもダンスフロアからの脱却を目指してニューエイジに接近したクラブ・ミュージックは多々あるが、重要なのはなぜニューエイジが選ばれるのかである。シンセサイザーへの音響的興味の延長、アンビエントよりも不純物の少ない抽象性、現世に疲れ別世界に行きたい宗教性、など複数の要素が混ざっていると予想されるものの、最終的には「レア盤最後のフロンティア」と称されるニューエイジを通して、人が注目していない音を探したいDJ／ディガーとしての審美眼、ナシだったものをアリにしたい価値転換への欲求が一番大きいのではないだろうか。かくしてニューエイジはリバイバルしたのである。

ゲーム音楽と環境音楽、その交差点

糸田屯

「——このもっとも最新のジャンルというべきゲーム・ミュージックは、ポップスに限らず、クラシックやワールド・ミュージック、ニューエイジなど、音楽全般にわたって目が向けられているわけで、いわばインスタントな音楽図鑑にもなっている。音楽のカタログ文化時代の片鱗をのぞかせるものである。」

吉村弘「『気晴らし』の音楽」より（1990年 春秋社刊『都市の音』所収）

　ゲーム音楽と環境音楽の接点を語る上で、まず挙げたい人物はシンセサイザー奏者の東祥高だ。東はフォークグループ、五つの赤い風船での活動や、自身のスタジオ「TON STUDIO」の創設を経て、80年から82年にかけて発表した『ムーンライト・オブ・エイシア』『エイシアン・ウインド』『ファー・フロム・エイシア』からなる「エイシアン三部作」や、元TANGERINE DREAM のペーター・バウマンが主宰したレーベル〈Private Music〉から AZUMA 名義で発売したソロアルバムなど、生涯にわたってアジアや日本の原風景を描き続けた。彼のゲーム音楽デビュー作となったセガサターンのファンタジーシューティンググーム『パンツァードラグーン』（95）[1] は、広大な異世界のスケール感を織り込んだ無国籍路線のサウンドを全面的に展開し、以降の同シリーズの音楽的な方向性に先鞭をつけた記念すべきタイトルとなった。

　ハドソンで「ボンバーマン」シリーズをはじめとするタイトルに関わり、現在はナーイ（葦笛）奏者としてアラブ伝統音楽のフィールドで活動を続ける竹間ジュンは、ハドソン在籍初期の86年に、シンセサイザー奏者の畑野亨（畑野貴哉）が主宰したレーベル、〈Picture〉よりソロアルバム『Divertimento』を発売した。同作はニューエイジ／ミニマル色の強い多重録音曲集であり、エリック・サティにトリビュートした弦楽四重奏などを収録しており、19年にはアルバム未収録曲を追加して『Les Archives』[2] と改題の上、〈RVNG Intl.〉傘下レーベルの〈Freedom To Spend〉より再発を果たした。

　ZIZZ STUDIO のメンバーとしてニトロプラスなどのゲームタイトルに関わる大山曜は、フォノジェニック・スタジオ（プログレッシヴ・ロック・バンド、新月の津田治彦が、同バンドの活動休止後に立ち上げたユニット、Phonogenix の活動と並行して創設した音楽制作会社）に80年代中期に参加し、88年に多重録音プロジェクト、アストゥーリアスを始動させ、93年に活動を休止するまでに3枚のアルバム『Circle in the Forest』（88）[3]、『Brilliant Streams』（90）、『Cryptogam Illusion』（93）をキングレコードから発表。力強さと透明感あふれる音楽性は大山のプログレッシヴ・ロッ

ク志向によるものだが、ニューエイジ／ヒーリングの文脈で紹介されることもある。活動休止中には、前述の3作から選曲された編集盤『静寂の湖水　サウンド・スケッチ』（99）が発売された。その後、03年に編成されたアコースティック・アストゥーリアスを契機として、プロジェクトは活動を再開。現在は大山のゲーム音楽制作と並行しながら、コンスタントなライブ活動やアルバムリリースを展開している。

　ファミコンソフトの『少年魔術師インディ』は、80年代後半に双葉社より刊行された同名ゲームブックシリーズのテレビゲーム化として、IGS より92年に発売が予告されていたが、度重なる延期の末に未発売に終わった幻のタイトル[4]。同作の音楽担当は井上誠と山下康のユニット、イノヤマランドであった。なお、ユニットの公式サイトの制作歴のページの記載では「1991年11月」とある。

　音楽講師やキーボーディストとしても長いキャリアを持つ久米由基は、80年代末から90年代初頭にかけてカルチャーブレーンで「飛龍の拳」や「スーパーチャイニーズ」シリーズなどの音楽に関わった後、コナミの音楽ゲーム『pop'n music』『KEYBOARDMANIA』に Q-Mex 名義で楽曲を提供し、一躍その名を知られることとなる。また、環境音楽レーベル〈Della〉から、アルバム『リラックスの素』（02）『ダイエット』（02）[5]『朝美人』（08）などを発表している。

　広がりのある無国籍ニューエイジ／シンセポップサウンドを聴かせた mar-pa（マーパ）は、作曲家／ヒーリング・ピアニストの松尾泰伸がかつてリーダーを務めたグループ。舞踏集団・白虎社の音楽担当でもあった。グループは『Finale』（88）[6]『RIMLAND』（89）の2枚のアルバムをポニーキャニオンより発売。同時期に松尾は、ソフトプロより発売されたディスクシステム用タイトル『19（ヌイーゼン）』（88）『フェアリーテイル』（89）の音楽を担当した。

　日本におけるニューエイジ／イージーリスニングの代表的な存在である作曲家／ピアニストの中村由利子は映像作品の音楽を手がけることが多いが、97年にタカラ（現・タカラトミー）より発売されたプレイステーション用アドベンチャーゲーム『シュレディンガーの猫』[7] の音楽を手がけた。彼女が在籍する

ユニット、アコースティック・カフェの盟友である都留教博や前田善彦らを迎え、生演奏主体で楽曲をアレンジし直したサウンドトラックが、ゲーム発売に半年ほど先駆ける形で96年10月に発売された。長らく廃盤状態だったが、18年に配信リリースされ、現在は各種サブスクリプションサービスでも聴くことができる。

海外コンポーザーでは、スペンサー・ニルセンの名を挙げたい。もともとは映像音楽畑で活動し、ニューエイジ／フュージョン路線のソロアルバム『Architects of Change』（89）を残しているニルセンは、90年代初頭に海洋アドベンチャーゲーム『エコー・ザ・ドルフィン』[6]でゲーム音楽コンポーザーとしてデビュー。「人間的要素を排したサウンド」というゲームデザイナーの意向を見事に反映させた楽曲を作り上げた。シリーズ第1作と第2作をカップリングしたメガCD版のサントラが95年に制作されており、シリアスなアンビエント／ニューエイジを聴かせる傑作である。また、ニルセンは関与していないが、ドリームキャストで発表された後作シリーズ『Defender of the Future』で、ティム・フォリンとアッティラ・ヘーガーの2人が内蔵音源による打ち込みで表現した透明感あふれるサウンドも、驚異的なクオリティの内容である。

ミニマル・ミュージックの作曲家／ピアニストであり、多くの映画音楽を手がける大御所、マイケル・ナイマンが手がけたゲーム音楽作品が、故・飯野賢治が監督を務めたワープのセガサターン用ソフト『エネミー・ゼロ』（96）[9]だ。サントラのほか、最初に制作された静謐なピアノ・スケッチを収録したシン

グルがゲーム本編に先行してリリースされた。

ゲーム音楽から環境音楽の分野へと移った、または並行して関わり続けている人たちもいる。

80年代末にナムコに入社し、PCエンジン版『ワンダーモモ』や、『デンジャラスシード』などの音楽に携わった奈雲美徳は、ナムコ退社後にPCエンジンSUPER CD-ROM2版『ソーサリアン』などのビクター音楽産業から発売されたタイトルやスーパーファミコンの『ソウルブレイダー』（エニックス）のサウンド制作を経てフリーのコンポーザーとして活動の幅を広げていく。90年代初頭にはキングレコードよりROMANCER ONE名義でソロアルバムを発表[10]。現在は音楽活動と並行して港区高輪区民センターの所長も務め、地域に根差した活動に力を入れている。

84年にハドソンに入社し、『迷宮組曲　ミロンの大冒険』（86）、『ボンバーキング』（87）などのプログラマーを経て、サウンドプロデューサーとして多くのタイトルに関わり、音楽制作では『天外魔境ZERO』（95）『天外魔境　第四の黙示録』（97）を手がけた笹川敏幸は、97年よりソロ活動を始め、アルバム『AQUA=MIZU』（98）『CIEL=SORA』（99）の制作や、ゲーム音楽家のオリジナル楽曲を収めたオムニバスアルバム『TEN PLANTS』（98）[11]『TEN PLANTS 2』（99）の企画に参加。01年にハドソンを退社した後は、ピアニスト／スピリチュアルカウンセラーとして活動している。

近年は音楽プロデューサーとして映像音楽での活動を展開している磯田健一郎は、芦川聡が主宰したサウンド・プロセス・デザインよりオシレーション・サーキット名義でミニマル／アンビエント作品『セ

4
当時の
チラシより

10
Romancer One / Brilliant Time.

リ・レフレクション1』(84)【12】を発表。その後、90年代初頭にアポロン音楽工業の「α波1／fのゆらぎ」シリーズに複数の作品を残しているが、同時期にX68000版『ファンタジーゾーン』『ギャラガ'88』『イース』、PCエンジン版『アフターバーナーII』などのサウンドプログラムやアレンジ、メガドライブの『闘技王キングコロッサス』の音楽制作に関わった。

コナミで「メタルギアソリッド」「ZONE OF THE ENDERS」シリーズなどの音楽に関わった日比野則彦は、05年に音楽制作会社ジェム・インパクトを設立。09年には日比野音療研究所を設立（17年にジェム・インパクトの社名変更により法人化）し、音楽制作のみならず音響装置の提供やアプリ制作、コンサート企画なども手がけている。また、サックスプレイヤーとしても活動する日比野は、キーボーディストのAYAKI（齋藤彰希）とのユニット、GENTLE LOVEで、ゲーム音楽のアコースティック／ニューエイジ・アレンジアルバムを継続的にリリースしている【13】。

変わり種も紹介しよう。落ち物パズルゲームの代名詞であり、数多くの移植版が存在する『テトリス』だが、92年にCD-i（「コンパクトディスク・インタラクティヴ」　オランダのフィリップス社が開発し、91年に発表されたマルチメディア規格）で発表されたテトリスは、ほぼ全編にわたってニューエイジ・ミュージックを聴かせるシリーズ異色作だ【14】。ジム・アンドロンによる生演奏風のサウンドと美しいメロディを湛えた楽曲は、自然の風景写真をバックにしたプレイ画面もあいまって独特のノスタルジックなムードを演出した。

また、99年にエクシングから発売された、人魚の世界を舞台としたプレイステーション用ファンタジーRPG『マーメノイド』【15】は、高濱祐輔が代表を務めるターゲット・エンタテインメントが音楽を担当。高濱を筆頭に、ヘヴィ・メタル・バンド出身者たちで制作されたニューエイジ・ミュージックという点で貴重な存在だ。ソプラノヴォーカルを起用したメインテーマ以外の楽曲はプレイステーションの内蔵音源で制作されたものだが、シンフォニックで

透明感あふれる美麗な楽曲を聴かせる。

近年ではインタラクティヴ・ミュージックを取り入れたゲームで、環境音楽的なエッセンスを多分に感じ取ることができる。美麗なグラフィックと独特の世界観で主要ゲーム賞を総なめした海外ゲーム『風ノ旅ビト』(12)【16】は、管弦楽器のソロ奏者を立てたオーケストレーションとアンビエント・サウンドを自然に融合させ、幻想的なインタラクティヴ・ミュージックへと落とし込んだ1作。音楽を手がけたオースティン・ウィントリーは本作で一躍その名をとどろかせ、グラミー賞の映像音楽部門にゲームサントラとして初めてノミネートされる快挙となった。

日本においては、任天堂の『ゼルダの伝説 ブレス オブ ザ ワイルド』(17)【17】を挙げたい。「ゼルダの伝説」シリーズは、ゲーム音楽のインタラクティヴ性と向かい合ってきたタイトルのひとつだ。オープンワールドシステムをとった同作の楽曲は「環境音を補完するBGM」として意匠が凝らされている。琴、二胡、尺八、篠笛などの民俗楽器を使用し、プレイスタイルに応じて多彩なヴァリエーションを持たせ、新たな音楽的挑戦と雰囲気作りに挑んだ意欲作だ。ゲーム音楽と環境音楽の関わりは、これからより密なものとなっていく可能性を秘めている。

糸田 屯（いとだ・とん）
ライター／ゲーム音楽ディガー。執筆参加『ゲーム音楽ディスクガイド　Diggin' In The Discs』(ele-king books)、『新蒸気波要点ガイド　ヴェイパーウェイヴ・アーカイブス 2009-2019』(DU BOOKS)。「ミステリマガジン」(早川書房)にてコラム「ミステリ・ディスク道を往く」連載中。

12

13

GENTLE LOVE / Prescription for Sleep

14　　　15　　　16　　　17

森とニューエイジ

1978（SFP）

Ariel Kalma & Richard Tinti
Osmose

仏出身の音楽家、Ariel Kalma は、近年のニューエイジ再興でひと際
注目を集めたレジェンドのひとり。『Osmose』は彼の代表作として
挙げられることが多いが、もともとは自然録音家の Richard Tinti と
のコラボレーションから生まれた作品で、自然音だけを収録した
ディスクRと2枚1組であった。Tinti がマレーシア・ボルネオ島で
採録してきた虫や鳥が発する高周波ノイズパターンと電子音との
共通点に触発された Kalma は、ディスクAで自身の音楽との融合を
試みる。J.D. Emmanuel『Rain Forest Music』と並び立つ「森アンビエ
ント」のクラシック。 （藤）

1984（EMI）

Andrew Thomas Wilson
Carnarvon: Rain Forest

80年代半ば、日本では古来の自然観と最新のシンセ・サウンドを
結びつけた和テイストのニューエイジが流行したが、オーストラ
リアでも同様に先住民文化や自然回帰を志向する新たな潮流が生
まれていた。当時のシーンを体現する音楽家がこの Andrew Thomas
Wilson。本作は彼の2枚目のアルバムで、秘境カナーヴォン峡谷や
多雨林地帯がテーマとなっている。1曲目はシドニー発のニューエ
イジ専門ラジオ番組『アンビエンス』の編集盤にも収録。「心をリ
ラックスさせる環境音楽の決定版」という触れ込みで日本盤も流通
した。 （藤）

1984（Sona Gaia Productions）

Stephen Winfield
Forest Flower

ニューエイジ大国を代表する音楽レーベル〈Narada〉が設立当初か
ら運営していたサブレーベルのひとつ〈Sona Gaia Productions〉は、
モダン・クラシカルやフォークに部類されるような作品を特色と
していた。その看板アーティストであったマルチリード奏者の
Stephen Winfield の初期作は、自身が操るフルートとサックスに、
Daniel Moore による詩的なピアノを交えて、風薫る新緑の森をサウ
ンドスケッチする。目を閉じれば Virginia Astley『From Gardens...』の
舞台をアメリカの地に置き換えたような心安らぐ牧歌的風景が浮
かび上がる。 （藤）

1985（Varèse Sarabande）

Junior Homrich & Brian Gascoigne
The Emerald Forest

「南米アマゾン流域でダム建設に従事する男が先住民にさらわれた
息子を捜す」という実話に基づいて製作された、John Boorman 監督
による秘境アドベンチャー映画のサウンドトラック盤。作者は打
楽器奏者の Homrich と鍵盤奏者の Gascoigne。本編の舞台となった
アマゾン奥地のミスティックな空気に呼応するように、アフロ・
ブラジルなど民族音楽に根ざした土着的ビートを軸としながら、
あらゆる重力から解放された第4世界的音響を全編にわたって展開
する。イタリアの作曲家、Paolo Modugno にも通じる高次のハイブ
リッド・エスノ。 （藤）

Eric Tingstad, Nancy Rumbel, David Lanz
Woodlands

鬼才、Ralph Towner に影響を受け自身のフィンガースタイル・ギター
を追求してきた Tingstad と、Paul Winter Consort の一員であったリー
ド奏者の Rumbel、〈Narada〉きってのピアニストである Lanz という
3人の自然派音楽家によるコラボレーション。園芸家／造園技師の
顔を持つ Tingstad が全体の指揮をとり、「自然と音楽との相互の働
きかけ」を主題として、ジャズ、室内楽、トラッドを調和させた生
楽器主体のアンサンブルを奏でる。"Willow"、"Cypress"、"Deodora"
といった曲名はすべて、彼らが住むシアトルの周辺に生息する樹
木を示す。 （藤）

1987（Narada Lotus）

L.A. Wendt
Forest Song

クラシック・ギター、クラリネット、ブラス・アンサンブルなど、
ひとつの楽器に特化した編成で、自然環境を象った作品を発表し
てきたアメリカ出身の作曲家。『Forest Song』は、夏の森の奥深くで
おこなわれたフルートの独奏を記録したもの。柔らかで叙情的な
旋律が、葉擦れや木々のざわめき、小川のせせらぎ、雷鳴、鳥の声、
さらに複雑な微音で構成される森のサウンドスケープに同調し、
やがて自然の中に溶けて消えてゆく。同時期の作品『Mountain
Soliloquy』、『Embrace the Wind』とあわせて、翌年『The Quiet Times
Series』というタイトルでCD化された。 （藤）

1988（Realmusic）

Per Tjernberg
They Call Me

フリージャズ、サイケデリック・ロック、ミニマリズム、民族音
楽をごった煮にしたスウェディッシュ・ジャズ・ロックの伝説、
Archimedes Badkar の創設メンバーであった打楽器奏者。80年代は主
に Per Cussion 名義でオールドスクールなヒップホップ／ファンク
を志向していたが、ワールド・ミュージック全盛の追い風を受け
てか、初の実名義となる本作では再び深い森の中を彷徨うような
霊性音楽の境地に立ち返る。ジャケットに描かれた一筋の光は「地
球音楽」という捧げものを受け取りに来た造物主だろうか。北欧ク
ワイエット・ヒップの重要盤。 （藤）

1990（Rub-A-Dub Records）

Peter Bastian & Stig Møller
Forest Walk

デンマーク王立音楽院で教鞭をとるバスーン奏者にして、自然科
学者、哲学者であり、名著『音楽の霊性』の作者としても知られる
Bastian。ギタリストとしてロックシーンで頭角を現したあと、イン
ド古典音楽との出会いを機にヒーリングの道を進んだ Møller。各々
の遍歴を重ねてきた2人が、「音が持つ癒しの効果」を真摯に探求
した共作アルバム。各面に1曲ずつ、どちらも20分にわたりギター
の爪弾きとバスーンの透明なロングトーンが交わる。誇張された
イメージは微塵もなく、人間の心の温もりや廉潔さを感じさせる
「ニューエイジ音楽の良心」。 （藤）

1990（Fønix Musik）

1991（Nippon Crown）

Robert Rich
Rainforest

スペース・ミュージックの巨匠が、アメリカ太平洋岸北西部にある熱帯雨林への旅と、深刻な森林破壊の動勢に触発されて制作したアルバム。初期の長大な電子ドローンのスタイルは影を潜め、ここではガムランなど民族音楽の音階やポリリズムを取り入れたオーガニックなエスノ・サウンドを追求する。ニューエイジ専門ラジオ番組の先駆け『Hearts Of Space』によるリリースで、その後の人気を決定付ける出世作となった。収益の一部は森林保護を目的とした国際環境NGOのRainforest Action Networkに寄付。翌年のSteve Roachとの共作も傑作。　　　　　　　　　　　（藤）

1992（Sequoia Records）

David & Steve Gordon
Misty Forest Morning

巨大なものでは高さ100mを超すというセコイア杉が群生するカリフォルニア州セコイア国立公園。ゴードン兄弟はその雄大な自然美と静けさにテーマを定め、25年以上にわたり自然音を大々的に用いた音楽の制作に身を捧げてきた。本作は82年に発表した初期カセットを自主レーベルからCD再発したもの。森の夜明けのイメージを呼び起こす清々しい自然音に、ギター、フルート、シンセが重なるという作風こそ珍しくないが、メロディーや曲構成の起伏を抑えたきわめて繊細なプロダクションはイーノ以降の環境音楽の産物として稀有な輝きを放つ。　　　　　　　　（藤）

1993（セレネ美術館）

三留研介・若林剛太
セレネミュージアム・ムーンフォレスト

黒部峡谷の玄関口、宇奈月温泉郷に佇むセレネ美術館。平山郁夫や塩出英雄といった現代日本画壇を代表する7名の作家による絵画作品を展示した館内には、黒部の四季折々の情景を表現したシンセサイザー音楽が流れている。このCDは、実際にBGMとして使用されているセレネ美術館のオリジナル曲12篇を収録したもの。クラシックをもとにしたファンタジックな作風はかつてのゲーム音楽を思わせ、ブックレットに写る水辺の風景画を眺めながら静かに耳を傾けていると、モリーオやヨネザアドのような幻想世界としての黒部へと旅心を誘われる。　　　　　　　　　（藤）

1994（Lollipop Shop）

Atman
Personal Forest

ポーランド南部クラクフで結成された3人組フォーク・グループが93年に自主リリースしたカセット作品を、ドイツのレーベルがヴァイナル化したもの。メンバーはポリッシュ・ダルシマーやシタール、ツィターなど様々な民族楽器を扱うマルチ奏者揃いで、インド、ネパール、中央アジア、バルカン半島への旅を通じて吸収した諸国のフォークロアと、ジャズやミニマリズムを掛け合わせてトランシーな秘教的儀式音楽を生み出す。当時興った「ディープエコロジー運動」と密接な関係を持ち、森の中での楽器創作ワークショップもおこなっていた。　　　　　　　　　　　　（藤）

1994（Wergo）

Walter Tilgner
Waldesrauschen: Whispering Forest

〈Wergo〉の自然音シリーズより、ドイツの生物音響学者、Walter Tilgnerによる「森の囁き」。ドイツ、オーストリア、スイスの国境に位置するボーデン湖周辺に棲む様々な動物の鳴き声や、奥行きのあるサウンドスケープを、臨場感の高いバイノーラル録音で聴取体験できる。ヒーリング目的で聴かれることも多い「自然音モノ」ではあるが、本作における動物の声や仕草はときに注意や警戒を連想させ、近過ぎるハエや蚊の羽音はなんだか安らげない。受け身の癒しよりも、共存すべき自然の姿として謙虚に耳を傾けるべきなのかもしれない。 （藤）

1998（New Sounds Multimedia）

V.A.
New Age Music & New Sounds: Linfa Sampler

ニューエイジ人気が最盛期を迎えた90年代、イタリアとスペインではサンプラーCD付属の専門誌「New Age Music & New Sounds」が刊行されていた。このCDはスペイン版17巻に付属のもの。ライヒのミニマリズムを引用した曲や、イビサ系コンピに収録されていそうなダウンテンポ・チルアウト、やや古臭く聞こえるシンセサイザー・ミュージック、80年代のスムース・ジャズまで、当時のニューエイジというジャンルに含まれるスタイルの多様さを知ることができる。スムース・ジャズに心を開いた人には、CheckfieldとDanny Heinesの曲をレコメンドしたい。 （藤）

1999（The Big Tree Music）

Jeffrey Roden
The Floor Of The Forest

70年代からLAを拠点に活動するベース奏者の自主リリース作品。ヘミングウェイの小説『誰がために鐘は鳴る』に基づく自身の楽曲を、ドラム、エレクトロニクス、ヴォイスを加えたカルテット編成で録音。中音域と空白感に比重を置いた寡黙なサウンドは当時のシカゴ音響派〜スロウコアに近く、聴き手をゆっくりと覚醒させてゆく。この20枚の中ではかなり異色といえるが、現在Discogsでニューエイジに分類されていることもあわせてピックアップしたい。ニューエイジという分野は現時点においてもまだ曖昧で伸び代がある。 （藤）

2006（Starcia Record）

鍋島久美子
Ecdysis: Summer In The Forest

スピリチュアル系雑誌「StarPeople」の企画から生まれた、谷崎テトラ監修による音楽レーベル〈Starcia Record〉。「耳を開き、五感を研ぎすます」を掲げるこのレーベルが05年から07年の間に展開した「Starcia Landscape」の一連の作品は、益子の〈Starnet Muzik〉と共に新たな環境音楽の指標であった。シリーズ第2弾は、90年代からサウンドセラピーや合唱隊の指導にあたってきたピアニスト、鍋島久美子による初のソロ作。八ヶ岳の夜の静寂の中で羽化する蝉の姿を、人間の深い意識の目覚めに見立て、新しい世界への飛翔を即興演奏で表現する。 （藤）

2014（International Feel Recordings）

Len Leise
Music For Forests

Mark Barrott がパリで見つけた私家版カセット『Songs For Sunsets』に惚れ込み、アーティスト名とオーストラリア産という情報だけを手がかりに現地の友人、知人に頼んで作者を捜索。無事コンタクトをとることに成功し、EP のリリースが実現した。Len Leise を拠点とするメルボルンの国立森林公園ダンデノン・レンジズの豊かな自然に触発されたという本作は、テン年代半ばのバレアリック・ニューエイジのムードに符合するものであったが、本人はそれに媚びる素振りは見せずアフロ～ダブを吸収した骨太のエスノ・サウンドを追い求めてゆく。　　　　　　　　　　　　　　　　（藤）

2015（Earth.Rope.Pot.Plant）

David Edren
Music For Mimosa Pudica & Codariocalyx

天然素材を用いたクラフトを手がけるベルギーの作家ユニット、Earth.Rope.Pot.Plant のビジュアルブックに付属したサウンドトラック CD。作者は DSR Lines 名義でもおなじみの電子音楽家、David Edren。Roger Roger の「植物を魅了する音楽と秘密」、Mort Garson の「植物とそれらを愛でる人々のための優しい地球の音楽」といったへっぽこ電子音楽と植物の結びつきに着眼。自らオジギソウとコダリオカリクスの種を入手し、毎日世話をしながら電子音を聴かせて反応を観察した。これはその実践記録。翌年カセットで単独リリースされた。　　　　　　　　　　　　　　　　　　（藤）

2016（Inner Islands）

Softest
Six Wishes

韓国・ソウルを拠点とする Braden J McKenna によるプロジェクトの2作目。「雨の音楽」、「ギターと水の音楽」という具合に水のイメージを得意としている作家だが、本作においても雨が降り注ぐ緑色の風景をモチーフとしながら、シューゲイザーの影響も感じさせるローファイなギター・サウンドで聴き手を優しく包み込む。ビジュアルも美しい。Sean Conrad が運営する〈Inner Islands〉は現行作家にフォーカスしたレーベルで、人気カセット・ブログ兼レーベル〈Sounds Of The Dawn〉と共にテン年代のニューエイジ・カセットの波を先導してきた。　　　　　　　　　　　　　　（藤）

2018（Dora Records）

Dominika Jurczuk-Gondek
Calming Sounds of Forest:
New Age Relaxation Music Therapy

音楽配信サイトで「森 ヒーリング」と検索してみると、定番の〈Della〉をはじめ、自然音、α 波オルゴールなどのタイトルが無数に表示され、地下のニューエイジ人気とはまるで関係ないところで、数えきれないほどのヒーリング音楽が販売されていることを思い知らされる。本作は、今回の検索を通じて出会ったデジタル配信限定のアルバム。作者のクレジットはなかったが、ファイルタグでポーランド出身の女性作曲家によるものであることが分かった。自然音とピアノのシンプルな組み合わせが、聴き手を穏やかな気持ちにさせてくれる好作だ。　　　　　　　　（藤）

アニメ・サントラ／イメージ・アルバム

1982（Columbia）

伊藤詳
日出処の天子

山岸凉子によって「LaLa」で連載された歴史漫画『日出処の天子』の
イメージ・アルバム。Far East Family Band にも参加した日本のシン
セサイザー・ミュージックの第一人者、伊藤詳が音楽を担当して
いるが、山岸自身、著作のレコード化にあたって第一にイメージ
したのがシンセサイザーであったという。本作には、豊田貴志、
篠原信彦、石川恵樹が参加。Tangerine Dream や Manuel Göttsching と
いった独電子音楽由来のレトロ・フューチャーな宇宙旅へと日本
の風土が内包するフォークロアが妙絶なバランス感で溶け合った
国産ニューエイジの結晶的1枚。　　　　　　　　　　　　（門）

1982（Columbia）

神谷重徳
ファラオの墓

小学館「少女コミック」で74年から76年に連載された竹宮恵子の原
作漫画で、古代エジプトを舞台とした架空戦記『ファラオの墓』の
イメージ・アルバム。アニメやコミック、特撮などの映像作品の
イメージをシンセサイザーによって表現する日本コロムビアの
「DIGITAL TRIP」シリーズ。コンピューター・ミュージックの草分
け的存在であるシンセ奏者、神谷重徳が音楽を担当。舞台設定同様、
東洋的な旋律に主眼が置かれているが、オーケストラ演奏をシン
セでシュミレートした管楽器やフルートの響きなど、西洋的なロ
マンティシズムも見事に同居させている。　　　　　　　　（門）

1983（Columbia）

東海林修
六神合体ゴッドマーズ
シンセサイザー・ファンタジー

名シリーズ「シンセサイザー・ファンタジー」企画によって、ロボット・
アニメ『六神合体ゴッドマーズ』のオリジナル・サウンドトラックを
シンセサイザー・アレンジしたもので、若草恵らが手がけた音楽を東
海林修が再創造。ジャーマン・エレクトロニクスが内包する宇宙的な
スケール感を土台に、初期テクノも通過しながら、さらに磨き上げた
サウンドへと昇華。エスノ・アンビエントA1 "宇宙の王者！ゴッドマー
ズ"、低域のフルートが豊かに広がるB1 "人工ステーションケレス"、
クロスオーバー風に仕立て上げられたB3 "道への彷徨" など粒揃い。
　　　　　　　　　　　　　　　　　　　　　　　　　　　（門）

1984（Starchild）

伊豆一彦
童夢

世界的な名画となった『AKIRA』の原点ともいえる大友克洋の漫画
『童夢』の唯一の音楽作品。83年に双葉社から単行本が刊行された
折には小説以外では初となる第4回日本SF大賞を受賞している。
本作は、大友のファンであった作曲家、伊豆一彦によって制作さ
れたイメージ・アルバム。チャカポコとトイプルに、そしてアヴァ
ンに展開するチェンバー／ニューエイジ・サウンドは聴き応え抜
群。Deep Purple に凝っていたという大友に応じ、ハード・ロック
調の曲まで収録されたオリジナル盤LPは高価だったが19年には待
望の初CD再発がなされたばかり。　　　　　　　　　　　（門）

1984（Columbia）

笹路正徳
クリスタル☆ドラゴン

名作『案山子』でもおなじみのサックス奏者、清水靖晃も在籍したプログレ／ニューウェイヴ・バンド、Mariah の中心人物で、プロデューサー／作曲家／アレンジャー／キーボーディストの笹路正徳による、あしべゆう作のいまだに連載が続く少女漫画『クリスタル☆ドラゴン』のイメージ・アルバム第1弾。うち数曲では村田有美がコーラスで参加。アニメ・レコード文脈の独自進化のプログレ／ファンタジー感が前面に出ており、シンフォニックなジャパグレを底流に、サントラ風味な美麗ニューエイジ・アンビエントを展開した傑作。　　　　　　　　　　　　　（門）

1984（Columbia）

タイクーン
百億の昼と千億の夜

光瀬龍のSF小説『百億の昼と千億の夜』のイメージ・アルバム。鷲巣詩郎が編曲、宮浦清を中心としたフュージョン・バンド、タイクーンが演奏を担当。妖しげに黒光りするシンセやトライバルな打楽器隊にリードされながら、壮麗なモダン・クラシカル・ニューエイジを繰り広げるA面前半〜中盤の流れが大変秀逸。B面前半ではアヴァンなポップ・テイストを発揮。ラスト2曲では久石譲インスパイアな霊性アンビエントでフィニッシュを決める。原作は60年代の小説ながら、10年には萩尾望都の表紙画によるトールサイズ版も刊行された。　　　　　　　　（門）

1984（Columbia）

久石譲
シンデレラ迷宮

『海がきこえる』原作者の氷室冴子による83年の小説『シンデレラ迷宮』の久石譲作曲のイメージ・アルバム。初期の久石らしい作風で、実験的なシンセ・ポップ・チューンが随所に散りばめられている。ニューエイジ系の楽曲では、『風の谷のナウシカ』サントラや、名作『吉祥天女』で披露したような高強度のエスノ・ニューエイジ・サウンドがじっくり楽しめる。ジャケからして病んだ雰囲気は伝わっていたが、「暗いままで終わらなかったのが救いじゃないか」と本人が自負している通り、ラスト曲"シンデレラ迷宮［クロージング］"は秀逸だった。　　　　　　　　　　（門）

1984（Animage）

久石譲
吉祥天女

国立音楽大学在学中よりコンサートの楽曲提供やプロデュースを開始、20歳の頃にはミニマル・ミュージックに傾倒して現代音楽家としても活動。Terry Riley や Steve Reich、Phillip Glass、武満徹などの楽曲分析もおこなう。本作は、当時人気であった猟奇ミステリアス・ロマン／学園物漫画の『吉祥天女』のイメージ・アルバムとして組曲仕立てに制作。飛び跳ねるパーカッションとチープで愛らしいシンセ、そして軽やかさの中に少しばかり不穏な音も織り交ぜた。彼の実験性とポップセンスが惜しみなく放出された風雅な仕上がり。18年にジャケを新装して公式再発。　（門）

アニメ・サウンドラ／イメージ・アルバム

1984（Kitty Records）

星勝
うる星やつら2 ビューティフル・ドリーマー
オリジナル・サウンドトラック

高橋留美子原作『うる星やつら』の劇場版オリジナル長編アニメーションの第2作『うる星やつら2 ビューティフル・ドリーマー』のOST。押井守による監督／脚本でも有名な作品で、音楽はモップスで知られる星勝が担当。可憐なアンビエントを聴かせるA2"メイン・テーマ・モチーフ（やすらぎ）"、バレアリック・リゾート・ポップなA3"ラメ色ドリーム"といったみずみずしい楽曲の並ぶA面、シンフォニックに彩るニューエイジ・クラシカルB1"メインテーマ"から優美なアンビエントが続き、松谷裕子歌唱のB6"愛はブーメラン"で凄艶にキメるB面も秀逸。　　　　　　　　　　（門）

1985（Canyon）

小笠原寛
夢の碑

「プチフラワー」（小学館）で連載された木原敏江による日本の漫画作品『夢の碑』（ゆめのいしぶみ）のイメージ・アルバム。深町純、鳥山雄司、ペッカー、小笠原寛といった豪華演奏者によるバンド、僞亜による演奏。マニア好みな面々が先鋭的作家性を存分に発揮。80年代のアニメ・ニューエイジの中でも卓越したセンスが光る傑作。メルヘンで風雅なシンセを主体にレフトフィールドな色調のフュージョン／アンビエントを披露してやまない。少女漫画レコード関連にはやたら実験的な作品が多いがこれはその隠れた金字塔の一角。　　　　　　　　　　　　　　　　　　　　　（門）

1985（Victor）

奥慶一 / 秋元薫
るーみっくわーるど Part 1: 炎トリッパー音楽篇

高橋留美子原作の短編漫画『炎トリッパー』のOVAのサウンドトラック。奥慶一や吉田美奈子、秋元薫といった豪華メンバーが作詞・作編曲を手がけている。大学時代、スペクトラムのファンだった（当時、LPを全部買ったらしい）高橋留美子にとっては願ったり叶ったりだったようだ。美麗シンセが彩るA面は、シンフォニックで優美なシンセ・クラシカル"パラドックス"で圧巻の幕開け、B面は、ミステリアスなニューエイジ歌謡"予感"が秀逸だが、ハッピーエンドを告げるような（？）サックスが美しく絡む"エンディング・テーマ"でのフィニッシュもカンペキ。　　　　　　　（門）

1985（Animage）

菅野由弘
天使のたまご 音楽編「水に棲む」

『攻殻機動隊』や『イノセンス』でも知られる巨匠、押井守が若い頃に制作したカルトOVAとして知られるオリジナル・ビデオ・アニメーション『天使のたまご』のサウンドトラック。本作は〈Animage〉から85年にヴァイナル・リリースされた。音楽は現代音楽作曲家の菅野由弘が担当し、熊谷弘指揮のもと、東京コンサーツが演奏している。声楽隊やピアノ、ストリングスなどを大規模に用いた前衛的作品。現代音楽作品ながら、大胆に取り入れた幻想性やロマンティシズム、宗教的な要素といったものが、この作品をより特別たるものとしている。　　　　　　　　　　　　（門）

1986（Victor）

ウインダリア・オーケストラ
ウインダリア音楽編

ポケモンアニメの監督としても知られる湯山邦彦監督の86年アニメ映画『ウインダリア』のOST。大貫妙子やかの香織、SMAPへの楽曲提供も手がける門倉聡が音楽を担当しており、シンフォニックなモダン・クラシカル／ニューエイジの隠れ名盤となっている。まずは、未知なる空想世界へと聴き手をいざなう、艶美なストリングスに呑まれるところから。新居昭乃歌唱の楽曲も群を抜いて素晴らしく、主人公のイズー役を演じた古谷徹も号泣したというメルヘンチック歌謡A4"約束"、涙なしには聴けないエスノ・アンビエント歌謡B7"美しい星"といった名曲が揃い踏み。　　　　（門）

1986（Colombia / Animex）

獣木野生
パーム あるはずのない海

獣木野生（伸たまき）原作の10話編成のオムニバス・シリーズで、大長編でありながら環状に繋がるストーリーで知られる『PALM』の第3話（85）のイメージ・アルバム。人種の異なる3人の主役を中心に、20世紀全体を描く大河ドラマとなっている。ソフト・ジャズ／フュージョン／アンビエントを軸としたアルバムで、山中紀昌が作曲、米倉良広が作編曲を手がける。POPLARの歌うバラード曲"One Day"や、過去編『ナッシングハート』を土台にオルゴールで織り上げた"Nothing Hurt"、木管で描く枯淡派ミニマル"Heart Beats"など珠玉の名曲が並ぶ。　　　　（門）

1986（Victor）

V.A.
アクマくん魔法 Sweet

『魔法使いは知っている』で白泉社の第6回アテナ大賞第2席を受賞している日渡早紀の「アクマくん」シリーズのイメージ・アルバムで、門倉聡、上野耕路、溝口肇、矢口博康と、当時の日本のシーンを代表するメンツが集結。WooやRimarinbaにも通じる、メルヘンなシンセ・アンビエンスや愛らしいピアノなどを存分に織り交ぜ、「摩訶不思議」という形容がドンピシャな世界観へと収束。淡い色調のアヴァン・ポップ・サウンドを中心に構築美あふれる1枚なのだが、B5"夢見る翼"の正統派な美しさ／愛らしさで締めるラストの展開も素晴らしい。　　　　（門）

1987（Victor）

門倉聡
2001 夜物語

「月刊スーパーアクション」で連載されていた星野之宣原作のSF漫画『2001夜物語』のOST。音楽は作曲家／鍵盤奏者の門倉聡が担当。高田みどりや溝口肇といった国産アンビエント文脈の演奏者も参加。緊張感に手に汗握るシンフォニックなA2"遥かなる地球の歌"、コズミック・フュージョンA3"スペース・シップ"、エスニックなストリングスとピアノから哀愁漂うB1"宇宙の孤児"、心地よく響く金物とシンセがノスタルジックな景色を弾き出すB6"オズマⅢ号宇宙船"など名曲揃いの傑作。　　　　（門）

1987（School）

坂本龍一 / 上野耕路 / 野見祐二 / 窪田晴男
オネアミスの翼 ～王立宇宙軍～
オリジナル・サウンド・トラック

87年に劇場公開されたGAINAX制作のSFアニメ映画『オネアミスの翼』のOST。幾度も重版がなされ、LP盤は海外から数多くWANTされるなど、人気の高い1枚。サウンド・プロデュースを坂本龍一が手がけ、コンポーザー／アレンジャーには、元ゲルニカの上野耕路、おしゃれテレビの野見祐二、パール兄弟の窪田晴男が起用された。モダン・クラシカル／ニューエイジな作風に、ガムランなどの民族楽器も織り交ぜ、エスニックな世界観へと収束させた1枚。CDジャーナルは『未来派野郎・SF編』といったするどい仕上りだ」と評した。　（門）

1987（スタジオ・グライフ）

松田紘佳
黒の炎

大正屋出版から発表されていた松田紘佳作のファンタジー漫画『黒の炎』のイメージ・アルバム。検索してもほとんど情報はヒットせず、かなりマイナーな漫画のようだ。タイトルは「くろのほむら」と読む。比較的入手が容易なCD版と入手困難なLP版が存在しており、それぞれアートワークのデザインが異なっている。本作は、作者自身による演奏（独演？）となっている。全体的にファンタジー色あふれるシンセ・サウンドで道案内される大変アドベンチャラスなニューエイジ作品となっている。ほどよくスピリチュアルな世界観は大変没入度高し。　（門）

1988（Kitty Records）

安西史孝
イティハーサ

漫画家／小説家の水樹和佳（子）による代表作であり、星雲賞受賞のSF大河ロマン『イティハーサ』のイメージ・アルバムであり、第1巻から3巻までの「あるシーン」をピックアップした音作りとなっている。音楽を担当したのは井上陽水や玉木宏樹の作品や、『うる星やつら』のOSTにもかかわる作編曲家の安西史孝であり、水樹作品とは『樹魔・伝説』以来のコラボレーションとなった。シンセを主導に、タブラ等の民族楽器のエスニックな響きや女性ヴォーカルのチャントなどを織り交ぜながら、東洋のスピリチュアリズムを大胆に描き出したニューエイジ・クラシカル傑作。　（門）

1988（Victor）

国本佳宏
プレーンブルー時間列車

ビクターの少女漫画イメージ・アルバム・シリーズ「ファンタスティック・ワールド」の17弾として発表された星野架名原作の『プレーンブルー時間列車』。上野耕路、国本佳宏が参加、プロデュース。LPはピクチャー盤仕様で所有感も抜群。A面では今にも溶け入りそうなほどにトロ甘なニューエイジ・ポップ・サウンドが広がり、少しばかり鈍色ながらもスムースで涼しげな雰囲気。B面では、参加陣の作家性を感じさせる尖鋭的なシンセ・ポップも挟みながら、終局ではノスタルジックなニューエイジ歌謡で優雅にチルアウト。　（門）

1988（Victor）

中望 / 国本佳宏
魔天道ソナタ 天城小百合

「月刊プリンセス」（秋田書店）にて、86年6月号から93年10月号まで連載された天城小百合のファンタジー漫画で、少年愛を題材にした作品である『魔天道ソナタ』のイメージ・アルバム。音楽は、中望と国本佳宏が担当。ギターやシンセ、ストリングスなどで織り上げるエスノ・アンビエント／インスト作品。針を下ろせば、瞬く間にベッドルームが雪化粧の白銀世界へと塗り変わる。1曲だけ収められた歌モノ楽曲も聴きどころで、シンガーソングライターの木村真紀が歌声を披露したニューエイジ歌謡“月の涙”で締めるラストも秀逸。　　　　　　　　　　　　　　　　　（門）

1989（Continental）

吉川洋一郎
アリーズ

冬木るりか作のファンタジー漫画『アリーズ』のイメージ・アルバム。ヤプーズにも参加していた日本の作曲家／編曲家、吉川洋一郎がサウンド・プロデュースを担当。また、歌手として、声優の川村万梨阿、石原慎一が参加、作者自身も作詞を手がけた。歌謡曲風味の歌モノも織り交ぜながら、エスノ／アンビエントな色香を存分に放った傑作曲A4“アリーズ”、A5“二人の神話”が美しいA面、雄大なシンセ・クラシカルB1“オリンポス”、泣きのサックスの炸裂したエスニック・バラードB3“海浜物語”が艶麗なB面ともに秀逸な傑作アルバム。　　　　　　　　　　　　　　　　（門）

1992（Polydor）

百石元
ねこひきのオルオラネ
オリジナルサウンドトラック盤

ジャケからはあまりイメージが湧かないかもしれないが、これも隠れたアニメ・ニューエイジの傑作。本作は『陰陽師』シリーズなどで知られる小説家／エッセイストの夢枕獏原作のOVA『ねこひきのオルオラネ』のOST。アニメ版は声優キャストも豪華で林原めぐみや銀河万丈が出演していた（今の若い人は知っているのだろうか）。『ひとつぶの海』や『夏の猫』といった金字塔を連発していた頃の日向敏文がもしもクリスマスへと捧げたサウンドトラックを作っていたとしたら、このように可憐な響きのシンセ・アンビエントを聴けたのかも？　（門）

1997（Columbia）

千住明
アタゴオル・クリスマス

『銀河鉄道の夜』で知られるますむらひろしの漫画『アタゴオル』の世界観を名匠、千住明の音楽で見事に描ききった97年のイメージ・アルバム。篠崎正嗣や美野春樹ら豪華陣容がサポート。ファンシーなサウンドで織り成すイージー・リスニング・テイストな1枚。全体的にダウンテンポながらもイキイキとした躍動感に満ちている。ラストの“～アタゴオルは猫の森～「月を抱きしめよう」”では千住明プロデュースのもと、作者のますむらひろしが朗らかな歌唱を披露。この人、実は79年にキングレコードから『風の気分』というLPも出している。　　　　　　　　　　　　　　　　（門）

ニューエイジ用語事典

ばるぼら

アール・ヴィヴァン　Art Vivant

1975年9月5日、西武百貨店池袋店12階に西武美術館と一緒に開店した、美術洋書と現代音楽の専門店。音楽担当の芦川聡は美術家ブライアン・イーノ、エリック・サティ、ジョン・ケージに影響を受け、82年に独立し〈サウンド・プロセス・デザイン〉を設立。同社は吉村弘、柴野さつきなどの作品をリリースしている。

アイ・アム・ザ・センター　I Am the Center

2013年に〈Light in the Attic〉からリリースされた、主にアメリカの自主制作レーベルから出たニューエイジ・ミュージックのコンピレーション盤。ニューエイジ再評価を決定づけた最重要作。16年にはヨーロッパ系のミュージシャンを収録した続編『The Microcosm』が出ているが、そちらはニューエイジと形容するなら収録を許可しないと一部ミュージシャンから言われたため、ニューエイジという単語を使っていない。それほど「ニューエイジ」は非ニューエイジ・ミュージシャンには嫌われてる言葉だという実例。
→アンソニー・ピアソン
→ダグラス・マクゴアン

エイジ・オブ・アクエリアス　Age of Aquarius

水瓶座の時代。神秘主義者のアリス・ベイリーの影響により発展した思想で、2100年続いた魚座の時代が1970年に終わり、これからは水瓶座の時代である、とする時代認識。この思想を持つ人々をアクエリアンという。水瓶座の時代は自由で芸術性に富んだ感性の時代とされる。ニューエイジ(=新しい時代)とは水瓶座の時代の到来を指す。

アカシックレコード　Akashic Records

ルドルフ・シュタイナーが提唱した、宇宙に満ちているアストラルライト(宇宙にある超自然エネルギー)に宇宙全体の過去現在未来すべてが記録されているという概念。音盤とは関係ない。

アセンション　Ascension

地球と全生物が次元上昇すること。霊的な進化を遂げること。フォトンベルト、たんにシフトとも。2012年にマヤ暦のサイクルが終わることでアセンションが起きると騒がれていたが、特筆すべきことは起きなかった。

アルタード・ステイツ　Altered States

変性意識の状態。催眠、薬物陶酔、夢、瞑想など通常意識とは異なった意識の状態。

アルファ波　Alpha Wave

脳の電気信号の成分。リラックスしているときの脳はアルファ波が多く発生しているとされ、ヒーリング・ミュージックの中にはアルファ波を人為的に発生させると謳うものが少なくない。ニューエイジに「科学的」なお墨付きを与えたい際に用いられやすい。
→1/fゆらぎ

アロマテラピー　Aromathérapie

植物から抽出された芳香成分を多く含む精油(エッセンシャルオイル)を用いた療法。フランスのルネ＝モーリス・ガットフォセが1928年に出版した同名書物に由来。

アンソニー・ピアソン　Anthony Pearson

DJ／レコードディーラー／アーティスト。通称AP。1990年代後半に有名になったレコードディーラーで、「レア盤の最後のフロンティア」としてニューエイジの自主制作音源の発掘をおこなっていた、ニューエイジ再評価の影の仕掛け人。『I Am the Center』をダグラス・マクゴアンと共同企画した。
→プライベート・イシュー・ニュー・エイジ

イメージアルバム　Image Album

サウンドトラックではなく、絵や言葉など作品の一部から想像を働かせて作り上げた音楽集。「架空のサウンドトラック」とコンセプトは類似。元祖は1978年に萩尾望都がイラストを提供した『宇宙叙事詩 星の光と伝説』や『竹宮恵子ファンタジー・ワールド　ガラスの迷路』だと思われるが、ムーンライダーズの面々が手がけた大島弓子の漫画『綿の国星』の80年イメージアルバム(のち劇場映画化されそちらの音楽も手がけた)のヒットの影響が大きい。

イルカ　Dolphin

異種間コミュニケーションの相手として最もポピュラーな生物。1960年代からジョン・C・リリー博士が研究を始めた。コンピュータの登場で動物の音声帯域を人間の可聴帯域に変換可能になり、動物の言語能力の研究や彼らとの対話の可能性が切り拓かれ、人間中心主義を改めようとする動きの中心になった。日本では94年4月の第4回国際イルカ・クジラ会議の日本開催をピークに盛り上がった。

インド　India

西欧哲学からの脱却を求めた人々が辿り着く東洋哲学の超大国。ヒッピーの自由な精神との相性がよく聖地化した。1965年にビートルズのジョージ・ハリスンが映画『Help!』撮影中に手にしたシタールに興味を持ち、アルバムに取り入れたことをきっかけに、68年に全員でインドへ旅したことの世間に与えた影響は大きい。

ウィンダム・ヒル　Windham Hill

1976年、ギタリストのウィリアム・アッカーマンと妻のアン・ロビンソンにより設立された音楽レーベル。ジョージ・ウィンストン『オータム』の大ヒットによりニューエイジ・ブームを巻き起こした。日本では83年11月に〈アルファレコード〉からリリースが開始、翌84年に主要ミュージシャンが PR で来日し自動車の CM 曲に採用されたのが最初のブームで、87年2月2日放送のフジテレビ系ドラマ『殺意の重奏』で〈Autumn〉が使われたのが2回目のブームである。

宇宙移民　Space Migration

1974年にジェラルド・K・オニールが発表した「スペース・コロニー」構想に NASA が着目し、研究推進した計画。地球と月の重力が均衡する地点「ラグランジュ点」にスペース・コロニーを建設すれば、人口問題、食糧問題、環境問題をすべて解決できるとするもの。75年に同計画を支援する団体「L5協会」が設立され、同協会にはティモシー・リアリーやスチュアート・ブランドもいた。

エコロジー　Ecology

生態学。ドイツの生物学者、エルンスト・ヘッケルによる造語で、Oikos（家）と Logos（学）を結びつけたもの。自然を守る運動、自然と共存する運動、自然になる運動（ディープ・エコロジー）の総称。

1/fゆらぎ　1/f Fluctuations

周波数 f に反比例するパワースペクトルを持つゆらぎ。物理学者の武者利光の研究によれば、自然界にある 1/f ゆらぎ音を聴くと脳からアルファ波が出るとされている。1988年に 1/f ゆらぎを採用した扇風機が発売されるなどブームになった。小久保隆は 1/f ゆらぎを取り入れた館内音楽『風のオアシス』を92年に発表している。

MP3ブログ　MP3 Blog

音源を紹介し、その音源（MP3ファイル）をアップロードしてリンクを張るサイトの総称。2001年7月31日開設の「Buzzgrinder」がおそらく最古で、02年の「Stereogum」「Fluxblog」などが続き、03〜05年頃に一大ムーブメントとなった。当初は数曲だったが徐々にアルバムをまとめて ZIP 圧縮したファイルになっていった。違法アップロードではあるものの、レコード屋の試聴と同等の宣伝効果を認識したバンドやレコード会社は、黙認したり積極的にファイルを渡すこともあった。「Crystal Vibrations」「Sounds Of The Dawn」などの MP3 ブログがニューエイジ再評価に果たした役割は小さくない。

オーガニック・ミュージック　Organic Music

2008年10月12日開店、Chee Shimizu 運営のオンラインショップ。19年5月31日には東京に実店舗「Physical Store」もオープンした。

オブスキュア　Obscure

無名の、知られざる、曖昧模糊とした。レア盤とほぼ同義だが、それまで知名度がなかった作品／アーティストを取り上げた際に近年使われる用語。2004年『Unclassics: Obscure Electronic Funk & Disco 1978-1985』が初期の例。

オブスキュア・サウンド　Obscure Sound

レコードショップ「Organic Music」「Physical Store」の運営者でもある DJ の Chee Shimizu が2013年に発売したディスクガイド。サブタイトルは「桃源郷的音盤640選」。ニューエイジや環境音楽の再評価を最も早く書籍化した。先進的過ぎたため重版されず世間が求める頃には高騰化し、20年2月に改訂版発売となった。

オルゴール　Music Box

特徴的な音色を持つ自動演奏楽器。音色にリラックス効果があるとされるニューエイジの定番楽器のひとつ。オルゴールを使ったカバー演奏は1980年代後半以降増加しており、テイチクの菅野由弘編曲による「華麗なるオルゴール」シリーズは本物を使っているが、通常はサンプリング以降に一般化したデジタル音源によるものである。元祖は神山純一とする説もあるが、変名が多いため未確認。

ガイア　Gaia

地球生命圏。全生物と環境の複合体が地球という生命圏を維持している、あるいは地球自身が自己維持機能を持ったひとつの生命体だとする仮説、原理、理論。イギリスの科学者、ジェームズ・ラ

ヴロックが1960年代に提唱。かつてのバックミンスター・フラーの「宇宙船地球号」という機械観からの脱却でもあった。この仮説への批判に応える形で83年にはデイジーワールド（二種類の生物が存在するだけで恒常性が維持されることを示す仮想世界モデル）が提唱された。
→グローバル・ブレイン

鏡の向こう側　Through The Looking Glass

スタジオ200で開催された現代音楽レクチャーシリーズ。芦川聡、高田みどり、松平頼暁らが企画。ムクワジュ・アンサンブル、ジョージ・サカキーニらが演奏。1981年9月7〜9日の第1回は「Minimal Music」、83年6月27〜29日の第2回は「環境──人と音楽」がテーマ。84年7月27〜29日におこなわれた芦川の一周忌イベント「芦川聡・追悼コンサート　STILL WAY」で完結。なお、83年6月21日に高田は同名アルバムを発表している。

カリフォルニア・ムーブメント　California Movement

1960年代のカリフォルニアを発祥とするニューエイジ運動のこと。西欧近代を批判し、地球規模の新時代の到来を説く潮流のこと。

気　Ki

活力の源泉、宇宙エネルギー。気を操る人を気功師と呼ぶ。硬気功（武術気功）と軟気功（医療気功）に分けられ、軟気功はさらに外気功（気功師の手から発する気）と内気功（自分の体内の気を高める気功法。太極拳や体操など）に分けられる。日本のレイキ、インドのプラーナ、英語のバイオ・エネルギーとほぼ同じ。人気漫画『ドラゴンボール』のかめはめ波や『幽遊白書』の霊丸といったエネルギー体は外気功のポピュラー化といえる。

環境音楽　Kankyo Ongaku

集中して聴くことを目的としていない音楽。1930年前後に工場の生産性を高める目的で流された音楽「background music」、特定の建造物や場所で流されることを目的に作られた音楽「environmental music」、70年代後半のブライアン・イーノを発端とする「ambient music」などがあり、それらの和訳として「環境音楽」という言葉が一括して採用されてしまったため、複数の意味が混在しており、さらにマリー・シェーファーのサウンドスケープの観点も追加されたことが、日本独自の環境音楽感覚につながっていると思われる。現代のニューエイジ再評価は主にアンビエント観点である。

クラウトロック　Krautrock

1960年代後半〜70年代にかけて登場した現代音楽の影響を受けたドイツのロックの総称。ジュリアン・コープの著書『Krautrocksampler』で広まった。別名、ジャーマン・ロック、ジャーマン・エクスペリメンタル、ベルリンスクール。ニューエイジ・ミュージックの源流。

クリスタル・ヴァイブレーションズ　Crystal Vibrations

2007年10月30日開設、ミュージシャンでもあるグレッグ・デイヴィス運営のMP3ブログ。ウェブ上でいち早くニューエイジ音源の紹介と再評価をおこなっていた。12年更新停止。「Sounds of the Dawn」（12年12月10日開設）と並び称される。

グルジェフ・ワーク　The Gurdjieff Work

人間は眠っている（低次元にいる）という認識を持つG・I・グルジェフが提唱した修行。ファキールの道、修道僧の道、ヨーギの道に続く「第4の道」によって高次元の意識状態へ辿り着こうとする。

グローバル・ブレイン　The Global Brain

惑星は脳であり、人類は広大な神経系であり、各個人が神経細胞に相当し、やがて地球が惑星意識形成に達するだろうという見解。1982年にイギリスの科学者、ピーター・ラッセルが提唱したガイア仮説の意識論。立花隆は97年に『インターネットはグローバル・ブレイン』という著書を出した。

クワイエット　Quiet

静けさ。六本木WAVEの1階に存在したニューエイジ・ミュージックのコーナーの名称。バイヤーのサカシタルイ（坂下類）はニューエイジ専門誌「FiLA」のCD紹介コーナーも担当しており、売り場と連動していた。HMVが発行していたフリーペーパー「Quiet Corner」とは無関係。

コズミック　Cosmic

1970年代末、イタリアのディスコでダニエル・バルデリやペペ・ロダらが生んだDJスタイル。45回転のアナログを33回転で流したり、効果音を被せたりと、ジャンルや原曲のままであることにこだわらない自由奔放なプレイをおこなった。DJハーヴィの01年のミックスCD『Sarcastic Study Masters Volume 2』で再発見された。回転数を遅くかけるビートダウン文化は、ベルギーのポップコーン（別名スロースイング）。69年から80年代に見られる、50〜60年代のオールディーズやソウ

ルの回転数を遅くかけるスタイル）やニュービート（80年代後半に見られる、EBMやアシッドハウスの回転数を遅くかけるスタイル）とも類似。

シャーマニズム　Shamanism

シャーマン（媒介者）がトランス状態に入って自然／超自然との接触や交流をおこない、予言や治療をおこなう呪術的宗教。宗教学者ミルチャ・エリアーデらの研究や、人類学者カルロス・カスタネダのフィールドワークによって見直しが起きたこと、および西欧文化に行き詰まりを感じていた1960年代対抗文化の若者による発見があったことで、シャーマンの儀式が意識変容のテクニックとして再評価された。

シルクロード　Silk Road

NHKで1980年から放送されているドキュメンタリー番組。シルクロードというのは中国を中心にユーラシア大陸を通る東西の交易路のこと。喜多郎が担当した本番組のテーマ曲は80年代ニューエイジの象徴的作品である。

シンギュラリティ　Singularity

技術的特異点。加速度的に進化した人工知能が人間を超える転換点のこと。2045年に起こると予測されている。神秘主義者が待望する「パラダイムシフト」と類似性がある。

シンセサイザー　Synthesizer

様々な音色を作成できる電子楽器。ニューエイジ・ミュージックに使われる主力楽器で、80年代は特にヤマハDX7、ローランドD50、コルグM1が多用された。主張しない柔らかな持続音＝パッドは、音が鳴る場所と自分の居場所の距離を曖昧にする点で「ここではないどこか」の演出に強く貢献した。

スーフィーオーダー　Sufi Order

1914年頃、インド人スーフィーのハズラット・イナヤット・カーンが提唱し欧米で展開された宗教的エッセンス。直観に従うイスラム教神秘主義＝スーフィズムだけでなく、ヒンドゥーやゾロアスターも取り入れている。自然との一体化や、呼吸と五大要素（地・水・火・風・霊気）を組み合わせた瞑想などをおこなう。

スピリチュアル　Spiritual

1. スピリチュアルズ。黒人霊歌。黒人による白人の宗教音楽の変奏。ゴスペルより歴史が古い。

2. 霊性、精神性。転じて、目に見えない存在や、まだ解明されていない出来事を肯定し、それらを活かして人生をよりよく生きようとする精神。

スマイル　S・M・I²・L・E

ティモシー・リアリーが『神経政治学』で提唱した人類の次の進化のキーワード。「宇宙移民（Space Migration）」「知能増大（Intelligence Increase）」「生命拡張（Life Extension）」の頭文字。

セント・ギガ　St.Giga

世界初の衛星放送によるデジタルラジオ放送局。1990年11月試験放送、翌年3月本放送開始。太陽、月、海の自然のリズムに従った「タイド・テーブル」を採用し、赤道上空36000kmの「ゆり3号a」から地球に24時間音楽を送るコンセプチュアルなラジオだった。流れる音楽は自然音やニューエイジ全般。赤字が続き、数年後には普通のラジオ番組になった。

ソマティクス　Somatics

身心学。自分の身体の内側から感じる働きを手がかりに探求するアプローチのこと。

第4世界　Fourth World

ブライアン・イーノとのコラボレーションで知られるトランペッター／作曲家のジョン・ハッセルが提唱した「伝統とテクノロジーの融合」を意味するコンセプト。古くて深い伝統的な価値と、新しく前へ推し進める革命的な力の結びつき。もともと「第1世界＝西側資本主義の国々」と「第2世界＝東側共産主義の国々」という冷戦時の東西陣営を意味する区分けから漏れた「第3世界＝アジア／アフリカ／ラテンアメリカ地域の発展途上国」という言葉があり、第4世界は第1と第3の結びつきといえる。細野晴臣は「フォース・ワールド」イコール「エキゾティシズム」と発言していた。

ダグラス・マクゴアン　Douglas McGowan

音楽プロデューサー、A&R。2008年より自身のレーベル〈Yoga Records〉を主宰、15年からはヌメログループのA&Rを務める。『I Am the Center』や『Kankyo Ongaku』といった重要コンピのプロデューサーであり、現代ニューエイジの最重要人物。

タオ自然学　The Tao of Physics

1975年に発表されたフリッショフ・カプラの著書。カプラは本書で現代物理学と東洋思想の相似性を

指摘しニューサイエンスの旗手となった。

チベット死者の書　The Tibetan Book of the Dead

チベット密教の経典。バルド・ソドルともいう。死後49日間の魂の旅について書かれている。

チャネリング　Channeling

自分以外の存在とつながること。つながる人をチャネラーと呼ぶ。霊や神とつながるシャーマンも広い意味ではチャネラーの一種だが、ニューエイジにおけるチャネリングとは宇宙意識とつながることである。ダリル・アンカの著書『バシャール』で広く知られるようになった。漫画家の美内すずえもチャネラーのひとりで、作品『アマテラス』1巻から3巻では宇宙神霊から受け取ったメッセージを紹介している。

チルアウト　Chill Out

落ち着く、くつろぐ、冷静になる。クラブのダンスフロアで熱狂した人々が心身を落ち着かせるための場所が「チルアウトルーム」、チルアウトはそこで流されるスローな音楽の総称。リズムを強調していないアンビエント・ハウスなどが中心。スエノ・ラティーノの1989年作『E2-E4』のヒット、およびKLFが90年に発表した同名アルバムで一般化した。

ネオオリエンタリズム　Neo-orientalism

1960年代にアメリカで再発見され取り入れられた一連の東洋思想をベースとする宗教的価値観。禅（大乗仏教）、テラヴァーダ仏教（小乗仏教）、タオイズム、ヨーガのヒンドゥー教、チベット密教、スーフィズム（イスラム教の神秘主義）など。従来、東洋思想は西洋思想から見ると原始的、非科学的、未発達な思想とされていたが、哲学や思索の点で深い洞察があると20世紀初頭に見直しが起き、60年代には修行の実践をおこなう者が登場した。

ドラッグ　Drug

かつてはネイティブ・アメリカンの宗教儀式に神秘体験を誘発する目的でペヨーテが用いられた。また、中南米から連れられた黒人奴隷がマリファナを大陸に持ち込み、黒人ジャズメンらが愛用、ジャズを愛好するビートニクらのあいだでも広がっていき、反社会意識の道具となった。ヒッピーはドラッグを愛用したが、ニューエイジャーはドラッグを使わずにドラッグで得られる精神的高みに到達しようとするのが基本姿勢。

トランスパーソナル心理学　Transpersonal Psychology

健全な自我の発達を目的とし、自己実現に向け能動的に行動する心理学。フロイトの精神分析、ワトソン／スキナーの行動主義、マズローの人間性心理学に続く第4の勢力として提唱された。東洋思想の「自己発見」に影響を受けている。これをおこなう商業セミナーを自己啓発セミナーと呼ぶ。

ナーサリーライム　Nursery Rhymes

童謡、子守唄。1988年にダニエル・コビアルカ『星に願いを』がヒットして以降、童謡を大人向けに演奏するニューエイジ・ミュージックが増加した。

ニューエイジ　New Age

1. 1960年代にアメリカ西海岸で花開いた精神文化革命。西洋近代を乗り越え、地球規模の新時代を模索する潮流。
2. 日本フォノグラムが1986年に設立したカリフォルニアの音楽家を中心に配給するレーベル。同年11月、ラリー・カッシン『World Peace』より配給開始。
3. 「The New Age」。1907年から1922年までイギリスで刊行されていた雑誌。グルジェフのアメリカでの紹介者であるアルフレッド・リチャード・オラージュが編集。

ニューエイジ・ジャーナル　New Age Journal

1974年、アメリカの雑誌「East West Journal」から分裂して創刊された雑誌。02年に「Body + Soul」と誌名変更、10年に「Whole Living」と誌名変更。

ニューエイジ・ミュージック部門　The Grammy Award for Best New Age Album

1986年度（87年2月）からアメリカのグラミー賞にニューエイジミュージック部門が新設された。第1回受賞作はアンドレアス・フォーレンヴァイダー『Down to the Moon』。01年3月には喜多郎『Thinking of You』が最優秀賞受賞。

ニューサイエンス　New Age Science

ニューエイジ・サイエンス。還元主義にのみ頼るのをやめ、別の方法で考える意味を見直そうとする包括的科学の潮流。1968年にオーストリアのアルプバッハで開催されたシンポジウム「還元主義を超えて」が出発点。カプラ『タオ自然学』、ゲーリーズーカフ『踊る物理学者たち』、ケストラー『ホロン革命』、ワトソン『生命潮流』などが代表的書物。吉福伸逸によれば工作舎が作った出版戦略コ

ピーであり、日本だけで通じる造語とも。

ニューソート　New Thought

19世紀に生まれたキリスト教の異端的潮流のひとつ。病気の原因は心および信念の持ち方にあり、ポジティブ・シンキングにより運命が開けるという考え方を持つ。自己啓発書やビジネス書の成功哲学などはこの新思考が根っこにある。

ニルヴァーナ　Nirvana

涅槃。悟りの境地。ノーマインド。エンライトメント。

野口整体　Noguchi-Seitai

整体協会の創立者である野口晴哉（1911-1976）が編み出した健康維持法。愉気法と活元運動がある。調律点と呼ばれる頭のポイントを意識し、頭をポカンとさせ、身体の力を抜き、湧き上がる自然な動きに身を任せることで心身の調子をよくするもの。深い呼吸の中で宇宙とつながることで、身体の歪みを整える。

ハーツ・オブ・スペース　Hearts of Space

アメリカで1973年に放送開始されたラジオ番組。83年には全米200のFM局で放送されるようになった。同番組が「スペースミュージック（space music）」と呼ぶ静かで瞑想的な広がりを持つ音楽は、ニューエイジ以前の呼称として知られる。同番組が81年に編んだ音楽ガイド本にはすでに「new age music」の項目が存在する。

ハーモニック・コンバージェンス　Harmonic Convergence

調和的進化。1987年に400年続いたマヤ暦の地獄の周期が終了するのを契機に、世界中の聖地で祈りのネットワークをつなげようとした試み。マヤ文明の研究家ホゼ・アグエイアスが提唱し、全世界で10万人が参加。日本ではオノ・ヨーコが富士山に登頂した。80年代ニューエイジ運動のピーク。

パラダイム　Paradigm

本来の意味は「模範」だが、アメリカの科学史家トーマス・クーンが著書『科学革命の構造』で「支配的な理論の枠組み」という意味で用いたことで広まった。ニュートン力学からアインシュタインの一般相対性理論へ、産業革命による人力から機械へといった、思想や価値観の大胆な転換をパラダイムシフトと呼ぶ。

バレアリック　Balearic

一定のBPMのもと、陽気に踊れるなら何でもかけていくDJスタイル。スペインの高級リゾート地であるバレアレス諸島のイビサ島にあるディスコ「アムネシア」におけるDJアルフレドのプレイがオリジナルで、1987年頃から同店を訪れ影響を受けたイギリスのDJらが、自国に戻って同スタイルでDJを始め、セカンド・サマー・オブ・ラブと呼ばれる一大ムーブメントとなった。彼らがかける楽曲を総称してバレアリック・ビート、彼らのフリースタイルな価値観をバレアリック・コンセプトと呼ぶ。「なんでもあり」が基本のため特定の音楽ジャンルではないが、あえていえばおおよそBPM122未満で、パーカッションが多めの、クロスオーバーな雰囲気を持った楽曲が多い。

ヒーリング　Healing

癒し。もとは宗教関連の用語で、身体と精神を分け、身体を治すことだけを考える現代医学とは違うやり方で、自ら病気を治す手助けをする治療師をヒーラー、その治療法をヒーリングと呼ぶ。食事療法、心霊療法、音楽療法など非科学的な代替治療と密接。従来、「癒す」はあったが「癒し」は辞書に載っていない単語で、1988年に文化人類学者の上田紀行が写真展「癒しのコスモロジー」を開催した頃から使われだし、94年12月の大江健三郎のノーベル文学賞受賞記念講演で「人類全体の癒し」について語ってから大衆化した。

ヒーリング・ミュージック　Healing Music

音楽療法。および、心をリラックスさせる耳に心地のよい音楽の総称。日本では1988年に10万枚を超えるヒットとなった『アルファ波分析によるストレス解消の音楽——仕事によるストレス解消のために——』を先駆けとし、94年のグレゴリオ聖歌ブームや95年に50万枚売り上げた『Adagio（アダージョ・カラヤン）』で一般化した言葉。元祖は音楽心理学を研究していたスティーヴン・ハルパーン。宮下富美夫は81年以降、ドレミファソラシドの8つの音霊（おとだま）をシンセサイザーを用いて表現することでストレスやノイローゼなど現代病を治療するとし、このジャンルの第一人者として活動した。

ピタゴラス教団　Pythagoreanism

哲学者であるピタゴラスが創設した宗教結社。天界は音楽的調和により成り立っており、天界の調和（ハルモニア）は音階の調和と同義であるとする考えを持っていた。彼らは身体の浄めには医術を、

魂の浄め（カタルシス）には音楽を用いた。ニューエイジ・ミュージックの間接的ルーツ。

船井幸雄　Yukio Funai
1933年生まれ。経営コンサルタント会社を経営する傍ら精神世界に傾倒。ビジネスマンの世界にニューエイジを持ち込み、世間一般へのニューエイジ思想の普及に強い影響力を持った。14年死去。

フュージョン　Fusion
1970年代後半に生まれた、主にジャズと他ジャンルを融合させた音楽ジャンル。ポップ・ジャズ。ジャズとソウルなど複数のチャートにランクインする音楽を「クロスオーバー」と呼んだが、そのマーケティング用語臭を嫌ったジャズ雑誌が自主的に使い始めた言葉。80年代末にはよりBGMに適している「スムーズジャズ」というジャンルが誕生した。

プライベート・イシュー・ニュー・エイジ
PINA - Private Issue New Age
ロサンゼルスにあるアーティスト運営のバー「マンドレイク」で開催されたレクチャーシリーズ「Contra Mundum」の第2回（2009年6月7日）に登壇したアンソニー・ピアソンによる講演のタイトル。講演はOslo Editionsから出た書籍『Contra Mundum I-VII』（10年11月）に採録。この言葉は『I Am the Center』のサブタイトルにも使われており、以降、PINAはニューエイジ自主制作音源の総称としてコレクターのあいだで使われるようになった。対義語はコマーシャル・ニューエイジ。

ポジティブ・シンキング　Positive Thinking
東洋思想における観想法から影響を受けた肯定的思考法。悪いことを考えず、物事のよい面を考え、願望の達成や人生の充実へ誘導していく考え方。プラス思考。→ニューソート

ホーリズム　Holism
全体性。全包括性。全体は部分の集合以上のものを持ち、全体を部分に還元することはできないとする立場。ニューエイジの基本的な考え方。1926年、南アフリカの哲学者スマッツが『全体論と進化』で提唱。

ホロン　Holon
全体子。全体の独立した特性と個の従属的特性の両面を示す単位。全体を構成する部分はそれ自体が別の全体である、という見方。アーサー・ケス

トラーが提唱した。

マインドマシン　Mind Machine
≒ブレインツール。瞑想や潜在能力の開発を目的として開発された機械。明滅するゴーグルとパルス音が送られるヘッドホンで大脳に直接働きかけリラックスさせる「シンクロエナジャイザー」、人の三半規管に働きかけ無重力状態を作り出し運動能力向上を図る「オメガブレイン」、脳波を誘導する「メガ・ブレイン」などが有名。

マクロビオティック　Macrobiotic
桜沢如一が提唱した、宇宙の法則に即した生活を送る考え方。穀物菜食中心の食生活を送るという部分が欧米の自然食運動に影響を与えた。

マスター　Master
精霊。かつて地球上に人間として存在した魂で、現在は霊的な次元にいる者のこと。チャネラーのケビン・ライアーソンがコンタクトをとるジョン、トム・マクファーソン、オバディアなど。

ミュージック・フロム・メモリー
Music From Memory
2013年、アムステルダムのレコード店「Red Light Records」で働くジェイミー・ティラーとタコ・レイエンガにより設立されたレーベル。イタリアのアンビエント作家、ジジ・マシンの再発やブラジルのオブスキュアコンピ『Outro Tempo』で注目された。

森と記録の音楽　Mori to Kiroku no Ongaku
2007年10月21日開設、藤井友行が運営していた音楽紹介ブログ。ポスト・アンビエントを標榜し環境音楽やニューエイジを早くから紹介していた、日本唯一といっていい存在だった。19年12月31日休止後は不定期に告知を更新している。

予防医学　Preventive Medicine
病気を治す治療医学ではなく、病気になる前に予防する医学。たとえば虫歯を治すのではなく虫歯にならないための手ほどき。日常的な体操やウォーキングなども含まれる。1972年に医学雑誌「Preventive Medicine」が創刊され、広く知られていく。この領域にニューエイジ運動は深く入り込んでいる。

ヨーガ　Yoga
ヨガ。心や感覚を停止させることを目的とした行

法。働きが停止した状態をサマディーと呼び、そこに達することを「悟り」と呼ぶ。ヨガには多数の種類があるが、日本で知られているのはクンダリーニ・ヨーガ。

吉福伸逸　Shinichi Yoshifuku

1943年生まれ。ニューエイジ／ニューサイエンスの翻訳を多数手がけた重要人物。60年代に渡米、ニューエイジ運動に触れ、帰国後は翻訳家として活動。会社C+Fコミュニケーションズを設立しニューエイジにまつわる事象を多数紹介した。13年死去。

リヴェンジ　RVNG intl

2003年、ブルックリンのマット・ワースにより設立された実験音楽／ダンスミュージックのレーベル。アーティストのコラボレーション企画シリーズ「FRKWYS」や、再発シリーズ「ReRVNG」でも知られる。2010年代アンビエントの象徴である電子音楽ユニット＝ヴィジブル・クロークスはここからリリースしている。

リカバリームーブメント　Recovery Movement

1980年代末〜90年代初頭、アメリカでニューエイジの次に流行したスピリチュアルな潮流。チャネリングが流行し過ぎたことで人々が超越的存在に依存してしまい、自分の内側を掘り下げ肉体と精神の統合を図る本来の運動精神が消えてしまったため、ニューエイジは下火になっていった。その次にやってきたリカバリー（回復、取り戻し）は中毒や依存の見直し運動で、アルコールやドラッグに限らず、食べ物、仕事、セックスへの中毒から救おうとするもの。アダルトチルドレンやインナーチャイルドなどを含むディスファンクショナルファミリー（機能不全家族）の問題はこの運動で取り上げられ広まった。

ルートストラタ　Root Strata

音楽家であるジェフリー・キャントゥ＝レデスマとマックスウェル・オーガスト・クロイ主宰、2008年2月18日開設のMP3ブログ。もともと05年から実験的な電子音響作品を中心とした同名レーベル活動をおこなっており、その派生で始まった。ヴェイパーウェイヴの始祖となるワンオートリックス・ポイント・ネヴァーのDVD-R作品『Memory Vague』リリースや、環境音楽コンピの原型となるスペンサー・ドーランのミックス『Fairlights, Mallets, Bamboo- Fourth-world Japan, years 1980-1986』など、2010年代の流行の先を行っていた重要サイト。

レット・ゴー　Let Go

手放す、解放する、神に委ねる、の意味。

ワーク　Work

ニューエイジでは精神的な修行を意味し、グルジェフがこの意味で最初に使ったとされる。

ワークショップ　Workshop

多人数が参加する体験型のセミナー。ひとりの場合は個人セッション、少人数の場合はかつてはマキシ・セッションと呼んだが近年はミニワークショップという。ワークショップ中に使われる音楽がニューエイジの定番曲となりやすい。

ワールド・ミュージック　World Music

エスニック・ポップ、エスノ・ポップとも。西洋から見た非西洋の音楽を示すカテゴリ。主にポピュラーミュージック、民族音楽、伝統音楽を指す。1987年頃から流行した。エキゾティシズムに基づいた偏見、安易なポップミュージック化など、西洋音楽による搾取と見る批判もあったが、アコーディオン、スチールドラム、シタール、ディジリドゥーなどの楽器はワールド・ミュージック・ブームによって再び活況を得た。ワールド・ミュージックの中にはそのままニューエイジ・ミュージックとして流通するものも含まれる。

ばるぼら
ネットワーカー、古雑誌蒐集家、周辺文化研究家。近著に赤田祐一との共著『消されたマンガ』（文庫は彩図社）と『20世紀エディトリアル・オデッセイ』（誠文堂新光社）、野中モモとの共著で『日本のZINEについて知ってることすべて』（誠文堂新光社）など。
https://note.com/bxjp

Profile

監修・編集

門脇綱生（かどわき・つなき）（門）

1993年生まれ。鳥取県米子市出身。京都のレコード・ショップ「Meditations」のスタッフ／バイヤー。「Mikiki」「ミュージック・マガジン」などに寄稿。ミニコミ「硝煙画報」第1号にグライムの進化系ともいえる新音楽ジャンル "Deconstructed Club" のミニ・ディスクガイドを寄せた。ニック・パスカル『ビヨンド・ジ・エンド...エタニティ』国内仕様再発盤（18）のライナーノーツに『INDUSTRIAL MUSIC FOR INDUSTRIAL PEOPLE!!!』著者、持田保氏との対談形式で参加。夕食時はいつも録画した『岩合光昭の世界ネコ歩き』を観ている。Spotifyアカウントでは、現行のエクスペリメンタルやダンス・ミュージック・シーンの動向も意識しつつ、世界や日本のニューエイジ／アンビエントや日本の地下音楽、シティ・ポップ、ノイズ・ミュージックなど様々なジャンルに着目したプレイリストも多数編集。
Twitter : @telepath_yukari
Spotify : https://open.spotify.com/user/0come_toshplus

レビュー執筆者（50音順）

青木（ジョニー・リコ）（青）

神奈川県生まれ。幼少期に『スキャナーズ』『AKIRA』を観たことによって精神と肉体の融合、変態に興味を持ち、音楽ジャンルにおける精神性、涅槃、解脱的要素の強いアンビエント、ニューエイジに興味を持つに至る。現在は強烈かつ未知のレコードはないものかとディスクユニオンに通い続ける社畜（眠れる奴隷）。剣道初段。ホラー映画好き。頭がすこぶる悪い。Twitter : @hayato1987a

YZOX（イゾックス）（YZ）

〈迷われレコード〉にてMASHUP EPを2作発表後、2013年にネットレーベル〈OMOIDE LABEL〉を設立。現在もベース系からポップなものまでレーベルから多様な作品をリリース。それと並行する形で、DJ、トラックメイカー、マスタリング・エンジニアといった活動にも取り組んでいる。ミュージシャンとして15年には〈術ノ穴〉主宰のササクレフェス、FILTER3周年にも出演。Twitter : @yzox_jpn

今村優太（いむむら・ゆうた）（今）

1993年生まれ。福岡に住む大学院生として安穏な日々を送っていたところを門脇氏に誘われて、アルバム

レビューで参加。院生時代は美学を専攻。その知識を活かして（？）アート系アパレル会社に就職し、上京するもコロナ禍で自宅待機の日々。皆様の精神の安寧に、この書籍が役に立ちますように。
Twitter : @slystone

eminemsaiko（えみねむさいこう）（e）

兵庫出身。2013年にBACONのTumblrへヨーロッパの旅行について寄稿。18年にニューエイジや鍵盤、自動演奏をテーマにしたMIX CD『Soft Power』を〈Beer&Records〉よりリリース。現在、幡ヶ谷FORESTLIMITなど都内のクラブやライブハウスでDJ、選曲家として活動中。Twitter : @eminemsaiko

カルト（カ）

京都のドローン・ユニットSupersize meのエンジニア兼ギタリスト。元々パンクバンドをやるつもりだったが、気づけばこの道に。ローファイの極北を探求するが、諸事情で活動休止中。最近はExcelと東京に消耗しつつ、ブックオフ290円棚で声優レアグルーヴをDigり生きる糧にしている。好きな声優はゆかな。
Twitter : @karuto0101

Ken Tajima（K）

南米音楽愛好家。濱瀬元彦の『樹木の音階』やMono Fontana の『Ciruelo』などの再発も手がける日本のレーベル〈Silent River Runs Deep〉のディレクター。
Instagram : @srrd.tokyo

Colstrains（こるすとれいんす）（C）

1988年生まれ、埼玉県在住。本書の雛形ともいえる、17年刊行のZINE『NEW AGE MUSIC DISC GUIDE』の監修・発行。その他、ビジュアルノベルゲーム会社「Key」の作品をテーマとした合同誌や、映画や音楽などの側面から「郊外」をテーマとした合同誌『ポップカルチャーから紐解く 2010年代の "郊外" SUBURBS』を発行。Twitter : @colstrains002

素人シャブロル（素）

ナウい音楽を紹介するCS放送の音楽番組に啓蒙された小学生期、悪い友人が「コレクト」したUSインディーで武装しマスに対抗した中学生期、プログレ／シカゴ音響派との邂逅により人脈でDigする底なし沼に足を踏み入れた高校生期、ポスト大友世代による実験音楽の現場に通い詰め探求の深奥を知る大学生期〜（略）〜無職期を経て、実力の獲得によりディスクユニオン社様への上納の日々を送るアラサー男子。

柴崎祐二（柴）
→P.164参照

セキグチサトル（関）
小学生のとき内耳炎で放課後よく耳鼻科に通い耳の
中をかちゃかちゃされたことが、後に聴く音楽に与
えてた影響？ポップスのオルゴールバージョンが流
れる待合室に飾られたラッセンのジグソーパズル、
耳に水が入るとすぐ炎症おこすからEar partyってい
うふざけた名前の耳栓つけて水泳の授業に出ていま
した。SEKIGUCHI SATORUでバンドキャンプを検
索！　Twitter : @Sekiguchi_

ダモ藤木（ダ）
滋賀出身。幼少期からのゲーム・ミュージック好き
をベースに、90年代ヴィジュアル系、クラウト・ロッ
クやジャック・ディジョネット、ジョン・フェイヒー、
サイケデリック・ロックの追っかけを経て、今は
フィールド・レコーディングを聴いて癒やされたり
している。愛聴のニューエイジ盤はデューター
『Haleakala』。今回は本文のヘルプとして参加。Twitter
では、特にこれといった発信はしていない。
Twitter : @damofujiki

ドンタコス（ド）
肩こりが治る音楽を探すうちにダイソーと出会う。
突如発売されたダイソーオリジナルコミックやCD
の影響から、効き目のある音楽を偏愛。今は南米ハー
ドコアとエレクトロ、エロだらしないスクリュー、
hi , how are you? というバンドが好き。ニューエイジ
魂の芽生えは水木しげるの『悪魔くん』で主人公が吹
くソロモンの笛の音色！　月一、新宿の路上でニュー
エイジ楽曲に歌詞をつけてアコギの弾き語りをして
ます！

ののもとむむむ（の）
普段は趣味で絵や漫画を描いている一般人です。13
年前、ウィリアム・バシンスキーに出会い、それま
で聴いてきた音楽とはまったく違う世界に魅了され
ました。その後、吉村弘、芦川聡等の作品を経てニュー
エイジ／環境音楽の魅力に取り憑かれ、現在に至り
ます。私の文言が、読者の皆様の音源視聴への足が
かりになれば幸いです。ちなみにTwitterに音楽の感
想や絵、漫画などを載せてますので、よろしければ…。
Twitter : @muryard

Buffalomckee（バッファローマッキー）（B）
14歳の頃、楽器屋にあったエレキギターに魅了され
音楽を始める。即興演奏、ノイズ、アヴァンギャルド、
エレクトロニカ、弱音系、音響派サイケ、謎音楽か
ら影響を受ける。　作品は10枚組『BOX!』『BOX!2』、
CD+Book『Content Down』、　独〈Attenuation Circuit〉、
仏〈Afterhours Eden Prostitute〉、〈円盤〉より4枚組CD
をリリース。1984年生まれ。浪花のLAFMSの異名を
持つ。bandcamp : https://buffalomckee.bandcamp.com/

ブギーアイドル（ブギ）
1984年、東京都生まれ。14年からKORG M1をメイ
ンにジャスコテック、ムード歌謡、ユーロビートを
主に制作。DJでは80年代から90年代のテレビ劇伴、
ヴェイパーウェイヴ、フューチャー・ファンク、セ
ルビアの大衆音楽・ターボフォークを主に流す。最
新EP『したしみやすさ』がネットレーベル〈datafruits〉
から配信中。最近はQuizKnockの動画をひたすら観
る日々。SoundCloud : https://soundcloud.com/boogieidol

藤井友行（ふじい・ともゆき）（藤）
1979年、岩手県久慈市生まれ。新潟市で広告制作業
に従事しながら、08年より電子／即興音楽のイベン
ト「fleaongak」を企画運営。ポスト・アンビエント音
楽を観測するブログ「森と記録の音楽」、リスニング
ガイド冊子の発行、ラジオ番組のための選曲など、
音に関わるささやかな活動を日々楽しんでいる。
http://post-ambient.blogspot.com

Branco Label（ブランコレーベル）（ブ）
音楽好きで、主にsyrup16g、チャゲアス、尾崎豊、
ラルク等のJロック／ポップを愛聴する傍ら、70年
代の世界各地のロック／フォークの埋もれた名盤の
探索を嗜む。特に南米とドイツ、日本国内の作品を
好む。その趣味の延長で再発専門レーベル〈ブラン
コレーベル〉を運営。近年では本書で取り扱った
ニューエイジ等、様々なジャンルにも興味を示す。
http://brancolabel.web.fc2.com

Yuki Koyama（Y）
1987年和歌山県生まれ。06年より東京都在住。たく
さんのアフリカやブラジルの植物とジャマイカのレ
コードに囲まれて生活しています。Pistachio Studioと
いう録音クルーの一員です。
Instagram : @pistachiostudio

Index

204

ニューエイジ・ミュージック・ディスクガイド

環境音楽、アンビエント、バレアリック、テン年代のアンダーグラウンド、
ニューエイジ音楽のルーツまで、今聴きたい音盤600選

初版発行	2020 年 8 月 8 日
3 刷発行	2022 年 9 月 5 日

監修・編集	門脇綱生
イラスト	ののもとむむむ
デザイン	森田一洋
制作	稲葉将樹＋鶴喰淳也（DU BOOKS）

発行者	広畑雅彦
発行元	DU BOOKS
発売元	株式会社ディスクユニオン
	東京都千代田区九段南 3-9-14
	［編集］TEL.03.3511.9970　FAX.03.3511.9938
	［営業］TEL.03.3511.2722　FAX.03.3511.9941
	http://diskunion.net/dubooks/

印刷・製本	シナノ印刷

Special Thanks	Kajita-kun、Keiichi Tabata、Kosuke Majima、Mamoru Ando、Masaki Morimoto、Masashi Arihara、Taichi Hayashi、Takaya Nakamura、Take-san、Utah、Yoshihisa Shiota、Yuji Nakamura

ISBN978-4-86647-123-5
Printed in Japan
©2020 Tsunaki Kadowaki / diskunion

本書の感想をメールにてお聞かせください。
dubooks@diskunion.co.jp